U0887641

21世纪高职高专财经类规划教材

21SHIJI GAOZHIGAOZHUAN CAIJINGLEI GUIHUA JIAOCAI

成本会计

（第3版）（上册）

Chengben Kuaiji

徐晓敏 赵文静 ◎ 主编

韩凯 蒋洪平 杨建 邱枫 ◎ 副主编

人民邮电出版社

北京

21SHIJI GAOZHIGAOZHUAN CAIJINGLEI GUIHUA JIAOCAI

图书在版编目（CIP）数据

成本会计 : 全2册 / 徐晓敏，赵文静主编. -- 3版
. -- 北京 : 人民邮电出版社，2018.9（2021.6重印）
21世纪高职高专财经类规划教材
ISBN 978-7-115-48967-8

Ⅰ. ①成… Ⅱ. ①徐… ②赵… Ⅲ. ①成本会计－高等职业教育－教材 Ⅳ. ①F234.2

中国版本图书馆CIP数据核字(2018)第168365号

内容提要

本书分为上、下两册。上册是成本会计基础，主要介绍工业成本会计核算的基本知识、基本方法和基本技能，为以后学习其他专业课程打下坚实的基础；下册是成本会计实训，这部分内容含八个单项实训和六个综合实训，着重培养学生的实际操作能力，以及分析问题、解决问题的能力，以实现课堂理论与实践教学的有效结合，为学生今后实际工作奠定深厚的基础。

本书内容实用、丰富，通俗易懂，可操作性强，实训题量大；每章章末都配有习题，既增加了本书的趣味性，又可以扩大读者的知识范围，有助于读者对知识的理解和掌握。

本书提供课件、电子教案、习题答案、实训答案、模拟试卷及答案等资料，索取方式见“配套资料索取示意图”。

本书作为高职高专院校经济、管理类专业的专业基础课教材，也可以作为财会人员和经营管理者的参考书。

◆ 主　　编　徐晓敏　赵文静
副 主 编　韩　凯　蒋洪平　杨　建　邱　枫
责任编辑　万国清
责任印制　焦志炜

◆ 人民邮电出版社出版发行　　北京市丰台区成寿寺路11号
邮编　100164　　电子邮件　315@ptpress.com.cn
网址　http://www.ptpress.com.cn
山东华立印务有限公司印刷

◆ 开本：787×1092　1/16
印张：19.5　　　　2018年9月第3版
字数：463千字　　　　2021年6月山东第7次印刷

定价：54.80元（上、下册）

读者服务热线：(010)81055256　印装质量热线：(010)81055316
反盗版热线：(010)81055315
广告经营许可证：京东市监广登字20170147号

第 3 版前言

本书第 2 版自 2015 年面市以来，承蒙众多师生及其他读者厚爱，发行量不断增加。为了使本书更加完善，我们决心持续地“打磨”本书。本次修订后的第 3 版教材更加适用教与学，这些功劳更多地应归功于对本书第 1 版、第 2 版提出宝贵意见的同行和其他读者！在此，特向曾反馈过问题或提出意见建议的各位朋友表示诚挚的谢意！

为方便各位读者及时了解本书的更新、勘误信息，也为了便于记录各位读者对本书的意见和建议，在本书最后以二维码形式增加“更新勘误及意见建议”记录表，我们搜集到的更新、勘误信息和各位朋友对本书所提的意见建议都将及时录入该表。望各位朋友及时反馈您发现的问题和意见建议，我们会认真对待，以便将来本书能让各位同行的教学更省心、省力，让各位读者的学习更有效率！

在着手修订前，编者团队在听取各方面意见后，进行多次研讨，最终将修订的目标确定为培养读者对基础知识的理解能力和提高成本会计实务操作能力。具体而言，本次修订中主要做了以下几个方面的工作。

（1）对本书中涉及财经法规变化的内容进行了增补、修订，使成本核算内容更加准确。

（2）对课后习题进行了补充和修正。

（3）实训教材（下册）里的记账凭证采用了半仿真格式，使之更加贴近实务。

（4）使用二维码引入讲解具体知识点的动画视频、补充例题、补充案例或阅读资料。

（5）修订并完善本书配套教学、学习资料。修订后的配套资料包括电子课件、电子教案、习题答案、实训答案、模拟试卷及答案等，索取方式参见“配套资料索取示意图”。

虽然在本次修订工作中我们竭尽所能，但由于水平和时间有限，书中仍有不足之处。恳请广大读者继续批评、指正，我们将利用后续重印或再版的机会继续修订，持续“打磨”。

编 者

2018 年 6 月

第 1 版前言

本书以新的《企业会计准则》为依据，在总结成本会计教学和实践经验的基础上编写而成。

本书考虑高职教育的特点，根据实际工作中成本核算过程安排教学内容，同时加强操作性和实用性，注重理论联系实际。本书中大量的案例及每章后的习题可促进读者对知识的理解和掌握。本书实训内容贴近实际，具有很强的操作性和实用性，可提高读者的实际动手能力。

本书分上下两册，上册为理论内容，下册为实训内容。

本书上册以工业企业为例，介绍了成本会计总论、要素费用的核算、辅助生产费用的核算、制造费用的核算、废品损失和停工损失的核算、生产费用的核算、成本核算方法（品种法、分批法、分步法、分类法、定额法）、成本报表与成本分析、质量成本核算。按照教学规律，循序渐进地安排教学内容，强化学生对成本会计的感性认识和动手能力，并能学以致用，也为以后学习其他专业课程打下坚实的基础。

本书下册实训部分安排八个单项实训和六个综合实训，其基本目的是使学生熟练掌握工业成本会计核算的基本知识、基本方法和基本技能；深刻理解成本会计的本质特征；熟练掌握工业产品成本的计算、分配、归集和核算的基本方法，掌握在产品与完工产品成本分配的方法，掌握产品成本计算的品种法、分批法、分步法、分类法、定额法的核算方法，并能结合企业的实际业务要求加以运用。

本书上册第一章、第十三章由徐晓敏（河北机电职业技术学院，以下未注明学校编者均为该校教师）编写，第二章、第十章由杨建编写，第三章、第五章由蒋洪平编写，第四章、第六章由赵文静编写，第七章由刘秀丽编写，第八章、第九章由邱枫编写，第十一章、第十二章由韩凯编写；本册由徐晓敏、邱枫统稿。

本书下册单项实训一由孟小欣编写，单项实训二、单项实训四由赵文静编写，单项实训三、综合实训一由蒋洪平编写，单项实训五、单项实训七由刘秀丽编写，单项实训六、单项实训八、综合实训四由邱枫编写，综合实训二、综合实训三由杨建编写，综合实训五由韩凯编写，综合实训六由徐晓敏编写；本册由徐晓敏、邱枫统稿。

为方便教学，本书提供电子课件、电子教案、习题答案、实训答案、模拟试卷及答案等资源，索取方式参见“配套资料索取示意图”。

本书主要作为高职高专经济管理类专业的教学用书，也可以作为会计和经营管理人员的参考书。

编写本书的过程中，得到了有关专业工作者的大力支持与帮助，他们为本书的编写提出了宝贵意见，在此向他们表示衷心的感谢。

由于编者水平有限，书中难免有疏漏之处，敬请同仁及广大读者提出宝贵意见。

编 者

2011年11月

目　录

上　册

下　册

第一章

成本会计总论

知识目标

通过本章的学习，掌握成本的概念、作用和分类，成本会计的对象，成本会计的职能及产品成本的计算方法，了解各种产品成本的支出范围和各种生产成本的内容。

能力目标

通过本章的学习，应能掌握成本的反映和监督的基本职能，正确区分要素费用、生产费用、期间费用的内容，了解产品成本计算的程序。

第一节 成本的概念、作用和分类

一、成本的概念

成本是指为生产一定产品而发生的各种生产耗费的货币表现，它包括产品生产中耗费的活劳动和物化劳动的价值。

成本开支范围是国家为了加强成本管理，正确计算成本，防止乱摊费用，对计入产品成本的各项费用所作的统一规定。按现行制度规定，应该计入成本的内容包括下列各项。

（1）生产经营过程中实际消耗的原材料、辅助材料、备品配件、外购半成品、燃料、动力、包装物的原价和运输、装卸、整理等费用。

（2）企业直接从事产品生产人员的工资和提取的福利费。

（3）车间房屋建筑物和机器设备的折旧费、租赁费、周转材料等。

（4）其他为组织、管理生产活动所发生的制造费用。

企业发生下列费用，不应计入成本。

（1）企业为组织、管理生产经营活动所发生的管理费用、财务费用、销售费用。

（2）购置和建造固定资产的支出、购入无形资产和其他资产的支出。

（3）对外界的投资以及分配给投资者的利润。

（4）被没收的财物以及因违反法律而支付的各项滞纳金、罚款以及企业自愿赞助、捐赠的支出。

（5）在公积金中开支的支出。

（6）国家法律、法规规定以外的各种付费。

（7）国家规定不得列入成本的其他支出。

成本开支范围是国家根据成本的客观经济内涵、国家的分配方针和企业实行独立经济核算要求而规定的。各企业必须严格遵守国家规定的成本开支范围，以保证成本计算的正确性、可比性。

二、成本的作用

成本在产品形成过程中起着很重要的作用，成本费用是制定商品产品价格最基本、最主要的因素。具体来说，成本的作用有以下几点：①成本可以反映企业的综合管理水平；②成本作为生产耗费的补偿尺度，可以说明其对企业再生产的作用；③成本为决策者确定产品价格提供依据；④成本为企业的决策提供成本依据；⑤成本为企业生产部门进行成本控制提供成本依据；⑥成本为编制财务报表提供所必需的成本依据。

学习参考

成本会计的作用在整个财务会计中的作用是举足轻重的，推荐扫描二维码阅读“成本的作用”进行更多了解。

三、成本的分类

成本是费用的对象化，为了正确地计算产品成本，必须对费用进行合理的分类。

（一）成本按经济用途分类

成本按经济用途可以分为制造成本和非制造成本两大类。

1. 制造成本

制造成本是由直接材料、直接人工和制造费用三个基本要素组成的。

直接材料是指直接用于产品生产、构成产品实体的原材料、主要材料以及有助于产品形成的辅助材料等。如食品厂生产的饼干，所用的面粉就是构成其实体的原料，所用的白糖、鸡蛋、奶油等就是辅助材料。

直接人工是指支付给直接参与产品生产的生产工人的工资以及按规定的比例提取的职工福利费。由于生产工人直接从事产品生产，人工费用的发生能够判明应由哪种产品负担。因此，这些费用发生后直接归集到各产品成本中。直接人工主要包括职工工资和职工福利费两部分内容。根据国家统计局的规定，工资总额包括以下六项内容：计时工资、计件工资、奖金、津贴和补贴、加班加点工资、特殊情况下支付的工资。

制造费用是指企业为生产产品和提供劳务而发生的各项间接成本。制造费用包括产品生产成本中除直接材料和直接人工以外的费用，主要包括企业各个生产单位（车间、分厂）为组织和管理生产所发生的一切费用，以及各个生产单位所发生的固定资产折旧费。

制造成本包括的各个项目也称为成本项目。成本项目由会计制度统一规定，但企业根据自己的特点可以适当增减。例如燃料和动力占比例较大时，应增设“燃料及动力”成本项目，废品多时可增设“废品损失”成本项目，因此可以将制造成本分为图 1.1 所示的几类项目。

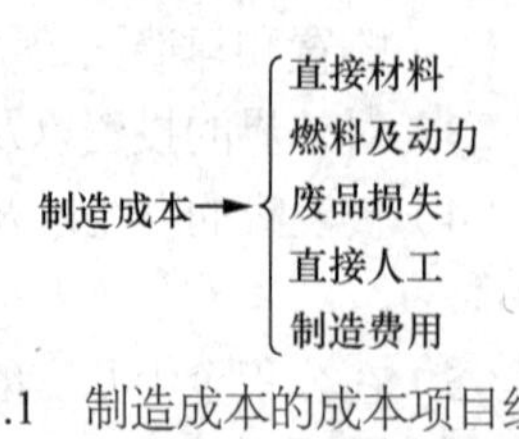

图 1.1　制造成本的成本项目组合

2. 非制造成本

非制造成本是指不能计入具体产品的生产成本，发生时直接计入当期损益的费用，又称期间费用，包括管理费用、财务费用和销售费用三项。

管理费用是指企业的行政管理部门为管理和组织经营而发生的各项费用，包括管理人员工资和福利费、公司一级折旧费、修理费、技术转让费、无形资产和递延资产摊销费及其他管理费用（办公费、差旅费、劳保费、土地使用税等）。

财务费用是指企业为筹集生产经营所需资金等而发生的费用，包括利息支出（减利息收入）、汇兑损失（减汇兑收益）以及相关的手续费等。

销售费用是指企业在销售产品、自制半成品和提供工业性劳务等过程中发生的各项费用，包括由企业负担的包装费、运输费、装卸费、展览费、广告费、租赁费（不包括融资租赁费），以及为销售本企业产品而专设的销售机构的费用，包括职工工资、福利费、差旅费、办公费、折旧费、修理费、物料消耗和其他经费。销售费用属于期间费用，在发生的当期就计入当期的损益。

（二）成本按与产品关系分类

成本按与产品关系可以分为直接成本和间接成本。

直接成本是指生产费用发生时，能直接计入某一产品的费用。某项费用是否属于直接成本，取决于该项费用能否确认与某一产品直接有关和是否便于直接计入该产品。企业生产经营过程中所消耗的原材料、备品配件、外购半成品、生产工人计件工资属于直接成本。

间接成本是指生产费用发生时，不能或不便于直接计入某一产品对象，而需先按发生地点或用途加以归集，月终选择一定的分配方法进行分配后才计入有关产品的费用。车间管理人员的工资、车间房屋建筑物和机器设备的折旧费、租赁费、机物料消耗、水电费、办公费等属于间接计入成本。

（三）成本按性态分类

成本按性态可以分为固定成本和变动成本。

固定成本（又称固定费用）相对于变动成本，是指成本总额在一定时期和一定业务量范围内，不受业务量增减变动影响而能保持不变的成本。固定成本总额只有在一定时期和一定业务量范围内才是固定的，这就是说固定成本的固定性是有条件的。这里所说的一定范围叫作相关范围。如业务量的变动超过这个范围，固定成本就会发生变动，制造费用就属于固定成本。

变动成本与固定成本相反，变动成本是指那些成本的总发生额在相关范围内随着业务量的变动而呈线性变动的成本。直接人工、直接材料都是典型的变动成本，在一定期间内它们的发生总额随着业务量的增减而呈正比例变动，但单位产品的耗费则保持不变。

（四）成本按可控性分类

成本按可控性可以分为可控成本和不可控成本。

可控成本是指被某个责任单位或个人的行为所制约的成本。可控成本具有多种发展可能性，并且有关的责任单位或个人可以通过采取一定的方法与手段使其按所期望的状态发展。一般来讲，可控成本的确定应具备以下三个条件。

（1）有关的责任单位或个人有办法了解所发生耗费的性质。

（2）有关的责任单位或个人有办法对所发生耗费加以计量。

（3）有关的责任单位或个人有办法对所发生耗费加以控制和调节。

不可控成本是指不能为某个责任单位或个人的行为所制约的成本。不可控成本一般是无法选择或不存在选择余地的成本。它也具有相对性，与成本发生的空间范围和时间范围有关。例如短期内，固定成本是不可控成本，但从长期看，企业可以调整固定资产支出，固定成本成为可控成本。

第二节　成本会计的对象和职能

一、成本会计的对象

成本会计的对象是指成本会计核算和监督的内容。工业企业成本会计的对象是工业企业在产品制造过程中的生产成本（或制造成本）和期间费用。随着经济的发展与科技进步，企业经营管理要求的提高，成本的概念和内容在不断发展、变化。随着成本概念的发展、变化，成本会计的对象也相应发展、变化。成本会计是以成本费用为对象的一种专业会计。成本会计主要研究物质生产部门为制造产品而发生的成本即产品的生产成本，以及企业在生产经营过程中进行日常管理、销售产品和筹集资金等所发生的各种期间费用。期间费用是为保证企业生产经营活动的正常进行而发生的，与产品生产有一定的相关关系，但通常又是在经营期间发生的，不宜直接计入产品的生产成本。因此在企业会计实务中将期间费用单独核算，直接由当期的业务收入予以补偿。

作为成本会计的对象，不仅包括制造企业的产品生产成本和发生的期间费用，还包括其他行业企业的成本和期间费用，如农业企业、商品流通企业、运输企业、施工企业、房地产开发企业等。成本作为经济范畴，必定遍及各行各业的经济活动，这些行业企业在从事经济活动中发生的各种耗费自然也构成成本会计的对象。成本会计实际上是一种成本、费用会计。

学习参考

正确计算成本是经营者成功的必要保证，成本会计核算的对象看明白了吗？推荐扫描二维码观看动画视频“成本”，进一步明确核算的对象。

二、成本会计的内容

成本会计的内容是成本会计对象的具体化。成本会计既然是一种成本费用会计，而费用又是一种耗费，可见成本会计的内容就是企业成本费用的发生、分类、归集、分配、计算和核算。

成本会计在不同企业中包含的内容有所不同。就制造企业而言，成本会计的具体内容主要有以下几项。

（1）供应过程中材料成本的归集、分配、计算与核算；

（2）生产过程中生产费用的归集与分配，产品成本的计算与核算；

（3）销售过程中产品销售成本的计算与核算；

（4）企业在生产经营过程中发生的期间费用；

（5）成本报表的编制与分析。

由于供应过程中对材料成本的核算、销售过程中对产品销售成本的核算和期间费用的核算通常被列为财务会计的范畴，因此，本书主要解决的是产品生产过程中的成本核算、成本报表的编制及分析。

三、成本会计的职能

成本会计的职能是指成本会计在经济管理中的功能，在生产经营过程中所能发挥的作用。成本会计的职能分为基本职能和具体职能两种。

（一）基本职能

成本会计作为会计的一个重要分支，其基本职能同会计一样，具有反映和监督两大基本职能。但从成本会计产生和发展的历史看，随着生产过程的日趋复杂，生产、经营管理对成本会计不断提出新的要求，成本会计的具体内容也在不断发展。下面分别说明成本会计基本职能的内容。

1. 反映的职能

反映的职能是成本会计的首要职能。成本会计的反映职能，就是从价值补偿的角度出发，反映生产经营过程中各种费用的支出，以及生产经营业务成本和期间费用等的形成情况，为经营管理提供各种成本信息的功能。就成本会计反映职能的基本方面来说，是以已经发生的各种费用为依据，为经营管理提供真实的、可以验证的成本信息，从而使成本分析、考核等工作建立在有客观依据的基础上。随着社会生产的不断发展，经营规模的不断扩大，经济活动情况的日趋复杂，在成本管理上需要加强计划性和预见性。因此，成本会计的反映职能，从事后反映发展到了分析预测未来。只有这样，才能满足经营管理的需要，才能更好地发挥其在经营管理中的作用。

应当指出的是，反映过去同预测未来是密切联系的。要进行成本预测，首先必须了解能够反映成本水平现状和历史的各项指标以及它们之间的内在联系，才能据以分析未来的成本状况，以及为实现预期的成本管理目标应具备的条件和应采取的措施。因此，对实际发生的生产经营耗费的反映，提供实际的成本资料，是成本会计提供成本信息的基础。

2. 监督的职能

成本会计的监督职能，是指按照一定的目的和要求，通过控制、调节、指导和考核等，监督各项生产经营耗费的合理性、合法性和有效性，以达到预期的成本管理目标的功能。

成本会计的监督包括事前、事中和事后监督。首先，成本会计应从经济管理对降低成本、提高经济效益的要求出发，对企业未来经济活动的计划或方案进行审查，并提出合理化建议，从而发挥对经济活动的指导作用；在反映各种生产经营耗费的同时，进行事前的监督，即以国家的有关政策、制度和企业的计划、预算及规定等为依据，对有关经济活动的合理性、合法性和有效性进行审查，限制或制止违反政策、制度和计划、预算等的经济活动，支持和促进增产节约、增收节支的经济活动，以实现提高经济效益的目的。其次，成本会计要通过成本信息的反馈，进行事中、事后的监督，也就是通过对所提供的成本信息资料的检查分析，控制和考核有关经济活动，从中及时总结经验，发现问题，提出建议，促使有关方面采取措施，调整经济活动，使其按照规定的要求和预期的目标进行。

成本会计的反映和监督两大职能是辩证统一、相辅相成的。没有正确、及时的反映，监督就失去了存在的基础，就无法在成本管理中发挥制约、控制、指导和考核等作用；而只有进行有效的监督，才能使成本会计为管理提供真实可靠的信息资料，使反映的职能得以充分发挥。可见，只有把反映和监督两大职能有机地结合起来，才能更为有效地发挥成本会计在管理中的作用。

（二）成本会计的具体职能

由于现代成本会计与管理紧密结合，因此，它实际上包括了成本管理的各个环节。现代成本会计的具体职能有成本预测、成本决策、成本计划、成本控制、成本核算、成本考核和成本分析七项职能。

在成本会计的各个职能中，成本核算是最基本的职能，没有成本核算就没有成本会计。成本会计的各个职能是相互联系，互为条件的，并贯穿于企业生产经营活动的全过程，在全过程中发挥作用。

成本会计的七项职能是相互联系的有机整体。企业要加强成本管理，首先要依据企业以前的成本资料和市场的变化情况进行成本预测，提出不同的有效方案；在各个方案中进行成本决策，选择出最优方案，提出目标成本；根据目标成本确定具体的目标和计划期应控制的成本费用水平，制定成本计划；为保证成本计划的执行，需要进行严格的成本控制；将成本计划实施情况进行记录，对发生的生产费用在各个成本计算对象之间进行归集和分配，计算各个成本计算对象的总成本和单位成本，并进行成本核算，提供完整、真实、可靠的成本资料；利用成本核算资料进行成本考核，奖优罚劣，提高成本管理水平；根据成本核算与考核的结果进行成本分析，寻找差异，总结经验，提出措施，改进不足，不断提高企业的经济效益。

四、成本会计工作的组织

1. 成本会计机构的设置

成本会计机构是从事成本会计工作的职能部门，是企业会计机构的有机组成部分。企业要根据生产类型的特点、经营规模的大小、成本管理的要求合理设置成本会计机构。

成本会计机构可以单独设置，也可以并入企业会计机构之中。对单独设置的成本会计机构需要进行内部分工，明确各自的工作职责。内部分工可以按成本会计的职能分工，分设成本核算组、成本分析组等；也可以按成本会计的对象分工，分设产品成本核算组、期间费用核算组等。

成本会计工作的组织形式，可以采用集中工作方式或分散工作方式。

集中工作方式是将本企业所有的成本会计核算、成本计划编制、成本会计分析等工作集中在企业的成本会计机构中进行，车间等其他部门通常只配备成本核算人员，负责登记原始记录、填制原始凭证，并对原始资料进行初步审核、整理和汇总，及时报送企业成本会计机构。

集中工作方式的优点是，有利于企业管理当局及时全面地掌握成本会计的各种信息，便于使用计算机集中进行成本数据处理，减少成本会计机构设置的层次和成本会计人员的人数。不足之处是，直接从事生产经营的部门不能及时掌握成本信息，影响他们对成本费用进行控制的积极性。

集中工作方式通常适用于成本会计工作较为简单的企业。

分散工作方式又称为非集中工作方式，是将成本会计的各项具体工作分散由车间等其他部门的成本会计机构来进行。企业的成本会计机构只负责对成本会计工作的指导、监督和成本会计数据的最后汇总，以及处理不便于分散核算的成本会计工作。

分散工作方式的优点与不足正好与集中工作方式相反。分散工作方式通常适用于成本会计工作比较复杂的大中型企业。

在实际工作中也可以将两种方式相结合，对部分车间部门采用分散工作方式，对其他车间部门采用集中工作方式。

2. 成本会计人员的配置

成本会计人员的素质高低直接影响成本会计的工作质量。企业无论采用何种成本会计工作方式，都要注意合理配置成本会计人员，做到“配齐、胜任”。所配置的成本会计人员应当具有会计从业资格和相应的会计专业任职资格，具备与所从事会计工作相适应的专业知识和业务能力，要求做到热爱会计工作、恪守职业道德、搞好成本核算、参与成本管理、懂得法规制度、熟悉工艺流程、出色完成任务。

3. 成本会计的法规制度

成本会计的法规制度是成本会计机构和人员从事成本会计工作的规范，是成本会计工作组织的重要组成部分，也是会计法规制度的重要组成部分。为了统一企业会计核算口径，规范企业会计核算方法，国家制定了“一法、二则、三制度”。“一法”即《中华人民共和国会计法》；“二则”即《企业会计准则》和《企业财务通则》；“三制度”即《企业会计制度》《金融企业会计制度》和《小企业会计制度》。上述法规制度形成了全国性会计法规制度的三个层次。成本会计作为一种以企业成本费用为对象的企业会计，必须在“一法、二则、三制度”的规范下进行工作。

企业作为会计主体，各自存在不同的生产工艺特点和成本管理要求，为规范本企业的成本会计工作，还应当制定适合本企业经营规模、生产特点、管理要求的内部成本会计制度，作为企业进行成本会计工作的操作依据。企业内部成本会计制度一般包括下列内容。

（1）成本会计工作的组织形式、人员分工和职责权限。

（2）成本定额、成本计划和费用预算的编制方法。

（3）成本核算的具体规定。其中包括成本计算对象的确定、成本计算方法的选择、成本项目的设置、生产费用的归集和分配方法、在产品成本的确认方法、成本核算基础工作的要求等。

（4）成本预测、成本决策、成本考核和成本分析制度。

（5）成本报表制度。其中包括成本报表的种类、格式、指标体系、编制方法、编制期限、报送对象。

学习参考

会计法

第三节　产品成本核算方法

一、费用的分类

（一）合理进行费用分类

产品成本是生产费用的对象化。正确计算产品成本首先要对费用进行合理的分类。制造企业对费用分类的方法通常有两种：一是按费用的经济性质分类，形成要素费用；二是按费用的经济用途分类，形成生产费用和期间费用。

1. 要素费用

要素费用是指费用按经济性质所做的分类项目。制造企业发生的各种费用按其经济性质首先可以分为三大要素：劳动对象方面的费用，如材料费用、动力费用等；劳动手段方面的费用，如固定资产折旧费用等；活劳动方面的费用，如工资费用等。为进一步反映各种费用的构成和水平，在费用三大要素的基础上细分为八项要素费用：①外购材料费用；②外购燃料费用；③外购动力费用；④职工薪酬；⑤折旧费用；⑥利息费用；⑦税金，包括房产税、车船使用税、印花税和土地使用税；⑧其他费用。

划分要素费用，可以反映企业在一定会计期间发生的费用种类和金额，分析各个时期要素费用的构成及水平，为编制企业的资金使用计划，核定各种资金定额提供有关资料。

2. 生产费用

制造企业在一定期间（通常为一年）为生产产品而发生的各种耗费构成生产费用。生产费用按一定的产品成本计算对象进行归集、分配、计算后，最终形成产品成本。

为了反映产品成本的构成，各种生产费用按在产品成本中的不同作用分成若干项目，称为产品成本项目。根据产品成本管理的要求及各项费用发生额的大小，产品成本项目通常划分为三至七项。三项是直接材料、直接人工和制造费用；七项是原料及主要材料、燃料及动力、职工薪酬、社保费、废品损失、停工损失和制造费用。

将生产费用按成本项目反映，可以分析产品的成本构成及比重，有利于加强产品成本的管理，寻找降低产品成本的途径。

生产费用在计入产品成本时，有的可以直接计入产品成本，称为直接计入费用，如甲产品领用A材料，可将A材料费用直接计入甲产品成本；有的不能直接计入产品成本，称为间接计入费用，如几个产品共同消耗A材料，则要采用一定的方法将A材料费用进行分配后，分别计入各个产品的成本之中。

在所有的生产费用中，有的费用与产品的产量直接相关，产品产量越多，所消耗的费用也越大，两者基本成正比例增长，这类费用被称为可变费用，又叫变动费用，如材料费用、计件工资制下的生产工人工资等；有的费用则与产品产量的变化关系不大，在一定的产量范围内相对不变，这类费用被称为固定费用，又叫制造费用，如厂房、机器、设备的折旧费用，车间管理人员的工资等。

3. 期间费用

期间费用指企业在生产经营过程中发生，不宜计入产品成本，直接计入当期损益的费用。期间费用按其经济用途可分为销售费用、管理费用和财务费用。

有关期间费用的核算在《中级财务会计》课程中说明，本教材不作探讨。

（二）分清各种费用界限

企业在生产经营过程中发生的支出有不同的用途，需要按照其用途进行划分，确定其最终的归属。因此，产品成本的计算过程实际上是对发生的费用进行不断地划分、归集和分配的过程。通过费用的划分，以分清各种费用的界限：①分清费用性支出与非费用性支出的界限；②分清生产费用与期间费用的界限；③分清本期费用与后期费用的界限；④分清各种产品应负担费用的界限；⑤分清完工产品与月末在产品费用的界限。综上所述，可做出如图1.2所示的费用界限划分。

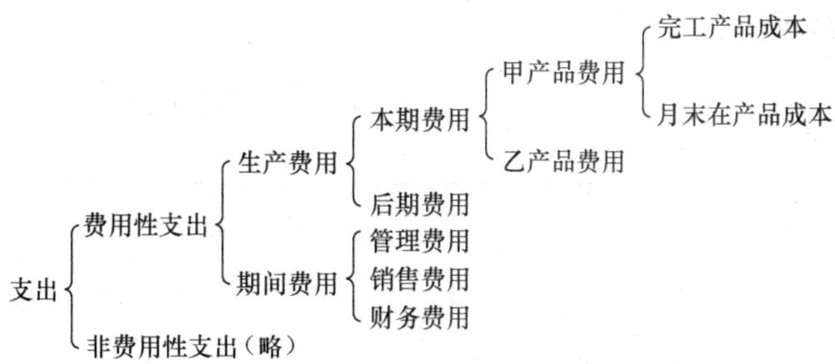

图1.2 费用界限划分图

二、成本核算的主要会计项目

为了按程序归集生产费用，核算产品成本，应设置一定的总账账户和必要的明细账户。总账账户一般设置“生产成本”账户，用以核算企业进行的产品生产（包括产成品、自制半成品等）、自制材料、自制工具、自制设备等所发生的各项生产费用。为了分别核算基本生产成本和辅助生产成本，还应在总账账户下设立“基本生产成本”和“辅助生产成本”两个二级账户，在二级账户下再按一定要求设置明细账户。为了更简化会计核算程序，本书是按“基本生产成本”和“辅助生产成本”设置明细账表格进行阐述的。

1. “基本生产成本”明细账的设立

基本生产成本是指为完成企业主要生产任务进行的产品生产所发生的各项支出。“基本生产成本”明细账是为了归集主要生产过程中所发生的各种生产费用和计算基本生产产品成本而设立的。基本生产所发生的各项费用，记入该账户的“借方”，完工入库的产品成本记入该账户的“贷方”，该账户的余额就是基本生产在产品的成本。该账户应该按成本核算的对象分设生产成本明细账，其基本格式如账簿1.1～账簿1.3、表1.1所示。采用账簿1.1所示的生产成本明细账格式，月末需要将在产品成本转入下月账页。

账簿1.1

基本生产成本明细账1

产品名称：　　　　××××年××月

月	日	摘　要	产　量	成本项目			成本合计
				直接材料	直接人工	制造费用	
		月初在产品成本					
		本月生产费用					
		生产费用累计					
		本月完工产品成本					
		完工产品单位成本					
		月末在产品成本					

账簿 1.2

基本生产成本明细账 2

产品名称：　　　　　　××××年××月

月	日	摘　要	产　量	成本项目			成本合计
				直接材料	直接人工	制造费用	
		本月生产费用					
		本月完工产品成本					
		完工产品单位成本					

账簿 1.3

基本生产成本明细账 3

产品名称：　　　　　　××××年××月

成本项目	月初在产品成本	本月生产费用	生产费用累计	完工产品成本				月末在产品成本
				总成本	单位成本	计划成本	成本差异	
直接材料								
直接人工								
制造费用								
成本合计								

表 1.1　产品成本计算单

产品名称：　　　　　产成品：　　　　　在产品：　　　　　（金额单位：元）

摘　要	直接材料	直接人工	制造费用	合　计
月初在产品成本				
本月发生生产费用				
生产费用合计				
完工产品数量				
在产品约当量				
总约当产量				
分配率（单位成本）				
完工产品总成本				
月末在产品成本				

2. “辅助生产成本”明细账的设立

辅助生产是指为基本生产部门、企业管理部门和其他部门提供劳务和产品进行的生产所发生的费用，如工具、模具、修理用备件等。辅助生产提供的产品和劳务也可以对外销售，但不是主要目的。辅助生产所发生的各项费用，记入“辅助生产成本”明细账的“借方”，完工入库产品和分配转出的劳务费用，记入“辅助生产成本”明细账的“贷方”，该明细账的余额就是辅助生产在产品的成本。该账户应该按成本核算的对象分设生产成本明细账，基本格式如账簿 1.4、账簿 1.5、表 1.2 所示。

账簿 1.4

辅助生产成本明细账 1

车间名称：

年		凭证		摘　要	原材料	燃料及动力	应付职工薪酬	制造费用	合计
月	日	字	号						

账簿 1.5

辅助生产成本明细账 2

车间名称：

年		凭证		摘要	材料费	燃料及动力	职工薪酬	折旧费	办公费	修理费	其他	合计
月	日	字	号									

表 1.2　辅助生产费用分配表

（直接分配法）

辅助生产车间名称			蒸汽车间	机修车间	合计
待分配费用（元）					
对辅助生产以外的供应数量					
费用分配率（单位成本）					
基本生产车间	A 产品	耗用数量			
		分配金额（元）			
	B 产品	耗用数量			
		分配金额（元）			
辅助生产	一般消耗	耗用数量			
		分配金额（元）			
行政管理部门		耗用数量			
		分配金额（元）			
合　计					

三、产品成本核算程序

（一）产品成本计算过程

产品成本核算程序，又叫产品成本计算程序，是指企业在计算产品成本过程中，从生产费用的归集、分配到确定完工产品成本的工作过程。这一工作过程包括：确定成本计算对象，确定成本项目，确定成本计算期，审核生产费用，归集分配生产费用，计算月末在产品成本，确定完工产品成本。

1. 确定成本计算对象

合理确定产品成本计算对象是正确计算产品成本的前提。确定成本计算对象的目的在于明确生产费用的承担者，便于进行生产费用的归集、分配与计算。不同的制造企业，由于在生产规模、工艺特点、管理要求、管理水平等方面存在差异，其产品成本计算对象的确定方式也不同。

对大量大批生产的产品，通常以产品品种作为产品成本计算对象；对按小批或单件组织生产的产品，通常按产品的生产批次作为产品成本计算对象；对产品生产步骤较多，又需要计算每一生产步骤半成品成本的产品，则可以按产品的生产步骤作为产品成本计算对象；对生产过程相同、生产工艺相近的同类产品，还可以按产品的类别作为产品成本计算对象。

2. 确定成本项目

不同的生产费用对产品成本起着不同的作用。为了正确反映产品成本的经济构成，进行产品成本的比较，加强产品成本的管理，需要对发生的生产费用按其经济用途归集到产品成本计算对象之中，因此企业在进行产品成本计算前，必须先确定成本项目。如前所述，产品成本项目一般分为三个项目：直接材料、直接人工和制造费用。也可以按照成本管理的需要，将成本项目分为原料及主要材料、燃料及动力、工资、社保费、废品损失、停工损失和制造费用等七项。

3. 确定成本计算期

成本计算期是指计算产品成本的间隔期间，即间隔多长时间计算一次产品成本，在什么时候计算产品成本。产品成本计算期的确定取决于产品成本计算对象的确定方式。

当企业按产品品种、产品生产步骤、产品生产类别作为成本计算对象时，产品成本的计算期通常与会计期间相同，即在每月月末计算产品成本。当企业按产品的生产批别作为产品成本计算对象时，产品成本的计算期则与一批产品的生产周期相一致，即在该批产品完工时计算产品成本。

4. 审核生产费用

审核生产费用是指对发生的生产费用进行审查与核实，审核生产费用是否客观真实、合法合理、正确无误，是否属于产品成本的开支范围，是否符合产品成本的开支标准，把住关口，以保证产品成本计算的真实正确。

5. 归集分配生产费用

对审核无误的生产费用要按产品成本计算对象进行归集，并按其经济用途分别计入各个成本项目之中。归集和分配生产费用的原则是受益原则，即谁受益，谁承担。

归集和分配生产费用的方法是：直接计入费用直接认定，间接计入费用比例分配。当生产费用发生时就能确定承担该生产费用的产品成本计算对象时，就直接计入该成本计算对象的有关成本项目；当生产费用发生时无法确定承担该生产费用的产品成本计算对象，则需要以共同承担该生产费用的各个受益对象的受益程度为比例分配该项生产费用后，再计入各个成本计算对象的有关成本项目之中，最终形成各个产品成本计算对象承担的全部生产费用。

6. 计算完工产品成本

到了产品成本计算期，要按规定计算当期完工产品的总成本与单位成本。具体有以下两种情况：一是到了产品成本计算期末，本期生产的产品已全部完工，则在成本计算期内所归集的生产费用就是完工产品的总成本，总成本除以完工产品数量就是完工产品的单位成本；二是到了产品成本计算期末，还有部分产品尚未完工而存在月末在产品，要运用一定的方法将所归集的生产费用在完工产品与月末在产品之间进行分配，先计算出月末在产品应负担的生产费用，作为月末在产品成本，再确定本期完工产品应负担的生产费用，作为完工产品的总成本，并计算完工产品的单位成本。

（二）产品成本核算的账务处理程序

产品成本核算的账务处理是指在产品形成过程中，进行会计处理的步骤，具体包括以下内容。

（1）审核各种费用凭证，将发生的费用按发生的地点和用途进行归集和分配。

（2）分配辅助生产费用。

（3）分配基本生产车间的制造费用。

（4）确定月末在产品应负担的生产费用。

（5）计算完工产品总成本与单位成本。

以上产品成本核算的账务处理程序实际上就是分清费用界限的过程。对此，做出产品成本核算账务处理程序。

四、产品成本计算方法

产品成本归集有全部成本法和制造成本法两种。

全部成本法就是在计算产品成本和存货成本时，把一定期间内在生产过程中所消耗的直接材料、直接人工、变动制造费用和固定制造费用的全部成本都归纳到产品成本中去。其计算公式为

全部成本＝制造成本＋期间费用

目前我国实行的是制造成本法。制造成本就是生产成本，是指生产活动的成本。其计算公式为

制造成本=直接材料＋直接人工＋制造费用

不同的企业，由于生产的工艺过程、生产组织，以及成本管理要求不同，计算成本的方法也不一样。不同的计算成本方法的区别主要表现在三个方面：一是成本计算对象不同；二是成本计算期不同；三是生产费用在产成品和半成品之间的分配情况不同。常用的成本计算方法有品种法、分批法、分步法、分类法和定额法。

（1）品种法。品种法是以产品品种作为成本计算对象来归集生产费用、计算产品成本的一种方法。由于品种法不需要按批计算成本，也不需要按步骤来计算半成品成本，因而这种成本计算方法比较简单。品种法主要适用于大批量单步骤生产的企业，如发电、采掘等；或者虽属于多步骤生产，但不要求计算半成品成本的小型企业，如小水泥、制砖等。品种法一般按月定

期计算产品成本，一般采用约当产量法在完工产品与在产成品之间分配生产费用。

（2）分批法。分批法也称订单法，是以产品的批次或订单作为成本计算对象来归集生产费用、计算产品成本的一种方法。分批法主要适用于单件和小批的多步骤生产，如重型机床、船舶、精密仪器和专用设备等。分批法的成本计算期是不固定的，一般把一个生产周期（即从投产到完工的整个时期）作为成本计算期，定期计算产品成本。由于在未完工时没有产成品，完工后又没有在产品，产成品和在产品不会同时并存，因而不需要把生产费用在产成品和半成品之间进行分配。如果月末计算成本时，一部分产品已完工，另一部分产品尚未完工，这时就有必要在完工产品与在产品之间分配费用，但应尽量减少跨月陆续完工情况。

（3）分步法。分步法是按产品的生产步骤归集生产费用、计算产品成本的一种方法。分步法适用于大量或大批的多步骤生产，如机械、纺织、造纸等。分步法由于生产的数量大，在某一时间上往往既有已完工的产成品，又有未完工的在产品和半成品，不可能等全部产品完工后再计算成本，因而分步法一般是按月定期计算成本，并且要把生产费用在产成品和半成品之间进行分配。

（4）分类法。分类法是按产品类别归集费用、计算成本，然后按一定标准分配计算每类产品内各种产品成本的一种方法。其特点是按照产品类别归集费用、计算成本，同一类产品内不同产品的成本采用一定的分配方法分配确定。每类产品内各种产品之间分配费用的标准，有定额消耗量、定额费用、产品单价以及产品的体积、长度和重量等。为简化成本计算工作，可将上述某一种分配标准折算成相对固定的系数，按照产品产量与系数的乘积（总系数）的比例，分配计算各产品的成本。这种方法也叫系数法。但应注意，系数法是分类法的一种。

（5）定额法。定额法是将产品品种或类别作为成本核算对象，以产品定额成本为基础，加减脱离现行定额差异及定额变动差异来计算产品实际生产成本的一种方法。该方法主要适用于定额管理工作基础比较好的，定额管理制度比较健全，产品的生产已经定型，各项消耗定额比较准确、稳定的企业。

学习参考

“少花钱多办事”是企业管理者最关心的事宜之一，“成本会计”是企业管理人员的好帮手，推荐扫描二维码阅读“节约成本故事三则”，从故事中寻找“成本会计”的相应职能。

本章小结

成本是指为生产一定产品而发生的各种生产耗费的货币表现。

应该计入成本的内容包括下列各项。

（1）生产经营过程中实际消耗的原材料、辅助材料、备品配件、外购半成品、燃料、动力、包装物的原价和运输、装卸、整理等费用。

（2）企业直接从事产品生产人员的工资和提取的福利费。

（3）车间房屋建筑物和机器设备的折旧费、租赁费、周转材料等。

（4）其他为组织、管理生产活动所发生的制造费用。

制造成本包括的各个项目也称成本项目。成本会计的对象是指成本会计核算和监督的内容。工业企业成本会计的对象是工业企业在产品制造过程中的生产成本（或制造成本）和期间费用。

成本会计具有反映和监督两大基本职能。反映的职能是成本会计的首要职能。成本会计的监督职能，是指按照一定的目的和要求，通过控制、调节、指导和考核等，监督各项生产经营耗费的合理性、合法性和有效性，以达到预期的成本管理目标的功能。

由于现代成本会计与管理紧密结合，因此成本会计为经营管理提供真实的，可以验证的成本信息。

要素费用是指费用按经济性质所做的分类项目。制造企业发生的各种费用可细分为八项要素费用。

产品成本计算方法有品种法、分批法、分步法、分类法、定额法。

习　题

一、单选题

1．构成产品成本的支出主要是（　　）。

A．资本性支出　B．收益性支出　C．生产性支出　D．营业外支出

2．下列项目中不属于生产费用的项目是（　　）。

A．生产产品而消耗的材料　B．生产工人的工资

C．企业管理人员的工资　D．车间管理人员的工资

3．成本会计的最基本职能是（　　）。

A．成本预测　B．成本决策　C．成本核算　D．成本分析

4．生产经营费用按费用的（　　）分类形成要素费用。

A．经济内容　B．经济性质　C．经济用途　D．经济作用

5．企业生产对外销售的产品，其产品生产成本应在（　　）核算。

A．基本生产成本二级账户　B．辅助生产成本二级账户

C．制造费用账户　D．库存商品账户

6．下列项目中不能计入产品成本的费用是（　　）。

A．企业管理人员的工资及社保费　B．车间消耗的动力费用

C．生产工人的工资及社保费　D．车间管理人员工资及社保费

7．下列人员的工资应当计入制造费用的是（　　）。

A．工人的工资　B．车间主任的工资　C．厂长的工资　D．班组长的工资

8．企业作为制定产品价格重要依据的成本是（　　）。

A．期间费用　B．制造费用　C．全部成本　D．制造成本

9．（　　）是产品成本计算的最基本的方法。

A．品种法　B．分批法　C．分步法　D．定额法

10．下列科目属于成本类科目的是（　　）。

A．制造费用　B．管理费用　C．预提费用　D．待摊费用

二、多选题

1．下列项目中属于收益性支出的有（　　）。

A．材料费用　B．管理费用　C．营业费用　D．财务费用

E．折旧费用

2．使当期生产费用与当期完工产品不一致的原因可能是（　　）。

A．存在期初在产品　B．存在月末在产品

C．既有期初在产品又有月末在产品　D．存在月中在产品

E．都没有在产品

3．制造企业发生的各种费用按其经济性质首先可以分为（　　）等三大要素。

A．劳动对象方面的费用　B．劳动手段方面的费用

C．活劳动方面的费用　D．劳动资料方面的费用

E．物资消耗方面的费用

4．在产品成本核算过程中要做好的基础工作是（　　）。

A．分清费用界限　B．健全原始记录　C．强化定额管理　D．严格计量验收

E．实施内部结算

5．产品成本计算过程实际上就是划分费用界限的过程，即要分清（　　）。

A．费用与非费用的界限　B．生产费用与期间费用的界限

C．本期费用与后期费用的界限　D．各种产品的生产费用的界限

E．完工产品与月末在产品费用的界限

6．下列账户中，属于产品成本计算的账户是（　　）。

A．生产成本　B．劳务成本　C．主营业务成本　D．制造费用

E．研发支出

三、判断题

1．成本计算有按会计期间进行的，也有按生产周期进行的。（　　）

2．成本会计工作的核心是进行成本核算。（　　）

3．生产费用是企业为生产产品而发生的各项支出。（　　）

4．进行产品成本核算，都必须划分完工产品与月末在产品的费用界限。（　　）

5．集中核算的优点正好是分散核算的不足之处。（　　）

6．直接费用必定是直接计入产品成本。（　　）

7．对费用按经济用途分类形成要素费用。（　　）

8．在一定规模条件下，单位成本不变，成本总额随着业务量的变化成正比例变化的成本，称为可变成本。（　　）

9．费用界限的划分过程实际上就是产品成本的计算过程。（　　）

10．企业一定时期内发生的生产费用总和等于该期产品的总成本。（　　）

四、业务计算分析题

鸿意公司本月生产150件产品，全部完工。生产产品消耗原材料6 000元，燃料及动力500元，生产人员薪酬1 000元，车间经费900元，管理费用700元，财务费用500元，产品对外销售发生销售费用1 500元。请分别用全部成本法和制造成本法计算产品成本。

第二章

要素费用的核算

知识目标

通过本章的学习，掌握各成本构成要素的分配方法和费用分配表的编制方法；理解各有关要素费用各种分配方法的优缺点和适用范围；了解各要素费用归集与分配的关系。

能力目标

通过本章的学习，能进行要素费用归集和分配的账务处理；能够编制各要素费用的分配表。

第一节 材料费用的归集与分配

一、材料的内容与分类

材料是制造企业生产过程中的劳动对象，是生产过程中不可缺少的物资要素。在生产过程中直接取自于自然界的劳动对象，一般称原料，例如冶炼金属的矿砂，用以纺织的棉花，制造面粉的小麦；以经过工业加工的产品作为劳动对象的一般叫材料，例如各种钢材。在实际工作中有时把两者合并起来，统称原材料。材料在产品生产过程中所起的作用是不同的，有的经过加工后构成产品的主要实体，这种材料是主要材料，其余各种材料只在生产过程中起辅助作用，称之为辅助材料。在实践中，企业使用的材料名目繁多，如果简单地将其归为上述两种，既不利于材料管理，也不利于加强材料的核算。为此一般将材料按其用途分为以下几大类。

1. 原料及主要材料

原料及主要材料是指经过加工后构成产品主要实体的各种原料和材料，如机械制造业中的金属材料、冶炼企业使用的矿石，以及纺织企业使用的原棉和棉纱外购半成品。对于购入企业来说，外购半成品同原材料一样都是劳动对象，在继续加工过程中形成产品的主要实体，从理论上讲也是应列入此类别，但是，有的企业为了加强外购产品专项管理和核算，将外购半成品作为材料的一个独立类别。

2. 辅助材料

辅助材料是指在生产中不构成产品的主要实体，只起一定辅助作用的各种材料。辅助材料在生产中的具体作用不同。有的与产品的主要材料相结合有助于产品形成，如染料、漂白粉和油漆等；有的供劳动资料消耗，如起润滑、防护作用的润滑油和防锈剂等；有的为正常劳动提供条件，如各种清洁用具和照明灯具等。

3. 燃料

燃料是指生产过程中用来燃烧的各种材料，燃烧时能产生热能或动力和光能的可燃物质。燃料按形态不同可以分为固体燃料（如煤、炭、木材）、液体燃料（如汽油、煤油、石油）、气体燃料（如天然气、煤气、沼气），按类型不同可以分为化石燃料（如石油、煤甲烷）、生物燃料（如乙醇、生物柴油等）、核燃料（如铀-235、铀-233、铀-238 等）。一些气体燃料可以压缩为液体，如液化石油气。燃料在生产过程中的作用也不同。有的直接用于工艺技术过程，如铸造车间用的燃料；有的用于生产动力，如发电车间用的燃料；有的用于一般用途，如取暖用的燃料。

4. 修理用备件

修理用备件是指为修理本企业机器设备和运输工具所专用的各种备品备件，如齿轮、轴承、阀门、轮胎等。修理用的一般零件属于辅助材料一类。在修理设备时用来更换磨损和老化零件的零件称作配件；为了缩短设备修理停歇时间，在备件库内经常保存一定数量的配件，称作备件。

配件和备件是做好设备维修工作的重要物质条件。配件和备件供应及时，不仅可以提高企业的设备完好率，而且还可以缩短设备修理停歇时间。机械制造企业的维修备件一般应包括以下几种零件：使用期限短（3～4 个月）的易损零件；制造工序较长、需用专用刀具、夹具加工而又易损坏的零件，如涡轮、花键等；设备上相同零件数量较大，或厂内同类设备多而消耗量大的零件；需要制造的大型复杂零件及铸、锻件，以及需向外厂委托加工的零件、外购件，例如皮腕、链条、液压元件等；稀有、关键设备的全部配件。

5. 包装物

包装物是指为包装本企业产品，随同产品一起出售或者在销售产品时租给、借给购货单位使用的各种包装物品，如桶、瓶、坛、袋、盒等包装容器。各种包装用料，如纸张、绳子、铁丝、塑料袋等，不属于包装物，而应列入辅助材料一类。

6. 低值易耗品

低值易耗品是指单项价值在规定限额以下，或使用期限不满一年，不能作为固定资产管理的各种物品，如工具、管理用具、劳动保护用品等。

学习参考

正确计算生产成本，必须对材料进行归集与分配，材料的分类清楚了吗？读者可扫描二维码阅读“材料的归集与分配”加深了解。

上述各种材料还可以按其性质、技术特征和规格等标准进一步分类，以满足实物管理的需要和会计核算的要求。企业材料的品种、规格、数量很多，为了保证材料名称在使用时的一致性，避免相互混淆，出现差错，简化核算，可以编制材料目录。材料目录应列明各种材料的类别、编号、名称、规格、性能、计量单位和计划单价等项目。材料目录应根据技术管理要求，由材料供应部门和财务部门共同制订。

二、材料费用的核算

材料是构成产品成本的主要要素，因此，正确计算各项材料的费用是企业的一项很重要的工作，具体内容有以下几种。

（一）材料的采购与发出的计价

材料的计价方法有按实际成本计价方法和按计划成本计价方法两种，材料的计价方法不同，则发出材料的成本确定的方法也不同。

1. 实际成本计价方式下发出材料成本的计算方法

发出材料实际成本计价可以采用先进先出法、全月一次加权平均法和个别计价法。按照实际发出的数量计价，选择适当的发出材料计价方法，对于真实反映材料价值，正确计算产品成本和企业的损益十分重要。

2. 计划成本计价方式下发出材料成本的计算方法

当按计划成本计价时，发出材料是按计划价格计算的，需要将发出材料的计划成本调整为实际成本，以便于产品实际成本的计算。为此，需要首先确定入库材料成本差异额和本月材料成本差异率，计算公式为

$$\text{入库材料成本差异额}=\text{入库材料实际成本}-\text{入库材料计划成本}$$

$$\text{本月材料成本差异率}=\frac{\text{月初结存材料成本差异额}+\text{本月入库材料成本差异额}}{\text{月初结存材料计划成本}+\text{本月入库材料计划成本}}\times 100\%$$

$$\text{上月材料成本差异率}=\frac{\text{月初结存材料成本差异额}}{\text{月初结存材料计划成本}}\times 100\%$$

材料成本差异率一般应按材料类别分别计算确定。如果企业当月消耗的材料主要是期初库存材料，也可以采用上月材料成本差异率，以适应成本计算的要求。企业应根据材料的具体情况，选择本月或上月材料成本差异率进行计算。一旦确定，不应随意变动。根据发出材料计划成本和材料成本差异率，可以将本月发出材料计划成本调整为实际成本。计算公式为

$$\text{发出材料计划成本}=\text{发出材料数量}\times\text{材料计划单价}$$

$$\text{发出材料应负担的材料成本差异额}=\text{发出材料计划成本}\times\text{材料成本差异率}$$

$$\text{发出材料实际成本}=\text{发出材料计划成本}\pm\text{发出材料应负担的材料成本差异额}$$

【例 2.1】 某公司本月月初结存原材料计划成本 300 000 元，本月入库原材料计划成本 560 000 元，本月发出材料的计划成本 320 000 元。月初结存原材料成本差异节约 5 000 元，本月入库材料成本差异超支 14 460 元，则

$$\text{本月原材料成本差异率}=(-5\,000+14\,460)/(300\,000+560\,000)=1.1\%$$

$$\text{发出原材料应负担的材料成本差异额}=320\,000\times 1.1\%=3\,520\text{（元）}$$

$$\text{发出原材料的实际成本}=320\,000+3\,520=323\,520\text{（元）}$$

（二）材料领用凭证及材料领用控制

1. 材料领用凭证

由于企业在生产过程中领用的材料品种、规格、数量很多，为了明确各单位的经济责任，便于分配材料费用，在领用材料时，应办理必要的领料手续。生产单位或其他部门领用材料时，应由专人负责审核，只有经过有关人员签字审核之后，才能办理领料手续。在实践中，领料凭证一般有以下几种。

（1）领料单。领料单是一种一次性使用的领料凭证，通常用于未指定消耗定额或不经常使用的材料。领料单可以一单一料，也可以一单多料。领料单的主要内容有领料部门、领用日期、用途及材料名称、规格、计量单位、数量、单价、金额等，如单据2.1所示。

单据2.1

领 料 单

领用单位：生产车间　　　　201×年　月　日　1号仓库　　　　编号：053

用途	生产A产品			产品批量			订单号	
材料类别	材料编号	材料名称	规格	计量单位	数量		单价	金额
					请领	实发		
合计								
备注								

二 财务存

核算：（印）　主管：（印）　发料：（印）　主管：（印）　领料：（印）

（2）领料登记表。对于一些经常领用的消耗性材料，可以不必每次都填领料单，每次都经过审批，只要每次领用时在领料登记表中登记即可。领料登记表是一种多次使用的领料凭证，通常在一个月内连续使用，月末汇总记账。

（3）限额领料单。限额领料单是一种多次使用的累计领料凭证，在有效期内只要领用数不超过限额，就可以连续领料。限额领料单适用于经常使用且有领用限额的材料发出业务，如单据2.2所示。

单据2.2

限额领料单

领料部门：　　　　　　　　第　号：

用　途：　　　20　年　月　日　　　发料仓库：

材料编号	材料名称规格	计量单位	计划投产量	单位消耗定额	领用限额	实发																	
						数量	单价								金额								
							十	万	千	百	十	元	角	分	千	百	十	万	千	百	十	元	角	分

日期	领用			退料			限额结余数量
	数量	领料人	发料人	数量	退料人	收料人	

生产计划部门：　　　　供销部门：　　　　仓库：

（4）退料单。采用上述各种领料凭证的车间或部门领用的材料，月末如果未用完，应办理退料手续。对于下一月份不再使用的材料，应填写“退料单”，将材料退回仓库；对于下一月份还要继续使用的材料，可办理假退料手续，即填制本月份的“退料单”与下一月份的“领料单”，并在仓库办理退料和领料手续，但材料仍留在原车间、部门，并不退回仓库，如单据2.3所示。

单据 2.3

退 料 单

年 月 日

品名	规格	材料编号	返回数量	单价	金额	原领料价格	该批实际价格
退料原因说明							

2. 材料领用控制

材料领用涉及材料的使用单位和材料仓库，为了明确管理和核算的经济责任，应做好以下控制工作。

（1）健全发出材料计量制度和领用凭证制度。库存材料数量计量可以采用两种盘存方法：一种是永续盘存制；另一种是实地盘存制。

（2）健全材料退库和盘点制度。许多企业虽然建立了领料凭证制度，但是对月终已领未用材料的核查和材料盘点工作不够重视，影响核算的正确性。月终凡是车间部门已领未用材料，应办理退料手续，以便正确计算本期材料消耗。

（3）制定材料消耗定额，加强发料控制。材料消耗定额是指在一定的生产技术、组织管理条件下生产单位产品消耗的材料数量标准。制定材料消耗定额是加强材料费用控制的主要方法。利用消耗定额可以查明生产过程中的材料实际消耗量与定额之间差异的产生原因，明确责任。

做好以上三个环节的工作，一方面可以强化对材料费用的管理，另一方面可以为材料费用的归集与分配创造良好的条件。

（三）材料费用的分配

1. 材料费用分配对象的确定

材料费用的分配对象应根据企业产品生产的特点和管理上的要求来确定。材料费用的分配对象不仅要适应企业的生产特点，还应考虑企业管理的要求，分别产品的主次做不同的处理。对于主要产品，要按照每种产品或每批产品单独作为分配对象，计算其实际总成本和单位成本；对于一些次要产品或零星产品，则可以合并为一个分配对象，计算其实际成本，然后再按一定比例进行分配，计算出各种产品的单位成本。

2. 材料费用的分配方法

一般材料费用的分配标准有定额耗用量分配法、定额费用分配法、重量比例分配法、实际产量分配法、标准产量分配法等。

定额耗用量分配法是指以一定数量的产品按材料消耗定额计算的可以消耗的材料数量限额

为比例，来进行材料费用分配的方法。其计算公式为

某产品材料定额耗用量=该种产品实际产量×单位产品材料消耗定额

$$材料费用分配率=\frac{材料实际总费用}{各产品材料定额耗用量总量}$$

某产品分配的材料费用=该产品的材料定额耗用量×材料费用分配率

定额费用分配法是以一定数量的产品按材料的费用定额计算的材料费用的限额为比例，来进行材料费用分配的方法。其计算公式为

某种产品材料定额费用=该种产品实际产量×单位产品材料消耗定额×该材料计划单价

$$材料费用分配率=\frac{材料实际总费用}{各产品材料定额费用总额}$$

某产品应分配的材料费用=该产品材料定额费用×材料费用分配率

重量比例分配法是以各种产品的重量作为分配标准，分配共同发生的材料费用的方法。其计算公式为

$$材料费用分配率=\frac{材料实际总费用}{各种产品的重量之和}$$

某种产品应分配的材料费用=该种产品重量×材料费用分配率

实际产量分配法是以产品的实际产量作为分配标准分配材料费用的方法。其计算公式为

$$材料费用分配率=\frac{材料实际总费用}{各种产品产量之和}$$

某种产品应分配的材料费用=该种产品产量×材料费用分配率

【例2.2】 某公司生产甲、乙两种产品，本月共同耗用A材料6 000千克，每千克10元。甲产品的实际产量为350件，单件产品材料消耗定额为4千克，每件重2千克；乙产品的实际产量为600件，单件产品材料消耗定额为6千克，每件重5千克。运用定额耗用量分配法、定额费用分配法、重量比例分配法和实际产量分配法分别计算和分配甲、乙产品各自应负担的费用。

（1）按定额耗用量分配法计算。

甲产品材料定额耗用量=350×4=1 400（千克）

乙产品材料定额耗用量=600×6=3 600（千克）

材料费用分配率=6 000×10÷（1 400+3 600）=12（元/千克）

甲产品应分配的材料费用=1 400×12=16 800（元）

乙产品应分配的材料费用=3 600×12=43 200（元）

（2）按定额费用分配法计算。

甲产品材料定额费用=350×4×10=14 000（元）

乙产品材料定额费用=600×6×10=36 000（元）

材料费用分配率=6 000×10÷（14 000+36 000）=1.2

甲产品应分配的材料费用=14 000×1.2=16 800（元）

乙产品应分配的材料费用=36 000×1.2=43 200（元）

（3）按重量分配法计算。

材料费用分配率=6 000×10/（350×2+600×5）=16.216 2（元/千克）

甲产品应分配的材料费用=350×2×16.216 2=11 351.34（元）

乙产品应分配的材料费用=6 000×10−11 351.34=48 648.66（元）

（4）按实际产量法计算。

材料费用分配率=6 000×10/（350+600）=63.157 9（元/件）

甲产品应分配的材料费用=350×63.157 9=22 105.27（元）

乙产品应分配的材料费用=6 000×10−22 105.27=37 894.73（元）

不同的分配标准，分配结果会有所差异，因此选择间接费用的分配标准时，应遵守合理性和简单性原则，即所选择的分配标准应与所分配的费用大小有密切联系，并且容易取得作为分配标准的资料。

3. 材料费用分配表的编制与账务处理

在实际工作中，原材料费用的分配是根据领料单、退料单、发料凭证汇总表等原始凭证，按用途及部门编制原材料费用分配表进行的，如表 2.1 所示。

表 2.1　原材料费用分配表

企业名称：　　　　201×年×月　　　　（单位：元）

应借科目		直接计入金额	分配计入		材料费用合计
			定额消耗量	分配金额（1.8）	
基本生产成本	甲产品	1 520	3 600	6 480	8 000
	乙产品	740	1 200	2 160	2 900
	小　计	2 260	4 800	8 640	10 900
辅助生产成本	供水车间	650			650
	蒸气车间	450			450
	小　计	1 100			1 100
制造费用	基本生产车间	200			200
管理费用		200			200
销售费用		180			180
合　计		3 940		8 640	12 580

【例 2.3】 根据表 2.1，编制会计分录如下。

借：生产成本——基本生产成本——甲产品　　8 000

　　　　　　　　　　　　　　——乙产品　　2 900

　　　　　　——辅助生产成本——供水车间　　650

　　　　　　　　　　　　　　——蒸气车间　　450

　　制造费用　　200

　　管理费用　　200

　　销售费用　　180

　　贷：原材料　　12 580

（四）燃料费用的核算

我们可以将直接用于产品生产的燃料记入“生产成本——基本生产成本”账户的“直接材料”成本项目，但若燃料耗用的数量较大，则应专门设置“燃料及动力”成本项目，归集生产中使用的燃料费用，以便于对其使用情况进行分析和考核。

对于辅助生产车间使用的燃料，应记入“生产成本——辅助生产成本”账户及其所属明细账户；基本生产车间一般耗用的燃料，应记入“制造费用”账户及其所属明细账户；企业行政管理部门使用的燃料，应记入“管理费用”账户及其所属明细账户；专设销售机构使用的燃料，应记入“销售费用”账户及其所属明细账户，如表2.2所示。

表2.2 燃料费用分配表

企业名称： 201×年×月 （单位：元）

应借科目		成本或费用项目	直接计入	分配计入		燃料费用合计
				定额燃料费用	分配金额	
基本生产成本	甲产品	燃料及动力		3 210	3 531	3 531
	乙产品	燃料及动力		2 480	2 728	2 728
	小 计			5 690	6 259	6 259
辅助生产成本	供水车间	燃料及动力	3 850			3 850
合 计			3 850		6 259	10 109

【例2.4】 根据表2.2，编制会计分录如下。

借：生产成本——基本生产成本——甲产品　3 531

　　　　　　　　　　　　　　——乙产品　2 728

　　　　　——辅助生产成本——供水车间　3 850

　贷：原材料——燃料　10 109

（五）外购动力费用的核算

1. 外购动力费用的归集

外购动力实际上也相当于外购的材料，由于没有价值实体，因此无法设专门账户进行核算，也无收、发、存多环节的核算，所以在外购时，根据其具体用途直接借记各成本、费用账户。

2. 外购动力费用的分配

分配原则：在不同受益单位或对象有仪表记录的情况下，应根据各仪表所示耗用动力的数量以及动力的单价直接计算记入受益单位的成本、费用账户；在没有仪表的情况下，则要按一定标准分配计入各受益对象，如可以按生产工时的比例、机器功率时数的比例或定额耗用量的比例分配。

【例2.5】 某公司201×年8月耗用外购电力共60 000度，每度1.20元。其中，基本生产车间生产甲、乙两种产品耗电43 000度。锅炉车间耗电8 000度，机修车间耗电5 000度，基本生产车间照明用电2 000度，公司管理部门用电2 000度。该公司对产品生产用电按机器功率时数在两产品间进行分配，甲、乙两种产品的机器功率时数分别为6 000小时和4 000小时。编制“外购动力费用分配表”如表2.3所示。

编制相关的会计分录如下。

借：生产成本——基本生产成本——甲产品　30 960

　　　　　　　　　　　　　　——乙产品　20 640

——辅助生产成本——锅炉车间　　9 600
　　　　　　　　——供水车间　　6 000
制造费用　　2 400
管理费用　　2 400
贷：应付账款　　72 000

表 2.3　外购动力费用分配表

应借账户		成本项目或费用项目	耗用电量分配			每度电费	分配金额（元）
			机器时数（小时）	分配率	分配量（度）		
基本生产成本	甲产品	燃料及动力	6 000		25 800		30 960
	乙产品	燃料及动力	4 000		17 200		20 640
	小　计		10 000	4.3	43 000		51 600
辅助生产成本	锅炉车间	燃料及动力			8 000		9 600
	供水车间	燃料及动力			5 000		6 000
	小　计				13 000		15 600
制造费用	基本生产车间	水电费			2 000		2 400
管理费用		水电费			2 000		2 400
合　计					60 000	1.2	72 000

（六）周转材料的核算

1. 低值易耗品费用的归集与分配

低值易耗品在采购、入库方面与材料的核算相同，但是，由于低值易耗品从仓库发交使用单位，至报废以前的整个使用过程中，一直保持原有的实物形态，因此其价值应采用一定的摊销方法计入产品成本中，从当期的收入中得到补偿。低值易耗品费用的归集与分配的方法如下。

（1）低值易耗品费用计入成本的方法。低值易耗品的收入、发出、摊销和结存业务，应设置“低值易耗品”账户进行核算。“低值易耗品”账户下，可分设“在库低值易耗品”“在用低值易耗品”和“低值易耗品摊销”三个二级账户。因此，其摊销方法有三种：一次摊销法、分次摊销法、五五摊销法。

（2）低值易耗品费用的核算。低值易耗品是指单位价值低，并且容易损耗的物品。低值易耗品包括一般工具、专用工具、替换设备、管理用具、劳动保护用品、生产过程中周转使用的包装容器等。

一次摊销法是指在领用低值易耗品时，按用途将其全部价值一次转移给受益对象。如果是生产车间一般消耗领用，将其价值记入“制造费用”科目；如果是管理部门领用，将其价值记入“管理费用”。

【例 2.6】 新大工厂的一车间工人领用工作服 10 件，每件 10 元；另外，厂部办公室领用招待用的杯子 3 个，每个 2 元。

编制会计分录如下。

借：制造费用　　100

管理费用 6

贷：低值易耗品 106

分次摊销法，是指将低值易耗品的价值分若干次转移给受益对象。这种方法的优点是使各月份的费用负担比较均衡，适用于单位价值比较高，使用期限比较长的低值易耗品，其摊销期限一般不超过 12 个月。

五五摊销法是指在领用低值易耗品时先摊销其价值的一半，到报废时，再摊销价值的另一半（应扣除残值）。这种方法适用于每月领用、报废比较均衡的低值易耗品。

在五五摊销法下，应在“低值易耗品”总账科目下设置“在库低值易耗品”“在用低值易耗品”“低值易耗品摊销”三个明细科目进行低值易耗品的库存、领用及摊销的核算。

【例 2.7】 新大工厂 8 月一车间领用低值易耗品一批，实际成本 10 000 元；同时报废以前月份生产领用的低值易耗品一批，其实际成本为 3 000 元，报废时的残料价值 200 元，残料已入库。

采用五五摊销法编制本月份的有关会计分录如下。

（1）本月领用低值易耗品时：

借：低值易耗品——在用低值易耗品 10 000

贷：低值易耗品——在库低值易耗品 10 000

（2）摊销本月领用的低值易耗品价值的一半：

借：制造费用 5 000

贷：低值易耗品——低值易耗品摊销 5 000

（3）本月报废以前月份领用的低值易耗品时，扣除残料价值后摊销其另一半的价值：

借：制造费用 1 300

原材料 200

贷：低值易耗品——低值易耗品摊销 1 500

（4）注销已报废的低值易耗品的账面价值：

借：低值易耗品——低值易耗品摊销 3 000

贷：低值易耗品——在用低值易耗品 3 000

2. 包装物的归集与分配

各种包装材料，如纸、绳、铁丝、铁皮等，应在“原材料”账户内核算；用于储存和保管产品的材料而不对外出售的包装物，应按价值大小和使用年限长短，分别在“固定资产”或“低值易耗品”账户内核算；计划单独列作企业商品产品的自制包装物，应作为库存商品处理，不在本账户核算范围内。包装物数量不大的企业，可以不设置本账户，而将包装物并入“原材料”账户内核算。

第二节 人工费用的核算

一、职工薪酬的构成

职工薪酬是指企业为获得职工提供的服务而给予各种形式的报酬以及其他相关支出，包括企业为职工在职期间和离职后提供的全部货币性薪酬和非货币性福利以及提供给职工配偶、子女或其他被赡养人的福利等。

职工薪酬是产品成本的重要构成内容，主要包括职工工资、奖金、津贴和补贴，职工福利费，医疗保险费、养老保险费、失业保险费、工伤保险费和生育保险费，住房公积金，工会经费和职工教育经费，非货币性福利，因解除与职工的劳动关系给予的补偿，以及其他与获得职工提供的服务相关的支出等。

1. 职工工资

职工工资（包括奖金、津贴和补贴）是指国家统计局《关于工资总额组成的规定》中规定的各项内容。构成工资总额的有计时工资、计件工资、支付给职工的超额劳动报酬和增收节支的劳动报酬、为了补偿职工特殊或额外的劳动消耗和因其他特殊原因支付给职工的津贴，以及为了保证职工工资水平不受物价影响支付给职工的物价补贴等。

2. 职工福利费

职工福利费，是指企业为职工集体提供的福利，如补助生活困难职工等。职工福利费属于职工薪酬，在会计处理上采用先提取后使用的方法，提取比例由企业根据自身实际情况合理确定。

3. 社会保险费

社会保险费是指医疗保险费、养老保险费、失业保险费、工伤保险费和生育保险费等。具体包括企业按照国家规定的基准和比例计算，向社会保险经办机构缴纳的医疗保险费、基本养老保险费、失业保险费、工伤保险费和生育保险费，以及根据《企业年金试行办法》《企业年金基金管理试行办法》等相关规定，向有关单位缴纳的补充养老保险费。

4. 住房公积金

住房公积金，是指企业按照国家新修订的《住房公积金管理条例》规定的基准和比例计算，向住房公积金管理机构缴存的住房公积金。住房公积金是住房分配货币化、社会化和法治化的主要形式。住房公积金制度是国家法律规定的重要的住房社会保障制度，具有强制性、互助性、保障性，单位和职工个人必须依法履行缴存住房公积金义务。

5. 工会经费和职工教育经费

工会经费和职工教育经费，是指企业为了改善职工文化生活、提高职工业务素质用于开展工会活动和职工教育及职业技能培训，根据国家规定的基准和比例，从成本费用中提取的金额。工会经费和职工教育经费分别按职工计提工资总额的2%和2.5%提取，记入“管理费用”账户。

6. 非货币性福利

非货币性福利，是指企业以自产产品或外购商品发放给职工作为福利，将自己拥有的资产无偿提供给职工使用，为职工无偿提供医疗保健服务等。

7. 辞退福利

辞退福利，是指企业由于实施主辅业分离、辅业改制、分流安置富余人员、实施重组或改组计划、职工不能胜任等原因，在职工劳动合同到期之前解除与职工的劳动关系，或者为鼓励职工自愿接受裁减而提出补偿建议的计划中给予职工的经济补偿。辞退福利包括：职工劳动合同到期前，不论职工本人是否愿意，企业决定解除与职工的劳动关系而给予的补偿；职工劳动合同到期前，为鼓励职工自愿接受裁减而给予的补偿，职工有权选择继续在职或接受补偿离职。

8. 股份支付

股份支付，是指企业为获取职工和其他方面提供服务而授予权益工具或者承担以权益工具为基础确定支付的股利。

二、工资总额的构成

职工薪酬一般包括两个部分：①现金实发工资；②代扣款项。代扣款项是指在工资发放时从应付工资中扣除的由企业替职工垫付给有关单位的款项，或从应付工资中扣减后代职工付给有关单位的款项。因此，应付工资是实发工资和各种代扣款项的和。除此之外，在实际工作中，企业常将一部分工资性津贴与工资一起发放，把它列入工资中，如上下班交通补贴，计算实发额时应加上这些津贴。工资单通常按车间或部门分别编制，一式三份，一份交劳动部门存档，一份裁成工资条连同工资一并发给职工，另一份在发工资时由职工个人签名后交财会部门。

三、职工薪酬的计算

工资是职工薪酬的主要内容，工资的计算是企业直接人工费用归集的基础，也是企业与职工之间进行工资结算的依据。企业可以根据具体情况采用各种不同的工资制度，其中最基本的工资制度是计时工资制度和计件工资制度。

（一）计时工资的计算

计时工资是根据每一职工的考勤记录和规定的工资标准计算的。工资标准按其计量的时间长短不同形成了不同的工资计算和结算制度，有年薪制、月薪制、周薪制、日薪制和小时工资制。企业固定职工的计时工资一般按月薪计算；临时职工的计时工资大多按日薪计算，也有按小时工资计算的。

在月薪制下，虽然职工各自的月工资标准是相同的，但由于职工的每月出勤和缺勤的情况不同，每月的应得计时工资也就不尽相同。在职工有缺勤的情况下，计算有缺勤职工的应得计时工资有两种基本方法。其一，按月标准工资扣除缺勤天数应扣工资额计算；其二，直接根据职工的出勤天数计算。按月标准工资扣除缺勤天数应扣工资额计算公式为

某职工应得计时工资＝该职工月标准工资－（事假和旷工天数×日标准工资）

－（病假天数×日标准工资×病假扣款率）

按出勤天数直接计算公式如下：

某职工应得计时工资＝该职工本月出勤天数×日标准工资＋病假天数×日标准工资×（1–病假扣款率）

采用月薪制计算应付工资，由于各月日历日数不同，因而同一职工各月的日工资率不尽相同。在实际工作中，为了简化日工资的计算工作，日工资率一般按以下两种方法之一计算。

（1）按月平均天数（30 天）计算。每年总天数按国家统计口径 360 天计算，每月固定按 30 天计算；以月工资标准除以 30 天，算出每月的日工资率。

（2）按月平均工作天数（20.83 天）计算。每月固定按年日历日数 365 天减去 11 个法定节假日和 104 个周末休息日，再除以 12 个月算出的平均工作日数 20.83 天计算；以月工资标准除以 20.83 天算出每月的日工资率。

综上所述，计算计时工资有两种基本方法，计算日标准工资也有 30 天和 20.83 天之分，因此产生了计算计时工资的四种基本方法。

（1）按月平均天数（30 天）算日工资率，按出勤天数算月工资。

（2）按月平均天数（30 天）算日工资率，按缺勤天数扣缺勤工资。

（3）按月平均工作天数（20.83 天）算日工资率，按出勤天数算月工资。

（4）按月平均工作天数（20.83 天）算日工资率，按缺勤天数扣缺勤工资。

采用哪一种方法由企业自行确定，确定以后不应任意改变。我国大多数企业采用按月平均工作天数计算的方法。

【例 2.8】 某工人的月工资标准为 1 260 元。8 月份 31 天，病假 3 天，事假 2 天，周末休假 8 天，出勤 18 天。根据该工人的工龄，其病假工资按工资标准的 85%计算。该工人的病假和事假期间没有节假日。

要求：按四种方法分别计算该工人 8 月份的应得工资。

（1）按月平均天数（30 天）算日工资率，按出勤天数算月工资。

日工资率=1 260 ÷ 30=42（元）

应得出勤工资=42×（18+8）=1 092（元）

应得病假工资=42×3×85%=107.10（元）

应付月工资=1 092+107.10=1 199.10（元）

（2）按月平均天数（30 天）算日工资率，按缺勤天数扣缺勤工资。

应扣缺勤病假工资=42×3×（1−85%）=18.90（元）

应扣缺勤事假工资=42×2=84（元）

应付月工资=1 260−18.90−84=1 157.10（元）

（3）按月平均工作天数（20.83 天）算日工资率，按出勤天数算月工资。

日工资率=1 260 ÷ 20.83=60.49（元）

应得出勤工资=60.49×18=1 088.82（元）

应得病假工资=60.49×3×85%=154.25（元）

应付月工资=1 088.82+154.25=1 243.07（元）

（4）按月平均工作天数（20.83 天）算日工资率，按缺勤天数扣缺勤工资。

应扣缺勤病假工资=60.49×3×（1−85%）=27.22（元）

应扣缺勤事假工资=60.49×2=120.98（元）

应付月工资=1 260−27.22−120.98=1 111.80（元）

（二）计件工资的计算

计件工资一般情况下是针对生产工人所采用的计算方法。采用计件工资制时，根据产量和工时记录中登记的每一生产工人和班组完成的工作量，乘以事前规定的计件工资进行计算。计件工资按照结算对象不同，分为个人计件工资和集体计件工资。

1. 个人计件工资的计算

职工的计件工资，应根据产量记录中登记的每一工人的产量，乘以规定的计件单价计算。同一工人在月份内可能从事计件工资单价不同的各种产品的生产，计件工资的计算公式为

$$应付计件工资=\sum 月份内生产的每种产品的产量\times 该产品的计件单价$$

公式中的产量包括合格产量和不是由于本人过失造成的不合格产量（如料废产品数量）；由于本人过失造成的不合格品（如工废产品），不计算工资，有的还应由工人赔偿损失。

产品的计件单价是根据生产单位产品所需要的工时定额和该工人每小时的工资率计算出来的。同一工人生产不同计件单价产品的情况下，为了简化计件工资的计算工作，也可以根据每一工人完成的定额工时总数和小时工资率计算计件工资。

【例 2.9】 生产车间工人张某本月加工甲零件 600 个，单价 0.7 元；加工乙零件 500 个，单价 1.4 元。经检验甲零件料废 8 个，工废 5 个；乙零件料废 3 个，工废 8 个；其他均为合格，料废零件按 40%扣除工资。

要求：计算张某的工资。

应付计件工资=［600－5－8×（1－40%）］×0.70＋［500－8－3×（1－40%）］×1.40
=1099.42（元）

2. 集体计件工资的计算

集体计件工资是根据某一集体完成工作量和计件单价计算并与集体进行结算的工资。

四、工资费用分配的核算

企业职工薪酬的分配，除应通过有关成本费用账户外，还要通过“应付职工薪酬”账户核算已分配计入有关成本费用项目的职工薪酬数额。该账户应按“工资”“职工福利”“社会保险费”“住房公积金”“工会经费”“职工教育经费”“非货币性福利”等应付职工薪酬项目设置明细账户，进行明细核算。

1. 货币性职工薪酬的账务处理

企业应当在职工为其提供服务的会计期间，根据职工提供服务的受益对象，将应确认的职工薪酬计入相关资产成本或当期损益，同时确认为应付职工薪酬。

借：生产成本——基本生产成本——××产品　　（基本生产部门职工薪酬）
　　　　　　——辅助生产成本——××车间　　（辅助生产部门职工薪酬）
　　制造费用　　（生产部门管理人员薪酬）
　　管理费用　　（管理部门人员薪酬）
　　销售费用　　（销售部门人员薪酬）
　　贷：应付职工薪酬——工资

在建工程、研发支出负担的职工薪酬，借记“在建工程”“研发支出”账户，贷记“应付职工薪酬”账户。对于企业工资以外的职工薪酬项目，如果政府有明确规定计提基础和计提比例的，应按规定标准计提。

【例 2.10】 某公司生产工人及管理人员 2010 年 8 月应发工资 2 000 万元，其中生产部门直接生产人员工资 1 000 万元（甲、乙产品的生产工时分别为 12 000 小时和 13 000 小时），生产部门管理人员工资 400 万元，公司管理部门人员工资 500 万元，公司专设销售机构人员工资 100 万元。根据当地政府规定，公司分别按职工工资总额 10%、12%、2%和 10.5%计提医疗保险费、养老保险费、失业保险费和住房公积金缴纳给当地社会保险机构和住房公积金机构，另按工资总额 14%、2%和 1.5%分别计提福利费、工会经费和职工教育经费（生产工人工资规定按甲、乙产品生产工时分配）。职工薪酬分配表如表 2.4 所示。

表 2.4 职工薪酬分配表 （金额单位：元）

应借账户		成本或费用项目	生产工时	分配率	工资费用	医疗保险费 10%	养老保险费 12%	失业保险费 2%	住房公积金 10.5%	职工福利费 14%	工会经费 2%	职工教育经费 1.5%	合计
基本生产成本	甲产品	直接人工	12 000		480	48	57.6	9.6	50.4	67.2	9.6	7.2	249.6
	乙产品	直接人工	13 000		520	52	62.4	10.4	54.6	72.8	10.4	7.8	270.4
	小计		25 000	0.04	1 000	100	120	20	105	140	20	15	520
制造费用	基本生产车间	工资及福利			400	40	48	8	42	56	8	6	208
管理费用		工资及福利			500	50	60	10	52.5	70	10	7.5	260
销售费用		工资及福利			100	10	12	2	10.5	14	2	1.5	52
合 计					2 000	200	240	40	210	280	40	30	1 040

编制相关的会计分录如下。

借：生产成本——基本生产成本——甲产品　729.6
　　　　　　　　　　　　　——乙产品　790.4
　　制造费用　608
　　管理费用　760
　　销售费用　152
　　贷：应付职工薪酬——工资　2 000
　　　　　　　　　——职工福利　280
　　　　　　　　　——社会保险费（医疗保险费）　200
　　　　　　　　　　　　　　　（养老保险费）　240
　　　　　　　　　　　　　　　（失业保险费）　40
　　　　　　　　　——住房公积金　210
　　　　　　　　　——工会经费　40
　　　　　　　　　——职工教育经费　30

2. 非货币性职工薪酬的账务处理

企业以自产产品作为非货币性福利发放给职工的，应当根据受益对象，按照该产品的公允价值，计入相关资产成本或当期损益，同时确认应付职工薪酬。分录为借记“生产成本——基本生产成本”“生产成本——辅助生产成本”“制造费用”“管理费用”等账户，贷记“应付职工薪酬——非货币性福利”账户。

企业将拥有的房屋等资产无偿提供给职工使用的，应当根据受益对象，将该住房每期计提的折旧计入相关资产成本或当期损益，同时确认应付职工薪酬。分录为借记“生产成本——基本生产成本”“生产成本——辅助生产成本”“制造费用”“管理费用”等账户，贷记“应付职工薪酬——非货币性福利”“累计折旧”账户。

租赁住房等资产供职工无偿使用的，应根据受益对象，将每期应付的租金计入相关资产成本或当期损益，并确认应付职工薪酬，分录同上。

【例 2.11】 企业以其生产的电饭煲作为职工福利发给每位职工，每台电饭煲成本 350 元，售价 500 元，增值税税率为 16%，企业共有职工 100 人，70 人为生产人员，30 人为管理人员。

要求：编制发放福利及其分配的账务处理。

学习参考

正确计算生产成本，作为生产成本“料、工、费”中的“工”的核算是非常重要的，可扫描二维码观看“计时工资的计算”视频加深理解。

发放时：

借：应付职工薪酬——非货币性福利　　56 500

　　贷：主营业务收入　　50 000

　　　　应交税费——应交增值税（销项税额）　　6 500

同时结转成本：

借：主营业务成本　　35 000

　　贷：库存商品　　35 000

分配时：

借：生产成本　　39 550

　　管理费用　　16 950

　　贷：应付职工薪酬——非货币性福利　　56 500

第三节　折旧费用、利息、税金的核算

一、固定资产折旧费用的计算及账务处理

固定资产折旧费用的计算是通过编制各车间、部门折旧计算明细表进行的。折旧计算明细表应根据月初计提折旧固定资产的有关资料和确定的折旧计算方法编制。根据规定，月份内增加的固定资产，当从下月起计提折旧，月份内减少的固定资产，从下月起停止计提折旧，本月照常计提。

对于按规定计提的折旧费用，应根据固定资产的使用地点和用途进行归集和分配，分别记入“制造费用”“生产成本——辅助生产成本”“销售费用”和“管理费用”等账户。但需要指出的是，生产车间生产产品使用的机器设备折旧费用，由于生产一种产品往往需要使用多种机器设备，而一种机器又可能生产多种产品，如果将机器设备的折旧费用直接计入产品成本，其计算分配工作又比较复杂，为了简化成本计算工作，通常不专设“折旧费用”成本项目，而是将机器设备的折旧费用与生产车间的其他固定资产折旧费用一起记入“制造费用”账户。

在实际工作中，折旧费用的归集与分配是在汇总各车间、部门固定资产折旧计算明细表的基础上，通过编制折旧费用分配表进行的。会计人员根据“固定资产折旧费用分配表”编制记账凭证，登记有关总账和明细账，如表2.5所示。

表 2.5　固定资产折旧费用分配表

201×年5月　　（单位：元）

车间、部门	会计科目	明细科目	分配金额
基本生产车间	制造费用	基本生产车间	9 000
供电车间	生产成本——辅助生产成本	供电车间	1 800
供水车间	生产成本——辅助生产成本	供水车间	4 500
厂部管理部门	管理费用		5 000
合　计			20 300

【例 2.12】 根据表 2.5 编制会计分录如下。

借：制造费用　　9 000

　　生产成本——辅助生产成本　　6 300

　　管理费用　　5 000

　　贷：累计折旧　　20 300

二、利息费用的核算

利息是财务费用项目，一般按季结算支付，季内各月应付利息，应分月预提，并于季末实际支付时冲减应付利息。实际费用与应付利息的差额，调整记入季末月份的财务费用。每月预提利息费用时，借记“财务费用”账户，贷记“应付利息”账户。季末实际支付全季利息费用时，借记“应付利息”账户，贷记“银行存款”账户。利息费用如果数额不大，为简化核算工作，可不作为预提费用处理，应在季末实际支付时全部记入当月的财务费用。支付时直接借记“财务费用”账户，贷记“银行存款”账户。

三、税金的核算

税金是管理费用的组成部分，包括房产税、车船税、土地使用税和印花税等。

1. 印花税的核算

印花税不必通过“应交税费”账户进行核算，可在缴纳时直接记入“管理费用”账户。缴纳时借记“管理费用——印花税”账户，贷记“银行存款”账户。

2. 房产税、车船税和土地使用税的核算

房产税、车船使用税和土地使用税需通过“应交税费”账户进行核算，需要预先计算应交金额，然后缴纳。预提时，借记“管理费用”账户，贷记“应交税费”账户。交纳时，借记“应交税费”账户，贷记“银行存款”账户。

【例 2.13】 某企业当月应交的房产税、土地使用税、车船税分别为 35 000 元、12 000 元、2 500 元，企业账务处理如下。

借：管理费用	49 500	
贷：应交税费——应交房产税		35 000
——应交土地使用税		12 000
——应交车船税		2 500

学习参考

为正确计算生产成本，必须对费用的要素进行明确分类核算，生产要素的分类核算是成本会计中最主要的核算内容。推荐扫描二维码观看“成本核算程序”动画视频加深理解。

四、其他支出的核算

其他支出是指除以上各项支出以外的支出，如取暖费、水电费、差旅费等。这些费用多数与产品生产无直接关系，一般按车间归集记入“制造费用”账户，期末再分配计入产品成本。这些费用发生时，借记“制造费用”，贷记“银行存款”“应付职工薪酬”“原材料”等账户。

本章小结

费用在各种产品之间以及期间费用的归集和分配是企业成本核算的基本程序，它是成本核算中最基本的内容，是各项具体要素费用及其他费用核算的基础，因为他们的分配原理是相同的。费用分配的基本原理包括以下几点。

（1）分配标准的选择，它必须与分配对象密切联系，分配标准一般有成果类，消耗类和定额类。

（2）分配费用的各种基本计算公式。

（3）基本核算程序，即计算分配过程、编制各种费用分配表及会计分录，以及登记有关的总账和明细账。原材料分配是重点，以定额消耗量或定额费用为标准进行分配。

习 题

一、单选题

1．在企业设置“燃料及动力”成本项目的情况下，生产车间发生的直接用于产品生产的燃料费用，应借记的科目是（ ）。

A．“原材料” B．“基本生产成本” C．“制造费用” D．“燃料”

2．为了既正确又简便地分配外购动力费用，在支付动力费用时，应借记（ ）科目，贷记“银行存款”等科目。

A．成本、费用等 B．“应收账款” C．“应付账款” D．“其他应付款”

3．为了提高产品成本计算的正确性，生产工人的薪酬应（ ）。

A．在整个企业内统一分配 B．按车间分别进行分配

C．按计划进行分配 D．按实际进行分配

4．某职工5月份生产合格品25件，加工失误产生废品2件，计件单价为4元，应付计件工资为（ ）。

A．100元 B．120元 C．128元 D．108元

5．基本生产车间计提的固定资产折旧费，应借记（ ）。

A．“基本生产成本”科目 B．“管理费用”科目

C．“制造费用”科目 D．“财务费用”科目

6．不得计入基本生产成本的费用是（ ）。

A．车间厂房折旧费 B．车间机物料消耗

C．营业税金及附加 D．有助于产品形成的辅助材料

7．直接用于产品生产，并构成该产品实体的原材料费用应记入的会计科目是（ ）。

A．“销售费用” B．“制造费用” C．“管理费用” D．“基本生产成本”

8．按产品材料定额成本比例分配法分配材料费用时，其适用的条件是（ ）。

A．产品的产量与所耗用的材料有密切的联系

B．产品的重量与所耗用的材料有密切的联系

C．几种产品共同耗用几种材料

D．各项材料消耗定额比较准确稳定

9．企业分配薪酬费用时，基本生产车间管理人员的薪酬，应借记（ ）科目。

A．“基本生产成本” B．“制造费用”

C．“辅助生产成本” D．“管理费用”

10．企业生产车间一般消耗的材料费用，应记入的会计科目是（ ）。

A．“生产成本” B．“制造费用” C．“管理费用” D．“营业费用”

二、多选题

1．计入产品成本的各种材料费用，按其用途分配，应记入（　　）科目的借方。

A．“辅助生产成本”　B．“在建工程”　C．“制造费用”　D．“基本生产成本”　E．“管理费用”

2．原料及主要材料的费用可以按（　　）比例进行分配。

A．产品质量比例　B．产品体积比例　C．定额消耗量比例　D．定额费用比例　E．工时比例

3．发生下列各项费用时，可以直接借记“基本生产成本”账户的有（　　）。

A．车间照明用电费　B．构成产品实体的原材料费用　C．车间管理人员工资　D．车间生产工人工资　E．车间办公费

4．下列属于生产费用要素的项目是（　　）。

A．外购材料　B．外购燃料　C．工资　D．制造费用　E．折旧

5．要素费用的分配原则是（　　）。

A．所有费用全部直接记入　B．所有费用全部分配记入　C．直接费用直接记入　D．间接费用分配记入　E．制造费用分配记入

三、判断题

1．产品成本是生产费用的最终归宿，是指生产费用最终会形成产品的成本。（　　）

2．要素费用一定是产品成本的构成要素。（　　）

3．生产车间生产产品品种的多少与生产费用处理方法无关。（　　）

4．比例分配法的基本公式适用于各种间接计入费用的分配。（　　）

5．直接费用就是直接计入费用。（　　）

6．外购材料的实际成本包括材料购买过程中发生的所有支出。（　　）

7．材料成本差异账户是原材料账户的备抵性质的调整账户。（　　）

8．结转发出材料的成本差异，都要记在材料成本差异账户的贷方。（　　）

9．对发出加工材料应负担的材料成本差异是按上月材料成本差异率计算的。（　　）

10．外购动力费用通常是先分配计入有关的成本费用，再支付价款。（　　）

四、计算题

某企业某工人加工甲、乙两种产品。甲产品工时定额为 24 分钟；乙产品工时定额为 18 分钟。该工人的小时工资率为 5.2 元，该月加工甲产品 250 件，乙产品 200 件。

要求：（1）计算甲、乙两种产品的计件工资单价。

（2）按产品产量和计件单价计算其计件工资。

（3）按完成产品的定额工时和小时工资率计算其计件工资。

第三章

辅助生产费用的核算

知识目标

通过本章的学习，掌握辅助生产费用的概念、辅助生产费用归集的方法、辅助生产费用分配的方法及各种方法的适用范围。

能力目标

通过本章的学习，掌握辅助生产费用归集和辅助生产费用分配的核算方法，掌握辅助生产费用分配到各受益单位或产品中去的过程。

第一节　辅助生产费用的归集

一、辅助生产费用的概念

辅助生产是指主要为基本生产车间、企业行政管理部门等单位提供服务而进行的产品生产和劳务供应。

学习参考

辅助生产部门是为基本生产部门服务的，是企业正常生产的保证，可扫描二维码学习辅助生产的特点、分类和费用账务处理，加深对辅助生产的理解。

1. 辅助生产车间的类型

（1）只生产一种产品或只提供一种劳务，如供电、供水、供汽、供风等辅助生产车间。

（2）生产多种产品或提供多种劳务，如从事工具、模具、修理用备件的制造及机器设备修理等的辅助生产车间。

2. 辅助生产费用

辅助生产车间为生产产品或提供劳务而发生的原材料费用、动力费用、工资及福利费等职工薪酬以及辅助生产车间的制造费用，被称为辅助生产费用。

为生产和提供一定种类和一定数量的产品或劳务所耗费的辅助生产费用之和，构成该种产品或劳务的辅助生产成本。

二、辅助生产费用的归集

辅助生产费用应按照辅助生产车间以及产品和劳务进行归集。辅助生产费用的归集和分配，是通过“辅助生产成本”账户进行的。该账户一般应按辅助生产车间以及产品或劳务种类设置明细账，账户按照成本项目或费用项目设立专栏进行明细核算。辅助生产发生的各项生产费用，应记入“辅助生产成本”账户的借方。辅助生产完工的产品或劳务成本经过分配后从“辅助生产成本”账户的贷方转出，期末如有借方余额则为辅助生产的在产品费用。

“辅助生产成本”账户的设置应根据辅助生产车间的实际情况决定，对于只生产一种产品或劳务的辅助生产车间，如供电、供水、供汽等车间，可按车间分别设置多栏式辅助生产成本账户，并按规定成本项目设置栏目；对于生产多种产品或提供多种劳务的辅助车间，如机修车间，既生产各种备件，又承担修理服务，除设置“辅助生产成本”账户之外，还应按各种产品和劳务开设“成本计算单”。

辅助生产费用归集的程序有两种，相应的“辅助生产成本”账户的设置方式也有两种。两者的区别在于辅助生产车间制造费用归集的程序不同。具体内容如下。

1. 设置“制造费用——辅助生产车间”账户

在一般情况下，辅助生产车间的制造费用应先通过“制造费用——辅助生产车间”账户进行单独归集，然后将其转入相应的“辅助生产成本”明细账，从而计入辅助生产产品或劳务的成本。在这种情况下，辅助生产成本明细账如账簿 3.1 所示。

账簿 3.1

辅助生产成本明细账

车间名称：

年		凭证		摘　要	原材料	燃料及动力	职工薪酬	制造费用	合　计
月	日	字	号						

辅助生产费用归集的会计分录如下。辅助生产车间材料、燃料及动力、薪酬发生时：

借：生产成本——辅助生产成本——辅助车间 1　　×××
　　　　　　　　　　　　　——辅助车间 2　　×××
　　贷：原材料　　×××
　　　　应付职工薪酬等　　×××

辅助生产车间发生制造费用时：

借：制造费用——辅助车间 1　　×××
　　　　　　——辅助车间 2　　×××
　　贷：累计折旧等　　×××

制造费用转入辅助生产成本时：

借：生产成本——辅助生产成本——辅助车间 1　　×××
　　　　　　　　　　　　　——辅助车间 2　　×××
　　贷：制造费用——辅助车间 1　　×××
　　　　　　　　——辅助车间 2　　×××

【例 3.1】 假设某厂有供电和供水两个辅助生产车间，辅助生产车间的制造费用通过“制造费用”账户核算，201×年某月发生经济业务如下。

（1）供电车间生产领用材料 28 000 元，供水车间生产领用材料 15 000 元，供电车间一般耗用材料 3 000 元，供水车间一般耗用材料 2 000 元。

（2）应付辅助生产车间工人工资 60 000 元。其中，供电车间生产工人工资 30 000 元，车间管理人员工资 6 000 元，供水车间生产工人工资 20 000 元，车间管理人员工资 4 000 元。

（3）提取辅助生产车间生产用固定资产折旧 28 000 元，其中供电车间折旧 18 000 元，供水车间折旧 10 000 元。

（4）通过银行转账支付外购动力费 5 000 元，其中供电车间耗用 3 000 元，供水车间耗用 2 000 元。

（5）通过银行转账支付办公用品费 3 000 元，其中供电车间办公用品费 2 000 元，供水车间办公用品费 1 000 元。

（6）结转辅助生产车间制造费用。

要求：根据以上经济业务编制会计分录。

（1）借：生产成本——辅助生产成本——供电车间	28 000	
——供水车间	15 000	
制造费用——辅助生产成本——供电车间	3 000	
——供水车间	2 000	
贷：原材料		48 000
（2）借：生产成本——辅助生产成本——供电车间	30 000	
——供水车间	20 000	
制造费用——供电车间	6 000	
——供水车间	4 000	
贷：应付职工薪酬		60 000
（3）借：制造费用——供电车间	18 000	
——供水车间	10 000	
贷：累计折旧		28 000
（4）借：制造费用——供电车间	3 000	
——供水车间	2 000	
贷：银行存款		5 000
（5）借：制造费用——供电车间	2 000	
——供水车间	1 000	
贷：银行存款		3 000
（6）借：生产成本——辅助生产成本——供电车间	32 000	
——供水车间	19 000	
贷：制造费用——供电车间		32 000
——供水车间		19 000

2. 不设置“制造费用——辅助生产车间”账户

在辅助生产车间规模较小、产品或劳务的种类单一、制造费用数额较少，以及辅助生产产品不对外销售、不需要按照规定的成本项目计算产品成本的情况下，可以将制造费用直接记入“辅助生产成本”科目，不通过“制造费用”科目核算。辅助生产车间发生的各项费用，均记入“辅助生产成本”总账科目和所属的明细账。这时将产品的成本项目和制造费用的费用项目结合起来，设置“辅助生产成本”明细账，其格式如账簿 3.2 所示。

账簿 3.2

辅助生产成本明细账

车间名称：

年		凭证		摘　要	材料费	燃料及动力	职工薪酬	折旧费	办公费	其他	合计
月	日	字	号								

辅助生产费用归集的会计分录如下。

借：生产成本——辅助生产成本——辅助生产车间 1　×××
　　　　　　　　　　　　　——辅助生产车间 2　×××
　贷：原材料　×××
　　　应付职工薪酬　×××
　　　累计折旧　×××
　　　银行存款等　×××

【例 3.2】 根据例 3.1 资料，采取辅助生产车间不设置制造费用的方法进行账务处理。

（1）借：生产成本——辅助生产成本——供电车间　31 000
　　　　　　　　　　　　　　——供水车间　17 000
　　贷：原材料　48 000

（2）借：生产成本——辅助生产成本——供电车间　36 000
　　　　　　　　　　　　　　——供水车间　24 000
　　贷：应付职工薪酬　60 000

（3）借：生产成本——辅助生产成本——供电车间　18 000
　　　　　　　　　　　　　　——供水车间　10 000
　　贷：累计折旧　28 000

（4）借：生产成本——辅助生产成本——供电车间　3 000
　　　　　　　　　　　　　　——供水车间　2 000
　　贷：银行存款　5 000

（5）借：生产成本——辅助生产成本——供电车间　2 000
　　　　　　　　——供水车间　1 000
　　贷：银行存款　3 000

第二节　辅助生产费用的分配

一、辅助生产费用分配的特点

学习参考

在学习辅助生产费用分配方法之前，推荐扫描二维码观看"辅助生产费用的分配"动画视频，看一下什么是辅助生产、它有什么特征。

辅助生产费用的分配就是将归集的各项辅助生产成本在其受益对象之间采用适当的分配方法进行分配，即按照一定的标准和方法，将辅助生产费用分配到各受益单位或产品中的过程。

辅助生产车间既可能生产产品又可能提供劳务。对于所生产的产品，如工具、模具、修理用备件等，应在产品完工时，从"辅助生产成本"账户的贷方分别转入"低值易耗品""原材料"等账户的借方；对于所提供的劳务作业，如供水、供电、运输等，其发生的辅助生产费用通常于月末在各受益单位之间按照一定的标准和方法进行分配后，从"辅助生产成本"账户的贷方，转入"基本生产成本""制造费用""管理费用""销售费用""在建工程"等有关账户的借方。

二、辅助生产费用的分配方法

常用辅助生产费用分配方法有直接分配法、交互分配法、代数分配法和计划成本分配法四种。

1. 直接分配法

直接分配法是将各辅助生产成本明细账中归集的费用总额，不考虑各辅助生产车间之间相互提供的劳务（或产品），直接分配给辅助生产部门以外的各受益产品、车间、部门。其特点是只对外（辅助生产部门以外的各单位）进行分配，而不考虑相互之间提供的劳务。具体的计算公式为

某辅助生产费用的直接分配率=该辅助生产部门归集的费用/该辅助生产部门对外提供的劳务总量

外部受益对象应负担的辅助生产费用=该受益对象接受劳务量×辅助生产费用的直接分配率

【例3.3】某企业有供电和供水两个辅助生产车间，其待分配费用分别为32 000元和44 800元，辅助生产车间制造费用不通过"制造费用"科目核算，其劳务提供情况如表3.1所示。

表3.1　辅助生产车间提供劳务量汇总表

车　间	提供劳务总量	受益单位及数量						
		供电车间	供水车间	A产品	B产品	一车间	二车间	管理部门
供电车间（度）	100 000	—	20 000	17 000	33 600	9 400	15 000	5 000
供水车间（吨）	20 000	4 000	—	—	—	7 500	7 000	1 500

要求：用直接分配法对辅助生产费用进行分配，并编制相应的会计分录。

根据上述资料，采用直接分配法编制辅助生产费用分配表，见表3.2。

（1）表3.3中得数具体计算如下。

供电车间：

分配率=32 000/（100 000−20 000）=0.4（元/度）

A 产品应分配费用=17 000×0.4=6 800（元）

B 产品应分配费用=33 600×0.4=13 440（元）

基本生产车间一般耗用分配费用=（9 400+15 000）×0.4=9 760（元）

管理部门应分配费用=5 000×0.4=2 000（元）

表 3.2　辅助生产费用分配表（直接分配法）

辅助生产车间名称			供电车间（度）	供水车间（吨）	合计（元）
待分配费用（元）			32 000	44 800	76 800
对辅助生产以外的供应数量			80 000	16 000	
费用分配率（单位成本）			0.4	2.8	
基本生产车间	A 产品	耗用数量	17 000		
		分配金额（元）	6 800		6 800
	B 产品	耗用数量	33 600		
		分配金额（元）	13 440		13 440
基本生产车间	一般消耗	耗用数量	24 400	14 500	
		分配金额（元）	9 760	40 600	50 360
行政管理部门		耗用数量	5 000	1 500	
		分配金额（元）	2 000	4 200	6 200
合　计（元）			32 000	44 800	76 800

供水车间：

分配率=44 800/（20 000−4 000）=2.8（元/吨）

基本生产车间一般耗用分配费用=（7 500+7 000）×2.8=40 600（元）

管理部门应分配费用=1 500×2.8=4 200（元）

（2）账务处理。

借：生产成本——基本生产成本——A 产品　　6 800

　　　　　　　　　　　　　——B 产品　　13 440

　　制造费用　　50 360

　　管理费用　　6 200

　　贷：生产成本——辅助生产成本——供电车间　　32 000

　　　　　　　　　　　　　　　——供水车间　　44 800

2. 交互分配法

辅助生产费用的交互分配法是指期末先将这些费用在各辅助生产车间或部门之间，按照它们内部相互提供产品或劳务的数量进行一次交互分配，然后再将各辅助生产车间交互分配后的实际费用，在辅助生产车间以外的各受益单位之间进行第二次分配。

交互分配的计算公式为

交互分配率=辅助生产部门直接费用额÷劳务供应总量

某辅助生产部门分入的辅助生产费用=该辅助生产部门受益的劳务量×对应的交互分配率

某辅助生产部门分出的辅助生产费用=提供给其他辅助生产部门的劳务量×对应的交互分配率

对外分配的计算公式为

某辅助生产部门对外待分配费用=该辅助生产部门交互分配前的费用+交互分配转入的费用−交互分配转出的费用

某辅助生产部门对外费用分配率=该辅助生产部门对外待分配费用÷该辅助生产部门对外提供的劳务总量

某受益单位应分摊辅助生产费用=该单位受益的劳务量×对外费用分配率

【例3.4】 根据例3.3资料，按交互分配法编制辅助生产费用的分配表，如表3.3所示。

表3.3 辅助生产费用分配表（交互分配法）

项目			交互分配			对外分配		
辅助生产车间名称			供电车间	供水车间	合计	供电车间	供水车间	合计
待分配费用（元）			32 000	44 800	76 800	34 560	42 240	76 800
供应劳务总量			100 000	20 000		80 000	16 000	
费用分配率（单位成本）			0.32	2.24		0.432	2.64	
辅助生产车间	供电车间耗用	数量		4 000				
		金额（元）		8 960	8 960			
	供水车间耗用	数量	20 000					
		金额（元）	6 400		6 400			
基本生产车间	A产品	数量				17 000		
		金额（元）				7 344		7 344
	B产品	数量				33 600		
		金额（元）				14 515.2		14 515.2
	一般耗用	数量				24 400	14 500	
		金额（元）				10 540.8	38 280	48 820.8
行政管理部门		数量				5 000	1 500	
		金额（元）				2 160	3 960	6 120
合计（元）			6 400	8 960	15 360	34 560	42 240	76 800

（1）表3.3中得数具体计算如下。一次交互分配：

供电车间分配率=32 000÷100 000=0.32（元/度）

供水车间应分配电费=20 000×0.32=6 400（元）

供水车间分配率=44 800÷20 000=2.24（元/吨）

供电车间应分配水费=4 000×2.24=8 960（元）

供电车间实际费用=32 000+8 960−6 400=34 560（元）

供水车间实际费用=44 800+6 400−8 960=42 240（元）

供电车间二次对外分配：

分配率=34 560/（100 000−20 000）=0.432（元/度）

A产品应分配费用=17 000×0.432=7 344（元）

B产品应分配费用=33 600×0.432=14 515.2（元）

基本生产车间应分配费用=24 400×0.432=10 540.8（元）

管理部门应分配费用=5 000×0.432=2 160（元）

供水车间二次对外分配：

分配率=42 240/（20 000−4 000）=2.64（元/吨）

基本生产车间应分配费用=14 500×2.64=38 280（元）

管理部门应分配费用=1 500×2.64=3 960（元）

（2）账务处理。一次交互分配：

借：生产成本——辅助生产成本——供电车间　　8 960
　　　　　　　　　　　　　　——供水车间　　6 400
　贷：生产成本——辅助生产成本——供电车间　　6 400
　　　　　　　　　　　　　　　——供水车间　　8 960

二次对外分配：

借：生产成本——基本生产成本——A 产品　　7 344
　　　　　　　　　　　　　　——B 产品　　14 515.2
　制造费用　　48 820.8
　管理费用　　6 120
　贷：生产成本——辅助生产成本——供电车间　　34 560
　　　　　　　　　　　　　　　——供水车间　　42 240

3. 代数分配法

代数分配法是根据解联立方程的原理，计算辅助生产劳务的单位成本，然后根据各受益部门、单位耗用的数量和单位成本分配辅助生产费用。

【例 3.5】 仍沿用例 3.3 资料，假设供电车间单位成本为 X，供水车间单位成本为 Y，联立方程：

$$32\ 000+4\ 000Y=100\ 000X$$

$$44\ 800+20\ 000X=20\ 000Y$$

解得

$$X=0.426\ 67（元/度）$$

$$Y=2.666\ 67（元/吨）$$

用代数分配法编制辅助生产费用分配表，如表 3.4 所示。

账务处理如下。

借：生产成本——基本生产成本——A 产品　　7 253.39
　　　　　　　　　　　　　　——B 产品　　14 336.112
　　　　　　——辅助生产成本——供电车间　　10 666.68
　　　　　　　　　　　　　　——供水车间　　8 533.4
　制造费用　　49 077.463
　管理费用　　6 133.355
　贷：生产成本——辅助生产成本——供电车间　　42 667
　　　　　　　　　　　　　　　——供水车间　　53 333.4

表 3.4 辅助生产费用分配表（代数分配法）

项目			供电车间	供水车间	金额合计
待分配费用（元）			32 000	44 800	76 800
劳务总量			100 000	20 000	
实际单位成本（费用分配率）			0.426 67	2.666 67	
辅助生产车间	供电车间	数量		4 000	
		金额（元）		10 666.68	10 666.68
	供水车间	数量	20 000		
		金额（元）	8 533.4		8 533.4
	分配金额小计（元）		8 533.4	10 666.68	19 200.08
基本生产车间	A 产品	数量	17 000		
		金额（元）	7 253.39		7 253.39
	B 产品	数量	33 600		
		金额（元）	14 336.112		14 336.112
	一般耗用	数量	24 400	14 500	
		金额（元）	10 410.748	38 666.715	49 077.463
管理部门		数量	5 000	1 500	
		金额（元）	2 133.35	4 000.005	6 133.355
合计（元）			42 667	53 333.4	96 000.4

4. 计划成本分配法

计划成本分配法是指辅助生产车间为各受益车间或部门（包括受益的其他辅助生产车间、部门在内）提供的劳务都按劳务的计划单位成本进行分配；辅助生产车间实际发生的费用（包括辅助生产内部交互分配转入的费用在内）与按计划单位成本分配转出的费用之间的差额，即辅助生产劳务的成本差异，可以再分配给辅助生产车间以外的各受益单位负担，但为了简化计算工作，一般全部计入管理费用。具体公式为

$$\text{某辅助生产车间已分配的计划总成本}=\text{该辅助生产车间提供的劳务总量}\times\text{计划单位成本}$$

$$\text{某辅助生产车间实际总成本}=\text{该辅助生产车间直接发生的费用}+\text{其他辅助车间转入的计划成本}$$

$$\text{某辅助生产车间费用差异}=\text{该辅助车间实际总成本}-\text{该辅助车间已分配的计划总成本}$$

【例 3.6】 仍沿用例 3.3 资料，假设供电车间每度电计划单位成本为 0.35 元，供水车间每吨水计划单位成本为 2.5 元，按计划成本分配法编制辅助生产费用分配表，见表 3.5。

在表 3.5 中，辅助生产的实际成本和成本差异计算如下。

供电车间实际成本=32 000+10 000=42 000（元）

供水车间实际成本=44 800+7 000=51 800（元）

供电车间成本差异=42 000−35 000=7 000（元）

供水车间成本差异=51 800−50 000=1 800（元）

表 3.5 辅助生产费用分配表（计划成本分配法）

项目		供电车间		供水车间		费用合计（元）
		数量（度）	费用（元）	数量（吨）	费用（元）	
待分配的数量和费用		100 000	32 000	20 000	44 800	76 800
计划单位成本			0.35		2.5	
辅助生产车间	供电车间			4 000	10 000	10 000
	供水车间	20 000	7 000			7 000
	小　计		7 000		10 000	17 000
基本生产车间	A 产品	17 000	5 950			5 950
	B 产品	33 600	11 760			11 760
	一般耗用	24 400	8 540	14 500	36 250	44 790
	小　计	75 000	26 250	14 500	36 250	62 500
行政管理部门		5 000	1 750	1 500	3 750	5 500
按计划成本分配金额合计			35 000		50 000	85 000
辅助生产实际成本			42 000		51 800	93 800
辅助生产成本差异			7 000		1 800	8 800

上述辅助生产的实际成本由于转入的费用 10 000 元和 7 000 元是按计划单位成本计算的，因而不是“纯粹”的实际成本，只是近似计算。

根据上述分配结果编制会计分录如下。

（1）按计划单位成本分配供电车间费用。

借：生产成本——基本生产成本——A 产品　　5 950

　　　　　　　　　　　　　　——B 产品　　11 760

　　　　　　——辅助生产成本——供水车间　　7 000

　　制造费用　　8 540

　　管理费用　　1 750

　　贷：生产成本——辅助生产成本——供电车间　　35 000

（2）按计划单位成本分配供水车间费用。

借：生产成本——辅助生产成本——供电车间　　10 000

　　制造费用　　36 250

　　管理费用　　3 750

　　贷：生产成本——辅助生产成本——供水车间　　50 000

（3）结转辅助生产成本差异。

借：管理费用　　8 800

　　贷：生产成本——辅助生产成本——供电车间　　7 000

　　　　　　　　　　　　　　　　——供水车间　　1 800

注意：此会计分录由于是调整分录，因而不论成本差异是超支还是节约，科目对应关系都相同。超支用蓝字补加，节约用红字冲减。

5. 各种辅助生产费用分配方法的区别

各种辅助生产费用分配方法的区别参见表3.6。

表3.6 各种辅助生产费用分配方法的区别

项 目	适用的范围	优 点	缺 点	说 明
直接分配法	辅助生产车间相互不提供劳务，或提供劳务较少	计算工作简单，简便易行，计算的结果不准确	分配结果准确度不高	省略辅助生产车间之间分配工作
交互分配法	辅助生产车间相互提供劳务较多	计算结果较为准确	计算分配的手续较为复杂	先在辅助生产车间之间分配，然后再对外分配
代数分配法	实行电算化的企业	分配结果最准确	计算手续较复杂	联立多元一次方程式
计划成本分配法	有计划单价且比较符合实际	利于考核辅助生产车间经济利益	分配结果受计划单价影响较大	为简化核算也可将差异直接转入“管理费用”账户

本章小结

辅助生产费用是指辅助生产车间为生产产品或提供劳务而发生的原材料费用、动力费用、薪酬以及辅助生产车间的制造费用。

辅助生产费用的核算，包括辅助生产费用归集和分配的核算，具体内容如下。

（1）辅助生产费用的归集和分配，是通过“辅助生产成本”账户进行的。

（2）辅助生产费用的归集是辅助生产费用按照辅助生产车间以及产品和劳务类别归集的过程。辅助生产费用归集的程序有设置“制造费用——辅助生产车间”账户，和不设置“制造费用——辅助生产车间”账户两种情况，两者的区别在于辅助生产车间制造费用归集的程序不同。

（3）辅助生产费用的分配就是将归集的各辅助生产成本在其受益对象之间采用适当的分配方法进行分配，即按照一定的标准和方法，将辅助生产费用分配到各受益单位或产品中的过程。常用的辅助生产费用的分配方法有直接分配法、交互分配法、代数分配法和计划成本分配法。

辅助生产费用分配方法具体如下。

（1）直接分配法是将各辅助生产车间的实际成本，在辅助生产部门以外按其受益数量进行分配，对于各辅助车间相互提供的产品或劳务则不进行分配的一种方法。

（2）交互分配法是指首先对各辅助生产车间相互耗用劳务进行一次相互分配费用，然后再向辅助生产车间以外的各受益单位按提供劳务或产品的数量分配费用。

（3）代数分配法是根据解联立方程的原理，计算辅助生产劳务的单位成本，然后根据各受益单位的耗用数量来分配辅助生产费用的一种方法。

（4）计划成本分配法是指辅助生产车间生产的产品和劳务，按照产品或劳务的计划单位成本和各受益单位的受益数量计算分配辅助生产费用的方法。

习　　题

一、单选题

1．直接分配法是将辅助生产费用直接分配计入（　　）。

A．基本生产成本　　B．辅助生产成本

C．辅助生产以外的各受益单位　　D．所有受益单位

2．在各辅助生产车间相互提供劳务较少的情况下，适宜采用的辅助生产费用分配方法是（　　）。

A．计划成本分配法　　B．直接分配法

C．计划分配率分配法　　D．一次交互分配法

3．采用计划成本分配方法，辅助生产的实际费用与计划费用之间的差异，一般全部计入（　　）。

A．生产成本　　B．制造费用　　C．管理费用　　D．辅助生产费用

4．辅助生产一次交互分配后的实际费用，应再分配给（　　）。

A．各基本生产车间　　B．辅助生产以外的各受益单位

C．各辅助生产车间　　D．所有受益单位

5．直接分配法适用范围是（　　）。

A．辅助生产车间相互提供劳务较多　　B．辅助生产车间相互提供劳务较少

C．实行电算化的企业　　D．有计划单价且比较符合实际

6．下列辅助分配方法中，分配结果最准确的方法是（　　）。

A．直接分配法　　B．交互分配法　　C．代数分配法　　D．计划分配法

7．辅助生产费用交互分配法中的第一次交互分配是在（　　）之间进行分配的。

A．各受益单位　　B．辅助生产车间以外的受益单位

C．各受益的基本生产车间　　D．各受益的辅助生产车间

8．辅助生产车间为本企业材料采购提供运输服务的劳务成本，应借记（　　）账户。

A．“营业费用”　　B．“材料采购”　　C．“辅助生产成本”　　D．“制造费用”

9．采用按计划成本分配法分配辅助生产成本，辅助生产的实际成本是（　　）。

A．按计划成本分配前的实际费用

B．按计划成本分配前的实际费用加上按计划成本分配转入的费用

C．按计划成本分配前的实际费用减去按计划成本分配转出的费用

D．按计划成本分配前的实际费用加上按计划成本分配转入的费用，减去按计划成本分配转出的费用

10．计划成本分配法中，各辅助车间内部（　　）。

A．不进行分配　　B．进行一次交互分配

C．进行两次交互分配　　D．进行三次交互分配

二、多选题

1．辅助生产车间的间接费用应记入（　　）。

A．“制造费用”账户　　B．“基本生产成本”账户

C．“辅助生产成本”账户　　D．“管理费用”账户

2．辅助生产费用的分配方法有（　　）。

A．直接分配法　　B．生产工时分配法

C．代数分配法　　D．一次交互分配法

E．计划成本分配法

3．辅助生产车间不设制造费用账户核算是因为（　　）。

A．辅助生产车间数量很少　　B．制造费用很少

C．辅助生产车间不对外提供商品　　D．辅助生产车间规模很小

E．为了简化核算工作

4．辅助生产车间管理人员的工资，在不同的核算方法下，可能记入（　　）账户。

A．“管理费用”　　B．“制造费用”

C．“辅助生产成本”　　D．“营业费用”

E．“在建工程”

5．辅助生产费用的交互分配法，在两次分配中的费用分配率分别是（　　）。

A．费用分配率=待分配辅助生产费用÷该车间提供劳务量

B．费用分配率=待分配辅助生产费用÷对辅助生产车间以外提供劳务量

C．费用分配率=（待分配辅助生产费用+交互分配转入费用−交互分配转出费用）÷该车间提供劳务量

D．费用分配率=（待分配辅助生产费用+交互分配转入费用−交互分配转出费用）÷对辅助生产车间以外提供劳务量

E．费用分配率=待分配辅助生产费用÷对排列在其后的各车间、部门提供劳务量

三、判断题

1．“辅助生产成本”账户一般应按辅助生产车间、车间下再按产品或劳务种类设置明细账，账中按照成本项目或费用项目设立专栏进行明细核算。（　　）

2．采用交互分配法分配辅助生产费用时，对外分配的辅助生产费用，应为交互分配前的费用加上交互分配时分配转入的费用。（　　）

3．采用代数分配法分配辅助生产费用，分配结果最正确。（　　）

4．采用计划成本分配法，包括辅助生产内部交互分配转入的费用在内，辅助生产车间实际发生的费用与按计划单位成本分配转出的费用之间的差异，一般全部计入管理费用。（　　）

5．任何情况下，辅助生产的制造费用可以不通过“制造费用——辅助生产车间”明细账单独归集，而是直接记入“辅助生产成本”账户。（　　）

四、业务计算分析题

1．某企业有供水、供电两个辅助生产车间。本月供水车间发生费用 4 000 元，供电车间发生费用 4 600 元。供水车间提供劳务量 40 000 吨，供电车间提供劳务量 23 000 度。各受益对象耗用量见表 3.7。

要求：采用直接分配法编制费用分配表并编制会计分录。

2．甲企业有供电、供水两个辅助生产车间，本月份供电车间发生生产费用总额为 54 000 元，供水车间发生费用总额为 36 000 元，辅助车间提供给基本生产车间及管理部门的劳务数量如表 3.8 所示。

要求：采用交互分配法编制费用分配表并编制会计分录。

表 3.7 各受益对象耗用量

受益单位	耗水（吨）	耗电（度）
甲产品		10 300
基本生产车间	20 000	8 000
供电车间	10 000	
供水车间		3 000
行政管理部门	8 000	1 200
专设销售机构	2 000	500
合 计	40 000	23 000

表 3.8 辅助生产车间提供的劳务量

车间（部门）	供电数量（度）	供水数量（吨）
供电		2 000
供水	70 000	
基本生产车间（动力）	185 000	
基本生产车间（照明）	12 000	6 000
管理部门	3 000	4 000
合 计	270 000	12 000

3．沿用计算题 2 的资料，采用代数分配法编制费用分配表并编制会计分录。

第四章

制造费用的核算

知识目标

通过本章的学习，了解制造费用的性质和内容，理解制造费用核算的特点，掌握制造费用归集和分配的方法。

能力目标

通过本章的学习，掌握根据相关的经济业务对制造费用进行归集，区分不同制造费用分配方法的特点和适用范围，正确核算制造费用并进行相应的账务处理。

第一节　制造费用的归集

一、制造费用的概念

制造费用是指企业内部各生产单位（分厂、车间）为生产产品或提供劳务而发生的，应该计入产品成本，但没有专设成本项目的各项生产费用。制造费用包括企业内部分厂、车间的管理人员工资及福利费、固定资产折旧费、租赁费（不包括融资租入固定资产的租赁费）、机物料消耗、低值易耗品摊销、取暖费、水电费、办公费、运输费、保险费、设计制图费、试验检验费、劳动保护费、季节性或修理期间的停工损失以及其他制造费用。

综上所述，可知制造费用的性质为：①制造费用是由多种成分组合而成的综合性费用；②制造费用一般是间接费用，通常需要单独核算，月末在各种产品之间进行分配，并以独立的成本项目计入成本。

二、制造费用的归集

1. 制造费用的账户设置

为了总括反映和监督企业各生产单位在一定时期内为组织和管理生产所发生的各项制造费用，需要设置“制造费用”账户。制造费用发生时，记入本账户的借方，进行分配结转时，记入本账户的贷方，除季节性生产的车间外，本账户月末一般无余额。

如果辅助生产车间的制造费用发生数额较小，为了减少转账手续，也可以不通过“制造费用”账户，直接记入“辅助生产成本”账户。

根据企业管理的需要，应及时分析制造费用超支的原因，寻找降低费用的途径，“制造费用”账户应按生产单位分别设置明细账，并在账内按照费用项目设立专栏或专户，分别反映各生产单位各项制造费用的发生情况。

学习参考

正确计算生产成本，作为生产成本“料、工、费”中的“费”的核算是非常重要的，推荐扫描二维码观看“制造费用的归集与分配”动画视频加深理解。

2. 制造费用归集的账务处理

在制造费用发生时，应根据有关的凭证、费用分配表，借记“制造费用”账户，贷记有关账户。具体核算参见例 4.1。

【例 4.1】201×年 8 月，某企业第一生产车间发生如下经济业务。

（1）8 月 10 日第一生产车间为机器领用机物料 1 800 元。

借：制造费用——第一生产车间（机物料消耗）　　1 800

　　贷：原材料——机物料　　1 800

（2）8 月 20 日以银行存款支付第一生产车间办公费用 2 500 元。

借：制造费用——第一生产车间（办公费）　　2 500

　　贷：银行存款　　2 500

（3）8 月 31 日第一生产车间张主任报销水电费 1 000 元。

借：制造费用——第一生产车间（水电费）　　1 000

　　贷：其他应收款——张主任　　1 000

（4）8 月 31 日根据工资费用分配表计算第一生产车间管理人员工资为 6 000 元。

借：制造费用——第一生产车间（职工薪酬）　　6 000

　　贷：应付职工薪酬——工资　　6 000

（5）8 月 31 日计提第一生产车间管理人员的社会保险费 500 元。

借：制造费用——第一生产车间（职工薪酬）　　500

　　贷：应付职工薪酬——社会保险费　　500

（6）8 月 31 日计提第一生产车间机器设备、房屋的折旧费 2 000 元。

借：制造费用——第一生产车间（折旧费）　　2 000

　　贷：累计折旧　　2 000

（7）8 月 31 日以银行存款支付由第一生产车间承担的财产保险费 1 000 元。

借：制造费用——第一生产车间（财产保险费）　　1 000

　　贷：银行存款　　1 000

根据以上经济业务登记该企业的制造费用明细账，格式如账簿 4.1 所示。

第二节　制造费用分配的核算

一、制造费用分配的基本方法

月份终了，企业将归集的制造费用分配转入有关产品成本或劳务成本。基本生产车间的制造费用是产品生产成本的组成部分。车间内只生产一种产品或劳务，制造费用直接转入该产品的成本；车间内生产多种产品或提供多种劳务，制造费用应当采用适当的方法分配转入各种产品或劳务的成本。

账簿 4.1

制造费用明细账

生产单位：第一车间　　　　201×年8月　　　　（单位：元）

年		凭证		摘　要	机物料消耗	办公费	水电费	职工薪酬	折旧费	财产保险费	其他	合计
月	日	字	号									
8	10		1	领用材料	1 800							1 800
8	20		3	付办公费		2 500						2 500
8	31		4	报销水电费			1 000					1 000
8	31		5	付工资				6 000				6 000
8	31		6	计提社会保险费				500				500
8	31		7	计提折旧费					2 000			2 000
8	31		8	支付财产保险费						1 000		1 000
8	31		9	本月合计	1 800	2 500	1 000	6 500	2 000	1 000		14 800
8	31		10	月末结转	−1 800	−2 500	−1 000	−6 500	−2 000	−1 000		−14 800

制造费用分配计入产品成本的方法一般有生产工人工时比例分配法、生产工人工资比例分配法、机器工时比例分配法、年度计划分配率分配法等。其中生产工人工时比例分配法、生产工人工资比例分配法、机器工时比例分配法合称为实际分配率法；年度计划分配率分配法又称为计划分配率法。企业根据实际情况，选择合理地分配方法，分配方法一经确定，不能随意变动，以保证产品成本的客观性和可比性。不管采用哪一种分配方法，都应该根据分配计算的结果，编制制造费用分配表。根据分配表进行制造费用分配的总分类核算和明细核算。

二、生产工人工时比例分配法

生产工人工时比例分配法是按照生产各种产品所耗用的生产工人实际工时的比例分配制造费用的一种方法，其计算公式为

$$\text{制造费用分配率}=\frac{\text{制造费用总额}}{\text{各产品生产工人工时总额}}$$

某种产品应分配的制造费用=该产品的生产工人工时×制造费用分配率

这种方法适用于机械化程度较低，或生产单位内生产的各产品工艺过程机械化程度大致相同的单位。

如果产品的工时定额比较准确，制造费用也可以按定额公式的比例分配，计算公式为

$$\text{制造费用分配率}=\frac{\text{制造费用总额}}{\text{各产品定额工时总额}}$$

某种产品应分配的制造费用=该产品的定额工时×制造费用分配率

【例 4.2】 B 公司基本生产车间 201×年 6 月，为生产甲、乙两种产品共发生制造费用 68 000 元。甲产品实际生产工人工时为 13 000 小时，乙产品实际生产工人工时为 7 000 小时。

要求：采用生产工人工时比例分配法计算甲、乙两种产品应承担的制造费用，并编制相应的会计分录。有关计算如下。

$$制造费用分配率=\frac{68\,000}{(13\,000+7\,000)}=3.4（元/小时）$$

甲产品制造费用=13 000×3.4=44 200（元）

乙产品制造费用=7 000×3.4=23 800（元）

按生产工人工时比例分配法编制制造费用分配表，见表 4.1。根据表 4.1，编制会计分录如下。

表 4.1　制造费用分配表（生产工人工时比例分配法）

车间名称：基本生产车间　201×年 6 月

应借科目	生产工时（小时）	分配金额（分配率：3.4）（元）
生产成本——基本生产成本——甲产品	13 000	44 200
生产成本——基本生产成本——乙产品	7 000	23 800
合　计	20 000	68 000

借：生产成本——基本生产成本——甲产品　　44 200

——乙产品　　23 800

贷：制造费用——基本生产车间　　68 000

三、生产工人工资比例分配法

生产工人工资比例分配法是以直接计入各种产品成本的生产工人实际工资的比例作为分配标准分配制造费用的一种方法。其计算公式为

$$制造费用分配率=\frac{制造费用总额}{各种产品生产工人工资总额}$$

某种产品应分配的制造费用=该产品的生产工人工资×制造费用分配率

由于工资费用分配表中有现成的生产工人工资的资料，所以该种分配方法核算工作简便。如果生产工人工资是按生产工时比例分配计入各种产品成本的，那么按照生产工人工资比例分配制造费用，实际上也就是按照生产工时比例分配制造费用。采用这种分配方法，各种产品生产的机械化程度应该差不多，否则机械化程度高的产品，由于工资费用少，分配负担的制造费用也少，影响制造费用分配的合理性。

【例 4.3】 B 公司基本生产车间，为生产甲、乙两种产品本月共发生制造费用 68 000 元。假设甲产品生产工人的工资为 12 000 元，乙产品生产工人工资为 9 250 元。

要求：采用生产工人工资比例分配法计算甲、乙两种产品应承担的制造费用，并编制相应的会计分录。有关计算如下。

$$制造费用分配率=\frac{68\,000}{(12\,000+9\,250)}=3.2$$

甲产品制造费用=12 000×3.2=38 400（元）

乙产品制造费用=9 250×3.2=29 600（元）

表 4.2 制造费用分配表
（生产工人工资比例分配法）

车间名称：基本生产车间 （单位：元）

应借科目	工人工资	分配金额（分配率：3.2）
生产成本——基本生产成本——甲产品	12 000	38 400
生产成本——基本生产成本——乙产品	9 250	29 600
合 计	21 250	68 000

按生产工人工资比例分配法编制制造费用分配表，如表 4.2 所示。根据表 4.2，编制会计分录如下。

借：生产成本——基本生产成本

——甲产品 38 400

——乙产品 29 600

贷：制造费用——基本生产车间 68 000

四、机器工时比例分配法

机器工时比例分配法是按照各种产品生产所用机器设备的运转工作时间的比例作为分配标准分配制造费用的一种方法，其计算公式为

$$制造费用分配率=\frac{制造费用总额}{各种产品耗用机器工时之和}$$

某种产品应分配的制造费用=该产品的生产耗用机器工时×制造费用分配率

这种方法适用于机械化、自动化程度较高的车间，其制造费用可以按机器工时的比例进行分配。因为在这种车间的制造费用中，与机器设备使用有关的费用比重较大，而这部分费用与机器设备的运转时间有密切的联系。

【例 4.4】 B 公司基本生产车间为生产甲、乙两种产品本月共发生制造费用 18 000 元。甲产品实际生产工时为 500 小时/台，乙产品实际生产工时为 400 小时/台。

要求：采用机器工时比例分配法计算甲、乙两种产品应分配的制造费用，并编制相应的会计分录。有关计算如下。

$$制造费用分配率=\frac{18\,000}{(500+400)}=20（元/小时）$$

甲产品制造费用=500×20=10 000（元）

乙产品制造费用=400×20=8 000（元）

按机器工时比例分配法编制制造费用分配表，如表 4.3 所示。根据表 4.3，编制会计分录如下。

表 4.3 制造费用分配表（机器工时比例分配法）

车间名称：基本生产车间

应 借 科 目	生产工时（小时/台）	分配金额（分配率：3.2）（元）
生产成本——基本生产成本——甲产品	500	10 000
生产成本——基本生产成本——乙产品	400	8 000
合 计	900	18 000

借：生产成本——基本生产成本——甲产品 10 000

——乙产品 8 000

贷：制造费用——基本生产车间 18 000

五、年度计划分配率分配法

年度计划分配率分配法是按照年度开始前确定的全年适用的计划分配率分配制造费用的一种方法。假定以定额工时为分配标准，其计算公式为

$$年度计划分配率=\frac{年度制造费用计划总额}{年度各种产品计划产量的定额工时总数}$$

某月某种产品应分摊的制造费用=该月该产品实际产量的定额工时数×年度计划分配率

这种方法无论各月实际发生的制造费用是多少，各月各种产品成本中的制造费用均按年度计划确定的计划分配率分配。在分配中如果发现年内分配的计划数与实际数差额较大时，应及时调整计划分配率，以使分配额相对准确。

【例 4.5】 ××车间全年制造费用计划为 18 560 元，全年各种产品的计划产量为甲产品 560 件，乙产品 740 件，单件产品的工时定额为甲产品 60 小时，乙产品 80 小时。本月实际产量为甲产品 45 件，乙产品 60 件；本月实际发生制造费用 2 000 元。

要求：按年度计划分配率分配法分配制造费用，并编制相应的会计分录。

甲产品年度计划产量的定额工时=560×60=33 600（小时）

乙产品年度计划产量的定额工时=740×80=59 200（小时）

$$\text{制造费用年度计划分配率}=\frac{18\,560}{(33\,600+59\,200)}=0.2\text{（元/小时）}$$

本月甲产品实际产量的定额工时=45×60= 2700（小时）

本月乙产品实际产量的定额工时=60×80=4 800（小时）

本月甲产品应分摊的制造费用=2 700×0.2=540（元）

本月乙产品应分摊的制造费用=4 800×0.2=960（元）

该车间本月按计划分配率分配转出的制造费用=540+960=1 500（元）

借：生产成本——基本生产成本——甲产品　　540

　　　　　　　　　　　　　　——乙产品　　960

　　贷：制造费用　　1 500

“制造费用”科目在年度内发现全年制造费用的实际数和按产品的实际产量与计划分配率计算的分配数之间发生差额，年末时按已分配比例分配计入 12 月份产品成本中，借记“生产成本——基本生产成本”科目，贷记“制造费用”科目。如果实际发生额大于计划分配额，用蓝字补记；如果实际发生额小于计划分配额，则用红字冲减。

假定该车间至年末，本年度实际制造费用为 19 320 元，按计划分配率累计已分配制造费用 18 400 元（甲产品 7 200 元，乙产品 11 200 元），那么本年度共少分配制造费用 920 元（19 320−18 400），应按已分配的比例进行调整。

$$\text{甲产品少分配的制造费用}=920\times\frac{7\,200}{18\,400}=360\text{（元）}$$

$$\text{乙产品少分配的制造费用}=920\times\frac{11\,200}{18\,400}=560\text{（元）}$$

根据再分配的结果，编制会计分录如下。

借：生产成本——基本生产成本——甲产品　　360

　　　　　　　　　　　　　　——乙产品　　560

　　贷：制造费用——基本生产车间　　920

根据会计分录登记“制造费用”总账和明细账后，该账户年末应无余额。例 4.5 中是全年制造费用实际发生额大于计划分配额，应用蓝字补记。

在生产工人工时比例分配法、生产工人工资比例分配法和机器工时比例分配法下，“制造费用”账户一般没有期末余额。如果使用年度计划分配率分配法，实际发生的制造费用与年度计划分配率分配转出的制造费用不一致，就会使“制造费用”账户有借方或贷方余额。

学习参考

推荐扫描二维码阅读“制造费用的内容”，对制造费用的具体项目做更多了解。

采用年度计划分配率分配法，可随时结算已完工产品应负担的制造费用，简化分配手续，最适用于季节性生产企业。因为在季节性生产企业中，淡季与旺季的产量相差悬殊，而制造费用中有许多费用具有相对固定的性质，如果各月按实际费用进行分配，就会导致单位产品成本中的制造费用数额将随着产量的变化而变化，影响成本的可比性，不利于进行成本分析。采用年度计划分配率分配法来分配制造费用可以很好地避免这个问题的发生。

本章小结

制造费用是指企业内部各生产单位（分厂、车间）为生产产品或提供劳务而发生的，应该计入产品成本，但没有专设成本项目的各项生产费用。

生产工人工时比例分配法是按照生产各种产品所耗用的生产工人实际工时的比例分配制造费用的一种方法。这种方法适用于机械化程度较低，或生产单位内生产的各产品工艺过程机械化程度大致相同的单位。

生产工人工资比例分配法是按照计入各种产品成本的生产工人工资比例分配制造费用的一种方法。采用这一方法的前提是各种产品生产机械化的程度应该大致相同，否则机械化程度低的产品所用工资费用多，负担的制造费用也要多，而机械化程度高的产品则负担的制造费用较少，从而影响费用分配的合理性。

机器工时比例分配法适用于生产机械化程度较高的产品，因为这类产品的机器设备使用、维修费用大小与机器运转的时间有密切联系。采用这一方法的前提条件是必须具备各种产品所耗机器工时的完整的原始记录。

采用年度计划分配率分配法，不论各月实际发生的制造费用是多少，每月各种产品成本中的制造费用都是按年度计划确定的计划分配率分配。年度内如果发现全年制造费用的实际数和按产品的实际产量与计划分配率计算的分配数发生较大的差额，应及时调整计划分配率。

习　题

一、单选题

1．按年度计划分配率分配法分配制造费用的方法适用于（　　）。

A．制造费用数额较大的企业　　B．季节性生产企业

C．基本生产车间规模较小的企业　　D．制造费用数额较小的企业

2．采用生产工人工时比例分配法分配制造费用时，分配标准是（　　）。

A．该生产单位产品生产工人工时　　B．该企业产品生产工人工时

C．该生产单位产品生产工时　　D．该生产单位产品定额工时

3．下列方法中，可能使“制造费用”账户有月末余额的是（　　）。

A．生产工人工时比例分配法　　B．按年度计划分配率分配法

C．生产工人工资比例分配法　　D．机器工时比例分配法

4．基本生产车间机器设备的折旧费应记入（　　）账户的借方。

A．“累计折旧”　B．“管理费用”　C．“制造费用”　D．“基本生产成本”

5．下列不属于制造费用的是（　　）。

A．车间机物料消耗　　B．融资租入固定资产的租赁费

C．劳动保护费　　D．季节性停工损失

6．机器工时比例分配法适用于（　　）。

A．季节性生产的车间　　B．制造费用较多的车间

C．机械化程度大致相同的各种产品　　D．机械化程度较高的车间

7．除了按年度计划分配率分配法分配制造费用以外，“制造费用”账户月末（　　）。

A．没有余额　　B．一定有借方余额

C．一定有贷方余额　　D．有借方或贷方余额

8．某生产车间生产A和B两种产品，该车间共发生制造费用60 000元，生产A产品生产工人工时为3 000小时，生产B产品生产工人工时为2 000小时。若按生产工人工时比例分配法分配制造费用，则A和B两种产品应负担的制造费用分别为（　　）。

A．36 000元和24 000元　　B．24 000元和36 000元

C．30 000元和30 000元　　D．40 000元和20 000元

二、多选题

1．制造费用的分配方法有（　　）。

A．生产工人工时比例分配法　　B．机器工时比例分配法

C．直接分配法　　D．年度计划分配率分配法

E．生产工人工资比例分配法

2．关于制造费用的说法，正确的有（　　）。

A．制造费用是企业管理费用的一部分　　B．制造费用一般是间接费用

C．制造费用最终应计入产品成本　　D．制造费用属于期间费用

E．制造费用属于综合性费用项目

3．下列项目中，属于制造费用所属项目的有（　　）。

A．生产车间的保险费　　B．厂部办公楼折旧费

C．机物料消耗　　D．低值易耗品摊销

E．季节性停工损失

4．分配制造费用时，可能借记的账户有（　　）。

A．“生产费用”　　B．“营业费用”

C．“管理费用”　　　　　　　　　　D．“基本生产成本”

E．“辅助生产成本”

5．按年度计划分配率分配法分配制造费用，“制造费用”账户月末（　　）。

A．可能有月末余额　　　　　　　　B．无月末余额

C．可能有借方余额　　　　　　　　D．可能有贷方余额

E．可能无月末余额

三、判断题

1．制造费用是间接用于产品生产或提供劳务的费用。（　　）

2．“制造费用”成本项目属于综合性费用项目。（　　）

3．企业应该按照制造费用项目设置制造费用明细账。（　　）

4．“制造费用”所采用的所有分配方法，分配后“制造费用”账户期末都没有余额。（　　）

5．采用生产工人工资比例法分配制造费用时，为了不影响制造费用分配的合理性，要求各种产品生产的机械化程度相差不多。（　　）

6．企业制造费用分配方法一经确定，不得随意变更。（　　）

7．采用年度计划分配率分配法分配时，“制造费用”明细账应留有年末余额。（　　）

8．生产工人工时比例分配法，适用于机械化程度较高的企业。（　　）

四、业务计算分析题

1．某基本生产车间生产甲、乙两种产品，本期共发生制造费用6 000元，甲产品生产工人工时数为600小时，乙产品生产工人工时数为400小时。

要求：按生产工人工时比例法分配制造费用，并编制有关会计分录。

2．某企业基本车间全年制造费用计划为315 000元，全年各种产品的计划产量为，甲产品5 000件，乙产品3 000件。单件产品工时定额为，甲产品6小时，乙产品5小时。本月份实际产量为，甲产品450件，乙产品280件。本月份实际发生的制造费用为272 000元。

要求：按年度计划分配率分配法分配制造费用，并编制相应的会计分录。

第五章

废品损失和停工损失的核算

知识目标

通过本章的学习，掌握废品损失的含义、种类，废品损失的归集和核算；掌握停工损失的核算；全面了解废品损失和停工损失的发生和处理过程。

能力目标

通过本章的学习，掌握废品损失的归集和核算、停工损失的核算的方法，以及可修复废品、不可修复废品、停工损失的账务处理。

第一节　废品损失的归集和核算

一、废品损失的含义

废品是指不符合规定的技术标准，不能按照原定用途使用，或者需要加工修理才能使用的在产品、半成品或产成品。不论是在生产过程中发现的废品，还是在入库后发现的废品，都应包括在内。

1. 废品的种类

废品分为可修复废品和不可修复废品两种。可修复废品是指经过修理可以使用，而且所花费的修复费用在经济上合算的废品；不可修复废品则指不能修复，或者所花费的修复费用在经济上不合算的废品。

2. 废品损失的内容

废品损失包括在生产过程中发现的和入库后发现的不可修复废品的生产成本，以及可修复废品的修复费用，扣除回收的废品残料价值和应由过失单位或个人赔偿款以后的损失。不可修复废品的报废损失指不可修复废品生产成本扣除回收残料价值和赔款后的净损失。可修复废品的修复费用指可修复废品在返修过程中所发生的修理费用，如耗用的材料、人工等。

注意下列不属于废品损失的内容：①应由过失人赔偿的废品损失；②不需要修复可降价出售的不合格品的出售损失；③实行“三包”的产品，发生的三包损失；④产品入库后，发生的由于管理不善等原因而损坏变质的损失。

质量检验部门发现废品时，应该填制废品通知单，列明废品的种类、数量、产生废品的原因和过失人等。成本会计人员应该会同检验人员对废品通知单所列废品产生的原因和过失人等项目加以审核。只有经过审核的废品通知单，才能作为废品损失核算的根据。

二、废品损失的归集

废品损失的归集分设置和不设置“废品损失”明细账两种情况。

1. 不设置“废品损失”明细账的情况

如果企业废品损失偶尔发生，其数额对产品成本影响不大，不需要设置“废品损失”账户，成本计算单中也不需要设置“废品损失”成本项目。发生的可修复废品修复费及不可修复废品的生产成本应根据“材料费用分配汇总表”“职工薪酬分配汇总表”和“制造费用分配表”提供的资料计入成本计算单，对于发生的废品残料价值收入和应收赔偿款，也应直接冲减生产成本。

【例 5.1】 某车间生产丁产品，本月投产 1 000 件，全部完工，入库时发现 2 件为不可修复废品，回收残料 150 元，责任人应赔偿 130 元。其他资料见表 5.1。

表 5.1 成本计算单

产品名称：丁产品 20×1 年 10 月 完工产量：998 件 （单位：元）

摘 要	直接材料	直接人工	制造费用	合计
累计生产费用	150 000	98 700	76 000	324 700
回收废品残料	−150			−150
应收过失人赔偿款		−130		−130
完工产品总成本	149 850	98 570	76 000	324 420
完工产品单位成本	150.15	98.77	76.15	325.07

2. 废品损失的账户核算

单独核算废品损失的企业，应设置“废品损失”账户。通常情况下，期末在产品不负担废品损失，废品损失全部由本期完工产品负担。“废品损失”账户月末没有余额，见图 5.1。

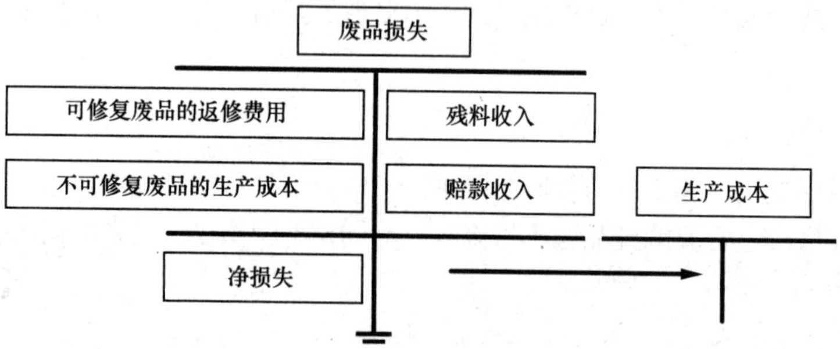

图 5.1 废品损失账户

三、废品损失的核算方法

不可修复废品和可修复废品的核算方法有所不同。

（一）不可修复废品的核算

不可修复废品的核算可按实际成本核算，也可按定额费用核算。

1. 按实际成本核算

采用按废品所耗实际费用计算的方法时，由于废品报废以前发生的各项费用是与合格产品一起计算的，因而要将废品报废以前与合格品计算在一起的各项费用，采用适当的分配方法，在合格品与废品之间进行分配，计算出废品的实际成本，从“基本生产成本”科目的贷方转入“废品损失”科目的借方。

【例 5.2】 某企业一车间本月生产甲产品 328 件，验收入库时发现不可修复废品 8 件。合格品生产工时为 4 800 小时，废品生产工时为 120 小时，全部生产工时 4 920 小时。甲产品成本明细账所记录的合格品和废品共同发生的生产费用为，直接材料 17 056 元，直接人工 12 792 元，制造费用 13 530 元，合计 43 378 元。废品残料入库作价 96 元。原材料是生产开始一次投入。直接材料费用按合格品数量和废品数量的比例分配；其他费用按生产工时比例分配。

（1）计算废品实际成本。① 计算废品应负担的材料费用：

材料费用分配率=17 056/(320+8)=52（元/件）

废品应负担的材料费用=8×52=416（元）

② 计算废品应负担的直接人工费：

直接人工费用分配率=12 792/(4 800+120)=2.6（元/工时）

废品应负担的直接人工费用=120×2.6=312（元）

③ 计算废品应负担的制造费用：

制造费用分配率=13 530/(4 800+120)=2.75（元/工时）

废品应负担的制造费用=120×2.75=330（元）

④ 计算废品实际成本：

废品实际成本=416+312+330=1 058（元）

（2）计算废品损失。

废品损失=1 058−96=962（元）

（3）编制会计分录如下。① 结转废品实际成本：

借：废品损失——甲产品　　1 058
　　贷：生产成本——基本生产成本——甲产品　　1 058

② 结转废品残料价值：

借：原材料　　96
　　贷：废品损失：　　96

③ 结转废品损失：

借：生产成本——基本生产成本——甲产品　　962
　　贷：废品损失——甲产品　　962

2. 按定额费用核算

按废品的数量和各项费用定额计算废品的定额成本，再将废品定额成本扣除废品残值或应收赔款即为废品损失，不考虑废品实际发生的费用。

【例 5.3】 甲企业第二基本生产车间生产 A 产品过程中，发生不可修复废品 10 件，每件 A 产品的费用定额为直接材料 300 元，直接人工 60 元，制造费用 50 元，回收残料价值 300 元。根据此资料编制废品损失计算表，如表 5.2 所示。

按照表 5.2 编制如下会计分录。结转废品定额成本：

借：废品损失——A 产品　　4 100

　　贷：生产成本——基本生产成本——A 产品　　4 100

结转废品残料价值：

借：原材料　　300

　　贷：废品损失——A 产品　　300

结转废品损失：

借：生产成本——基本生产成本——A 产品　　3 800

　　贷：废品损失——A 产品　　3 800

表 5.2　不可修复废品损失计算表（按定额成本计算）

车间名称：第二基本生产车间　　产品名称：A 产品

废品数量：10 件　　（单位：元）

项目	直接材料	直接人工	制造费用	成本合计
费用定额	300	60	50	410
废品定额成本	3 000	600	500	4 100
减：残料价值	300			300
废品报废损失	2 700	600	500	3 800

（二）可修复废品损失核算

可修复废品损失指的是在修复过程中发生的各种费用，包括修复过程中消耗的材料、发生的人工费用和制造费用。如果有废品回收残值或应收赔款的话，也应从废品损失中扣除。

【例 5.4】某企业本月生产 B 产品 5 000 件，生产过程中发现了 100 件可修复废品。在修复过程中，耗用原材料 3 000 元，人工费用 4 000 元，制造费用 2 500 元，应由责任人赔偿 500 元。

根据上述资料编制会计分录如下。

（1）发生修复费用：

借：废品损失——B 产品　　9 500

　　贷：原材料　　3 000

　　　　应付职工薪酬　　4 000

　　　　制造费用　　2 500

（2）应收责任人赔偿款：

借：其他应收款　　500

　　贷：废品损失——B 产品　　500

（3）将废品损失计入生产成本：

借：生产成本——基本生产成本——B 产品　　9 000

　　贷：废品损失——B 产品　　9 000

学习参考

废品损失包括在生产过程中发现的、入库后发现的各种废品的报废损失和修复费用，废品损失核算也是为了减少废品的发生，这样说能理解吗？推荐扫描二维码观看“废品损失的核算”动画视频作进一步了解。

第二节　停工损失的核算

一、停工损失的含义

停工损失是指企业生产部门由于停电、待料、机器设备发生故障或进行大修、发生非常灾害以及计划减产而停止正常生产所造成的损失，包括停工期间发生的原材料费用、工资及福利费和制造费用等。应由过失单位或保险公司负担的赔款，应从停工损失中扣除。

二、停工损失的核算方法

停工损失单独核算，应专设“停工损失”账户，并在成本项目中增设“停工损失”项目。“停工损失”账户是为了归集和分配停工损失而设立的，借方归集本月发生的停工损失，贷方为分配结转的停工损失，月末一般无余额。该账户应按车间分别设置明细账，账内分设专栏或专行进行明细分类核算。

由于造成损失的原因不同，停工损失分配结转方法也不同。对于应向过失人或保险公司索赔的，转入“其他应收款”账户；属于自然灾害等原因引起的非正常停工损失记入“营业外支出”账户；对于其他原因造成的停工损失，则应计入产品成本，列入“基本生产成本”账户，见图 5.2。

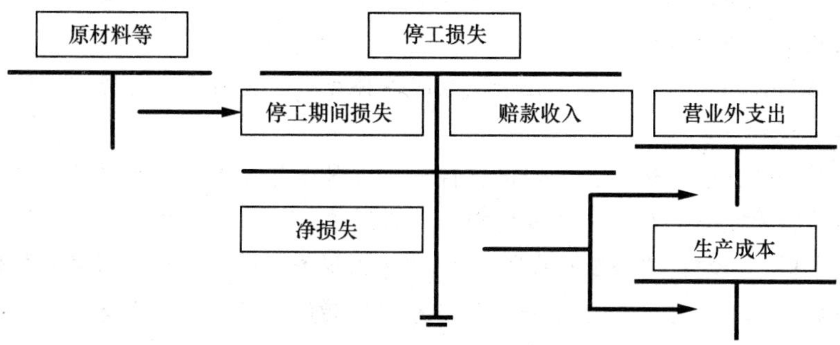

图 5.2　停工损失的核算

注：（1）季节性生产企业的季节性停工，是生产经营过程中的正常现象，停工期间发生的各项费用不属于停工损失，不作为停工损失核算。

（2）不单独核算停工损失的企业，不设“停工损失”科目和“停工损失”成本项目。停工期间发生的属于停工损失的各种费用，直接记入“制造费用”“其他应收款”和“营业外支出”等科目。这种核算方法比较简单，但不利于分析和控制停工损失。

【例 5.5】 某企业甲车间因设备大修停工 10 天，停工期间应支付工人工资 6 000 元，应负担制造费用 2 000 元；乙车间因供电原因停工 3 天，停工期间应支付工人工资 3 000 元，应负担制造费用 1 000 元。根据以上资料，编制会计分录如下。

借：停工损失——甲车间　　8 000
　　　　　　——乙车间　　4 000
　贷：应付职工薪酬　　9 000
　　　制造费用——甲车间　　2 000
　　　　　　　——乙车间　　1 000

【例 5.6】 上例中，甲车间设备大修为正常停工，停工损失 8 000 元，应计入成本；乙车间停工为非正常损失，应计入营业外支出，其中供电公司同意赔偿 3 500 元，计入其他应收款。编制会计分录如下。

学习参考

废品损失的核算补充例题

借：生产成本	8 000	
其他应收款——供电公司	3 500	
营业外支出——停工损失	500	
贷：停工损失——甲车间		8 000
——乙车间		4 000

本章小结

废品损失包括在生产过程中发现的和入库后发现的不可修复废品的生产成本，以及可修复废品的修复费用，扣除回收的废品残料价值和应由过失单位或个人赔偿款以后的损失。

不可修复废品的报废损失指不可修复废品生产成本扣除回收残料价值和赔款后的净损失。不可修复废品生产成本的确定，一般有两种方法：一是按废品所消耗的实际成本计算；二是按废品所消耗的定额成本计算。

可修复废品损失指的是在修复过程中发生的各种费用，包括修复过程中消耗的材料、发生的人工费用和制造费用。

停工损失是指企业生产部门由于停电、待料、机器设备发生故障或进行大修、发生非常灾害以及计划减产而停止正常生产所造成的损失。为了单独核算停工损失，应专设“停工损失”账户，并在成本项目中增设“停工损失”项目。“停工损失”账户是为了归集和分配停工损失而设立的，借方归集本月发生的停工损失，贷方分配结转的停工损失，月末一般无余额。

停工损失对于应向过失人或保险公司索赔的，转入“其他应收款”账户；属于自然灾害等原因引起的非正常停工损失记入“营业外支出”账户；对于其他原因造成的停工损失，则应计入产品成本，列入“基本生产成本”账户。

习　题

一、单选题

1．计算可修复废品的废品损失，不需要考虑（　　）。

A．可修复废品的生产成本　　B．回收废料价值

C．可修复废品的修理费用　　D．过失人赔偿款

2．结转不可修复废品的生产成本应借记“废品损失”，贷记（　　）账户。

A．“产成品”　B．“生产成本”　C．“制造费用”　D．“原材料”

3．季节性生产停工损失，则一般应记入（　　）账户。

A．“管理费用”　B．“制造费用”　C．“营业外支出”　D．“产品生产成本”

4．因自然灾害造成的停工损失，应记入（　　）账户。

A．“管理费用”　B．“制造费用”　C．“营业外支出”　D．“产品生产成本”

5．下列项目中应计入产品成本的停工损失是（　　）。

A．由于自然灾害引起的非正常停工损失　B．非正常原因产生的停工损失

C．固定资产修理期间的停工损失　D．非季节性停工损失

6．不可修复废品生产成本为1 000元，可修复废品的加工费用为500元，则废品损失应为（　　）。

A．1 000元　B．1 300元　C．1 200元　D．1 500元

7．根据上题资料，若回收残料价值200元，由过失人赔偿300元，废品净损失为（　　）。

A．1 000元　B．1 300元　C．1 200元　D．1 500元

8．下列各项中，不应计入废品损失的是（　　）。

A．不可修复废品的生产成本　B．可修复废品的生产成本

C．用于修复废品的人工费用　D．用于修复废品的材料费用

9．不可修复废品损失的生产成本，可以按（　　）计算。

A．废品所耗实际费用　B．废品所耗计划费用

C．修复人员工资　D．废品数量

10．可修复废品的废品损失是指（　　）。

A．返修前发生的原材料费用

B．返修前发生的制造费用

C．返修后发生的修理费用

D．返修前发生的生产费用加上返修后发生的修理费用

二、多选题

1．下列各项中，可用以计算不可修复废品的生产成本的方法有（　　）。

A．按所耗实际费用计算　B．按所耗定额费用计算

C．按所耗实际费用扣除残值计算　D．按所耗定额费用扣除残值计算

2．“废品损失”科目的借方应登记（　　）。

A．可修复废品的生产成本　B．不可修复废品的生产成本

C．回收残料价值　D．可修复废品的修复费用

3．核算废品损失过程中借方是“废品损失”，可能贷记的科目有（　　）。

A．“其他应收款”　B．“制造费用”　C．“基本生产成本”　D．“应付职工薪酬”

4．生产损失包括（　　）。

A．废品损失　B．产品盘亏损失　C．停工损失　D．三包损失

5．“停工损失”科目的贷方可能科目有（　　）。

A．“其他应收款”　B．“制造费用”　C．“营业外支出”　D．“应付职工薪酬”

三、判断题

1．可修复废品是指经过修理可以使用，而且所花费的修复费用在经济上合算的废品。（　　）

2．产成品入库后，由于保管不善等原因而损坏变质的损失，应作为废品损失处理。（　）

3．废品损失是在生产过程中发现的和入库后发现的不可修复废品的生产成本，扣除回收的废品残料价值以后的损失。（　）

4．"废品损失"账户应按车间设立明细账，账内按产品品种分设专户，并按费用项目分设专栏或专行进行明细核算。（　）

5．不可修复废品的生产成本，可按废品所耗实际费用计算，也可按废品所耗定额费用计算。（　）

四、业务计算分析题

1．某生产车间本月在乙产品生产过程中发现不可修复废品12件，按所耗定额费用计算不可修复废品的生产成本。单件原材料费用定额为60元。已完成的定额工时共计140小时，每小时的费用定额为，燃料和动力1.5元，工资和福利费1.9元，制造费用1.10元。不可修复废品的残料作价130元，以辅助材料入库；应由过失人赔偿40元。废品净损失由当月同种产品成本负担。

要求：（1）计算不可修复废品定额成本；

（2）计算不可修复废品净损失；

（3）编制结转不可修复废品的定额成本、残料入库、过失人赔款和结转废品净损失的会计分录。

2．某工业企业生产A产品，本月发生可修复废品损失为，原材料1 500元，工资费用350元，制造费用450元。本月A产品投产500件，原材料在生产开始一次性投入，实际费用为，直接材料62 500元，直接人工13 888元，制造费用15 376元。A产品合格品为490件，不可修复废品10件，其加工程度为60%，废品残料作价300元入库。

要求：根据上述资料结转可修复与不可修复废品损失，做相应会计分录。

第六章

生产费用的核算

知识目标

通过本章的学习，掌握在产品数量的核算、完工产品和在产品之间分配费用的方法、完工产品成本的结转。其中，约当产量法为本章的重点，完工产品与在产品的分配方法中的定额成本法、定额比例法为本章难点。

能力目标

通过本章的学习，能够熟练将生产费用在完工产品与未完工产品之间进行分配，掌握完工产品和在产品之间分配费用的方法。

第一节　在产品数量的确定

生产费用经过一系列分配、汇总后，应计入产品成本的各项费用，按成本项目全部归集在“基本生产成本”账户及其所属明细账中。将一定时期各产品所负担的生产费用在完工产品与期末在产品之间进行合理的分配，是成本核算的重要环节，也是产品生产成本核算程序的最后步骤。生产过程中发生的各项要素费用的核算在第二章已有明确论述，在这里就不再重复。通过本章的学习，应该了解在产品收发结存核算及其与完工产品成本计算的联系，掌握生产费用在完工产品与在产品之间的分配方法。

一、在产品核算概述

企业的在产品是指已经投入生产，但尚未完工的产品。企业的在产品有广义和狭义之分。广义在产品是就整个企业而言的，即指生产从投料开始，到最终制成期末交付验收入库的一切产品，包括正在车间加工中的在产品和已经完成了几个生产步骤但仍需继续加工的半成品，尚未验收入库的期末正在返修或等待返修的废品等。对外销售的自制半成品属于商品，虽未全部完成加工过程，但不包括在在产品之内。

狭义的在产品则是就某一生产车间来说的，它仅指本生产车间或生产步骤正在加工而尚未完成的产品。该车间或生产步骤完工的半成品不包括在内。本章讨论的在产品主要指的是狭义的在产品。

二、在产品数量的确定

在产品数量在设置或不设置“台账”两种情况下确定方法有所不同。

1. 不设“台账”，月月盘点

核算在产品的数量是正确计算在产品成本的基础。可以通过“在产品收发明细账”进行实物数量核算。实际工作中，这种账簿也叫“在产品台账”或“在产品记录卡”，属辅助性质的备查账簿。不设“台账”时，该账簿应分车间并按照在产品名称设置，以便反映车间各种在产品的收入、发出和结存的数量。企业计算在产品成本时所依据的“期末在产品实际结存数量”，原则上经过实地盘点确定其期末实存数，进行月月盘点。

2. 设置“台账”，各月不盘点，年终盘点

有些企业在产品品种规格、工序繁多，又处于不断流动之中，每月月末都进行一次实地盘点，困难较大。在这种类型的生产企业中，可以通过“在产品收发明细账（即台账）”，根据有关领料凭证、在产品内部转移凭证、产成品检验凭证和在产品交库凭证逐笔登记。生产费用的核算人员应对“在产品收发明细账”进行及时审核和汇总。通过“在产品收发明细账”的设置和登记，可以从账上随时掌握控制在产品动态，各月不盘点，年终盘点。

三、在产品清查

“在产品收发明细账”可以提供在产品转入、发出和结存的数量，但由于各种原因，账簿反映的结存数量与实际情况可能不完全相符。这样，很难核实在产品数量，也就无法保护在产品的安全完整，因此，企业必须定期和不定期地做好在产品的清查工作，正确计算在产品成本，做到账实相符。

在产品的清查一般于月末结账前进行，并采用实地盘点法。盘点的结果，应填制“在产品盘存表”，并与“在产品收发明细账”核对。如有不符，还应填制“在产品盘盈盘亏报告表”，并说明在产品的账面数、实存数、盘盈盘亏数以及盈亏的原因和处理意见等。对于报废和毁损的在产品，还要登记残值。财会部门应对盘盈盘亏的数量、原因及处理意见进行认真审核，并按规定程序报经有关部门批准后进行相应的账务处理。

为了反映在产品的盘盈、盘亏和毁损的处理过程，企业应当设置“待处理财产损溢——待处理流动资产损溢”账户。盘亏、毁损在产品的生产成本在记入“生产成本”账户贷方的同时，记入“待处理财产损溢——待处理流动资产损溢”账户的借方；盘盈在产品的生产成本在记入“生产成本”账户借方的同时，记入“待处理财产损溢——待处理流动资产损溢”账户的贷方。盘盈和盘亏、毁损在产品经批准后转账时，分别记入“待处理财产损溢——待处理流动资产损溢”账户的借方或贷方。转销后“待处理财产损溢——待处理流动资产损溢”账户应无余额。具体处理过程如下。

1. 在产品盘盈的账务处理

（1）企业在清查中发现在产品盘盈时，应按实际平均单位成本、定额成本或计划成本予以入账，编制会计分录如下。

借：生产成本

　　贷：待处理财产损溢——待处理流动资产损溢

（2）盘盈的在产品，应于会计期末前查明原因，报经有关部门批准后，在期末结账前处理。对盘盈的在产品，在报经批准后，一般直接冲减“制造费用”，编制如下会计分录。

借：待处理财产损溢——待处理流动资产损溢

　　贷：制造费用

2. 在产品盘亏、毁损的账务处理

（1）发现在产品盘亏或毁损时，应根据账面的实际成本，编制如下会计分录。

借：待处理财产损溢——待处理流动资产损溢

　　贷：生产成本

（2）对于在产品毁损时入库的残值，要根据估计的成本入账，冲减在产品的损溢，编制如下会计分录。

借：原材料

　　贷：待处理财产损溢——待处理流动资产损溢

（3）由于盘亏或毁损所造成的在产品损失，报经批准后应当根据不同情况做不同的账务处理。对于由保险公司、过失人赔偿的部分，借记“银行存款”“其他应收款”账户；对于应计入产品成本中的部分，借记“制造费用”账户；对于由于自然灾害等非常原因造成净损失的部分，借记“营业外支出”账户，编制会计分录如下。

借：其他应收款（银行存款）

　　制造费用

　　营业外支出

　　贷：待处理财产损溢——待处理流动资产损溢

需要说明的是，在产品盘亏、毁损要换算应负担的增值税，其增值税税额也应记入“待处理财产损溢”账户，即借记“待处理财产损溢”账户，贷记“应交税费——应交增值税（进项税额转出）”账户。

学习参考

在产品和半成品是成本核算过程中不可缺少的因素，你能分清他们的区别吗？如果没弄明白可扫描二维码阅读“在产品与半成品的区别”加深理解。

第二节　生产费用在完工产品与在产品之间的分配

生产费用在完工产品和在产品之间的分配，是产品成本计算工作中的一个重要而复杂的问题。特别是在产品结构复杂、加工零部件种类和加工工序较多的企业尤其如此。企业应当根据在产品费用的投入程度、月末在产品数量的多少、各月月末在产品数量变化的大小、产品成本中各成本项目费用比重的大小以及企业成本管理基础工作的好坏等具体情况，选择既合理又较简便的在产品成本计算方法。通常，可供选择的分配方法主要有以下几种。

一、在产品按零计算

在产品按零计算是指某些企业月末虽然有在产品，但由于在产品数量较少，且比较稳定，各月在产品数量变动不大，不计算在产品成本对完工产品成本计算的正确性影响很小，因此，为了简化成本核算工作，可以不计算月末在产品成本。采用这种方法，本月完工产品的实际总成本等于当月该种产品发生的全部生产费用，如采掘、发电等企业的产品。

二、在产品成本按固定数额计算

在产品成本按固定数额计算是指年内各月在产品成本按年初在产品成本数额计算，固定不变。这样，年内各个月初、月末在产品成本相等。本月该种在产品发生的全部生产费用就是当月完工产品的实际总成本。

采用这种方法，大大简化了成本计算工作，但它只适用于月末在产品数量较小，或者在产品数量虽大但比较稳定，各月月末在产品数量变动不大，因此不计算各月在产品成本的差额，对完工产品成本计算的影响不大的产品，如冶炼、化工等有固定容器装置企业的产品。同时，采用这种方法，不论年末在产品数量变动与否，都应对年末在产品进行实地盘点，并以实际盘存数为计算基础重新确定年末在产品成本。因此，1—11 月各月月末在产品成本是固定的，简化了完工产品成本的计算；而且从全年来看，年初和年末的在产品都经过了实地盘点确认，全年完工产品总成本的计算也是准确的。采用这种方法，12 月份完工产品成本的计算公式为

本月完工产品成本=月初在产品成本+本月发生的生产费用－月末盘点确认的在产品成本

三、在产品成本按完工产品成本计算

在产品成本按完工产品成本计算是指在产品视同完工产品，月末按在产品和完工产品数量比例分配生产费用。这种方法主要适用于月末在产品已经接近完工，或者产品已经加工完毕，但尚未验收包装入库的情况，为了简便核算工作，可以视同完工产品分配生产费用。

【例 6.1】 某产品月初在产品成本为直接材料 1 500 元，直接人工 560 元，制造费用 2 000 元；本月发生费用为直接材料 19 500 元，直接人工 4 200 元，制造费用 6 470 元。完工产品 500 件，月末在产品 200 件，都已经接近完工，可以视同完工产品分配费用，其分配结果如表 6.1 所示。

计算如下。

表 6.1 产品成本计算单

完工产品：500 件　在产品：200 件　（单位：元）

项　目	直接材料	直接人工	制造费用	合计
月初在产品成本	1 500	560	2 000	4 060
本月发生生产费用	19 500	4 200	6 470	30 170
生产费用合计	21 000	4 760	8 470	34 230
分配率	30	6.8	12.1	—
完工产品成本	15 000	3 400	6 050	24 450
月末在产品成本	6 000	1 360	2 420	9 780

直接材料分配率=21 000/（500+200）=30（元/件）

完工产品直接材料成本=500×30=15 000（元）

月末在产品直接材料成本=200×30=6 000（元）

直接人工分配率=4 760/（500+200）=6.8（元/件）

完工产品直接人工成本=6.8×500=3 400（元）

月末在产品直接人工成本=6.8×200=1 360（元）

制造费用分配率=8 470/（500+200）=12.1（元/件）

完工产品制造费用=12.1×500=6 050（元）

月末在产品制造费用=12.1×200=2 420（元）

完工产品总成本=15 000+3 400+6 050=24 450（元）

月末在产品成本=6 000+1 360+2 420=9 780（元）

四、在产品成本按直接材料成本计算

这种方法是指月末在产品只负担直接材料成本，发生的直接人工和制造费用全部由完工产

品负担，适用于月末在产品数量较大，并且直接材料成本在产品成本总额中所占比重较大的产品，如酿酒、造纸等行业的产品。当直接材料成本占产品成本的比重超过 70%时，在产品成本只计算直接材料成本，对产品成本计算的正确性影响不大。采用这种方法，本月完工产品成本等于月初在产品材料成本加上当月发生的生产费用，减去月末在产品材料成本。

如果直接材料是在生产开始时一次性投入，而且经过一道工序产品就能完成或虽经几道工序，但没有什么损耗，直接材料可按完工产品与在产品的数量比例进行分配，其计算分配公式为

$$直接材料分配率=\frac{月初在产品直接材料成本+本月发生的直接材料成本}{本月完工产品数量+月末在产品数量}$$

【例 6.2】 某厂生产的丁产品直接材料成本占产品总成本的比重较大，在产品只计算直接材料成本。丁产品本月月初在产品成本为 5 000 元；本月发生生产费用为 191 500 元，其中直接材料 151 500 元，直接人工 28 000 元，制造费用 12 000 元。丁产品本月完工 9 500 件，月末在产品 500 件，原材料在生产开始时一次投入。其具体分配计算如下。

直接材料分配率=（5 000+151 500）/（9 500+500）=15.65（元/件）

月末在产品成本=15.65×500=7 825（元）

完工产品成本=5 000+191 500−7 825=188 675（元）

在大批量连续生产的企业里，在产品分布在几道不同的工序，而且经过每道工序的加工，原材料都会有一定的损耗，这时只按最后一道工序计算直接材料成本，而不考虑前面的几道工序已损耗掉的原材料价值，显然是不合理的。在此情况下，必须分别将各工序在产品的原材料数量进行还原，折合成加工前的原材料数量，再乘以原材料单价计算出在产品直接材料成本。

【例 6.3】 甲产品经过三道工序。第一道工序在产品结存 1 764 吨，成品率为 98%；第二道工序在产品结存 1 596 吨，成品率为 95%；第三道工序在产品结存 1 400 吨，成品率为 90%。原材料单价 5 元/吨。计算月末在产品直接材料成本。

第一道工序在产品原材料数量=1 764÷98%=1 800（吨）

第二道工序在产品原材料数量=1 596÷95%=1 680（吨）

第三道工序在产品原材料数量=1 400÷90%=1 556（吨）

月末在产品直接材料成本=（1 800+1 680+1 556）×5=25 180（元）

上述的计算方法实际上是将在产品的净重，分别按它占原材料总重量的比重倒转折合为原材料投入时的重量。这种还原是符合实际的，因为最后一道工序结存的在产品尽管重量减轻了，但它却是由比它重的原材料制成的，它应该负担最初生产时投入的原材料的全部重量。

如果不同的原材料分批投入各道工序，则月末应首先确定在产品数量，然后再计算应负担的直接材料成本。

【例 6.4】 某产品需经两道工序连续加工方能完工，第一道工序投入 A 材料，第二道工序投入 B 材料。该产品的在产品月末结存量为，第一道工序 250 件，第二道工序 150 件。本月完工产品 1 000 件，本月发生 A 材料费用 50 000 元，B 材料费用 4 000 元。

首先应确定月末在产品数量。用以分配 A 材料费用的在产品数量为 400 件，用以分配 B 材料费用的在产品数量为 150 件。

在产品 A 材料成本=50 000/（1 000+400）×400=14 285.71（元）

在产品 B 材料成本=4 000/（1 000+150）×150=521.74（元）

月末在产品直接材料成本=14 285.71+521.74=14 807.45（元）

完工产品直接材料成本=50 000+4 000−14 807.45=39 192.5（元）

五、月末在产品约当产量比例法

约当产量比例法，简称约当产量法，是指月末先将在产品数量按其完工程度或投料程度折算为相当于完工产品的数量，即月末在产品的约当产量，然后按本月完工产品的数量和月末在产品约当产量的比例来分配生产费用的一种方法。这种方法主要适用于月末在产品数量较大，而且其数量变化也大，产品成本的直接材料成本、直接人工成本和制造费用的比重相差不多的产品。

在计算约当产量时，要注意在产品耗用的原材料和加工费用（直接人工、制造费用等）的情况是不一样的，因此要分别按不同的成本项目计算在产品约当产量。一般情况下，原材料费用是在生产开始时一次性投入的，则分配原材料费用时，不需计算在产品的约当产量，单位在产品应负担的材料费用和单位完工产品一样；而加工费用一般是随着生产过程而逐渐增加的，在产品的加工程度不一样，应负担的加工费用也不一样，因此，加工费用的分配就要按在产品的约当产量比例分配。如果原材料也是按生产进度陆续投入，那么原材料费用也要按在产品的约当产量比例分配。其计算公式为

月末在产品约当产量=月末在产品数量×在产品的完工程度（或投料程度）

某项费用分配率=该项费用总额/（完工产品数量+月末在产品约当产量）

月末在产品负担的该项费用=月末在产品约当产量×费用分配率

【例 6.5】 某企业生产丙产品，月初在产品成本中直接材料费用为 8 500 元，直接人工费用为 4 500 元，制造费用为 2 650 元。本月发生的直接材料费用为 24 540 元，直接人工成本 12 650 元，制造费用 8 730 元。本月完工产品 410 件，月末在产品 150 件，在产品的完工程度为 60%。该产品原材料在生产开始时一次性投入，该企业采用约当产量法分配生产费用，其分配计算如下。

（1）直接材料费用的分配。因原材料是生产开始时一次性投入的，因此无论在产品完工程度如何，其约当产量都为在产品的实际数量。

直接材料分配率=（8 500+24 540）÷（410+150）=59（元/件）

月末在产品直接材料成本=150×59=8 850（元）

完工产品直接材料成本=8 500+24 540−8 850=24 190（元）

（2）直接人工费用的分配。

月末在产品约当产量=150×60%=90（件）

直接人工分配率=（4 500+12 650）÷（410+90）=34.3（元/件）

月末在产品直接人工成本=90×34.3=3 087（元）

完工产品直接人工成本=4 500+12 650−3 087=14 063（元）

（3）制造费用的分配。

制造费用分配率=（2 650+8 730）÷（410+90）=22.76（元/件）

月末在产品制造费用=90×22.76=2 048.4（元）

完工产品制造费用=2 650+8 730−2 048.4=9 331.6（元）

（4）汇总计算完工产品成本和月末在产品成本。

完工产品成本=24 190+14 063+9 331.6=47 584.6（元）

月末在产品成本=8 850+3 087+2 048.4=13 985.4（元）

从例 6.5 的计算可以看出，约当产量法中，约当产量的计算是关键。而约当产量计算确定

的关键又在于合理测定在产品的完工程度或投料程度。由于在产品的各项费用的投入程序不同以及在加工过程中表现出的作用不一，应区别对待。一般应分别不同的成本项目计算约当产量并分配相关费用。其中，用以分配直接材料费用的在产品约当产量按投料程度计算；用以分配其他费用的在产品的约当产量按完工程度计算。这样，投料程度和完工程度的计算确定就成了约当产量法中的核心问题。

1. 投料程度的确定

在产品的投料程度是指在产品已投入的直接材料费用占完工产品应投入的直接材料费用的比重。由于各种产品的生产工艺过程不同，直接材料费用的投入情况比较复杂。直接材料的投料程度应根据具体情况分别予以确定。

（1）原材料在生产开始时一次投入。在产品的投料程度为100%，此时无论在产品完工程度如何，其单位在产品耗用的原材料与单位完工产品耗用的原材料一样。因此，分配直接材料费用时按完工产品数量和在产品数量比例进行分配。

（2）原材料在生产过程中是陆续、均衡地投入的，且其投料程度与加工程度基本一致。此时可按完工程度计算在产品约当产量，并以完工产品产量与在产品约当产量的比例分配直接材料费用。

（3）原材料分次在各个工序生产开始时一次投入。此时在产品投料程度要根据该工序在产品累计材料消耗定额占完工产品材料消耗定额的比重来确定，其计算公式为

某工序在产品投料程度=到本工序止的累计材料消耗定额/完工产品材料消耗定额×100%

【例6.6】 某企业的丁产品需要经过三道工序制成，原材料分次在各工序生产开始时投入。该产品单位产品成本中原材料消耗定额为800千克，其中，第一工序原材料消耗定额为400千克，第二工序原材料消耗定额为240千克，第三工序原材料消耗定额为160千克。月末在产品数量，第一工序为160件，第二工序为160件，第三工序为80件。完工产品412件。月初在产品和本月发生的直接材料费用共计42 700元。丁产品各工序在产品的投料程度和在产品约当产量的计算可以通过编制“在产品投料程度及约当产量计算表”进行，如表6.2所示。

表6.2 在产品投料程度及约当产量计算表

工序	原材料消耗定额（千克）	各工序在产品投料程度	各工序月末在产品数量（件）	在产品约当产量（件）
1	400	50%	160	80
2	240	80%	160	128
3	160	100%	80	80
合计	800	—	400	288

各工序在产品投料程度计算如下。

第一工序在产品投料程度=400÷800×100%=50%

第二工序在产品投料程度=（400+240）÷800×100%=80%

第三工序在产品投料程度=（400+240+160）÷800×100%=100%

直接材料分配率=42 700÷（412+288）=61（元/件）

完工产品直接材料成本=412×61=25 132（元）

月末在产品直接材料成本=288×61=17 568（元）

对包括在直接材料成本中的燃料、动力费用，由于其耗用与产品的完工程度有关而与产品的投料程度关系不大，因此，计算燃料、动力费用的在产品约当产量时，往往是按完工程度来确定的。如果其金额较小，可简化同原材料一样，按投料程度计算月末在产品的约当产量。

2. 完工程度的确定

在产品完工程度是指在产品定额工时占完工产品定额工时的比率。对于直接材料以外的其他成本项目，通常按完工程度计算约当产量。因为这些费用的发生与完工程度关系密切，它们随着工艺过程的进行而逐渐增加，产品完工程度越高，该产品应负担的这部分费用也越多。

在产品完工程度的测算具体有两种方法：一种是平均计算；另一种是按工序分别测定。

平均计算是指一律按50%作为各工序在产品的完工程度。这种方法是建立在各工序在产品数量、单位产品在各工序的加工程度都相差不多的基础上，此时各工序在产品多加工的程度可以弥补前面各工序少加工的程度，这样就可以把各工序的在产品全部按50%的平均程度计算。

如果各工序在产品数量和加工工作量差别较大，则要分工序分别计算在产品的完工程度。各工序在产品的完工程度一般以各工序在产品累计完成的工时定额占完工产品全部工时定额的比率来测定。计算公式为

$$某工序在产品完工程度=\frac{前面各道工序的累计工时定额+本道工序工时定额\times 50\%}{完工产品工时定额}\times 100\%$$

其中，“前面各道工序的累计工时定额”的在产品完工而按100%计入，“本道工序工时定额”，因尚在加工中，为了简化计算而不再逐一测定，一般按50%计入。

【例6.7】 某企业甲产品单位工时定额为200小时，经过三道工序制成。第一工序工时定额为100小时，第二工序工时定额为60小时，第三工序工时定额为40小时。各工序在产品在本工序的完工程度均为50%。本月完工332件，月末在产品为第一道工序60件，第二道工序40件，第三道工序30件。该产品各工序的完工程度和在产品约当产量可以通过编制“在产品加工程度及约当产量计算表”进行，如表6.3所示。

表6.3 在产品加工程度及约当产量计算表

产品名称：甲产品　　　　××年×月

工序	单位产品工时定额（工时）	在产品的完工程度	各工序月末在产品数量（件）	在产品约当产量（件）
1	100	25%	60	15
2	60	65%	40	26
3	40	90%	30	27
合计	200	—	130	68

各工序在产品的完工程度计算如下。

第一工序在产品的完工程度=（100×50%）/200×100%=25%

第二工序在产品的完工程度=（100+60×50%）/200×100%=65%

第三工序在产品的完工程度=（100+60+40×50%）/200×100%=90%

【例6.8】 假定例6.7甲产品月初和本月累计的直接材料费用为18 900元，直接人工费用为9 660元，制造费用为11 540元，原材料是在各工序陆续均衡投入的，且其投料程度与加工程度基本一致，按约当产量法计算分配生产费用如下。

（1）直接材料费用的分配。

直接材料分配率=18 900/（332+68）=47.25（元/件）

完工产品直接材料成本=332×47.25=15 687（元）

月末在产品直接材料成本=68×47.25=3 213（元）

（2）直接人工费用的分配。

直接人工分配率=9 660/（332+68）=24.15（元/件）

完工产品直接人工成本=332×24.15=8 017.8（元）

月末在产品直接人工成本=68×24.15=1 642.2（元）

（3）制造费用的分配。

制造费用分配率=11 540/（332+68）=28.85（元/件）

完工产品制造费用=332×28.85=9 578.2（元）

月末在产品制造费用=68×28.85=1 961.8（元）

（4）汇总计算完工产品成本和月末在产品成本。

完工产品成本=15 687+8 017.8+9 578.2=33 283（元）

月末在产品成本=3 213+1 642.2+1 961.8=6 817（元）

学习参考

约当产量法在工业企业的成本核算中应用很广泛，其中约当产量计算最关键，用比例法计算完工程度能合理反映真实的完工产品成本。可扫描二维码观看“约当产量比例法”动画视频加深了解。

六、月末在产品定额成本法

定额成本法是指月末在产品成本按在产品数量和单位定额成本计算，然后从本月实际发生的全部生产费用（月初在产品成本加本月生产费用）中减去月末在产品的定额成本，其余额作为完工产品成本。月末在产品实际成本与定额成本产生的差异，全部由当月完工产品成本负担。

计算月末在产品定额成本时，原材料项目可根据在产品数量和单位在产品原材料成本定额计算，其他项目一般可根据在产品的定额工时和每一定额工时各项费用的分配率计算。如果燃料和动力费用与生产工时没有直接联系，也可根据在产品数量及单位在产品燃料和动力成本定额计算。

【例 6.9】 某企业生产甲产品，原材料在生产开始时一次投入。单件产品材料费用定额为60元。单件产品生产工时30小时，直接人工费用定额为2元/小时，制造费用定额3元/小时。月末完工入库100件，在产品20件。甲产品月初在产品成本和本月生产费用合计数为直接材料61 000元，直接人工17 500元，制造费用23 000元。用定额成本法在完工产品和在产品之间分配生产费用，如表6.4所示。

表 6.4　产品成本计算单

产品名称：甲产品　完工：100件　在产品：20件　（单位：元）

项　　目	直接材料	直接人工	制造费用	合　计
月初和本月生产费用合计	61 000	17 500	23 000	101 500
本月完工产品成本	59 800	16 300	21 200	97 300
月末在产品（定额）成本	1 200	1 200	1 800	4 200

月末在产品定额成本计算如下。

直接材料=20×60=1 200（元）

直接人工=20×30×2=1 200（元）

制造费用=20×30×3=1 800（元）

月末在产品定额成本=1 200+1 200+1 800=4 200（元）

采用定额成本法，计算比较简便，适用于定额管理基础比较好，产品的定额资料比较准确完整，而且各月在产品数量变动不大的产品。这样计算的月末在产品成本和本月完工产品成本比较接近实际。但当生产条件发生变化时，应及时修订定额，否则会影响产品成本计算的准确性。具体计算时，可根据各种费用的比重情况区别对待。如果直接材料在产品成本中所占比重较大，可以只计算在产品的定额直接材料成本；如果直接材料和直接人工比重较大，可计算在产品定额直接材料成本和定额直接人工成本；如果各项费用比重较接近，则计算在产品的全部定额成本。总之，在保证成本计算准确、合理的前提下，能简化的尽量简化。

七、月末在产品定额比例法

定额比例法是将产品的生产费用按照完工产品和月末在产品的定额消耗量或定额费用的比

例，在完工产品和月末在产品之间进行分配的一种方法。这种分配方法适用于定额管理基础较好，各项消耗定额或费用定额比较准确、稳定，各月月末在产品数量变动较大的产品。

定额比例法与定额成本法虽然都是以产品消耗定额或费用定额作为分配生产费用的标准，但两者之间还是有较大的区别。定额成本法下，实际成本与定额成本的差异全部由完工产品成本负担；而采用定额比例法分配时，产品实际成本脱离定额成本的差异则按完工产品和月末在产品的定额消耗量或定额成本的比例分摊。因此，采用定额比例法可以减少由于月初、月末在产品数量波动对完工产品成本计算准确性的影响。

采用定额比例法，直接材料项目一般按照原材料定额消耗量或定额费用比例分配；直接人工和制造费用一般是按照定额工时或定额费用比例分配。其计算公式为

直接材料分配率=（月初在产品直接材料成本+本月发生的直接材料费用）

/（完工产品直接材料定额成本或消耗量+月末在产品直接材料定额成本或消耗量）

其中：

直接材料定额成本=完工产品（或在产品）数量×单位产品定额消耗量×材料单价

直接材料定额消耗量=完工产品（或在产品）数量×单位产品定额消耗量

完工产品直接材料成本=完工产品直接材料定额成本（或消耗量）×直接材料分配率

月末在产品直接材料成本=月末在产品直接材料定额成本（或消耗量）×直接材料分配率

直接人工（或制造费用）分配率=（月初在产品直接人工或制造费用+本月发生直接人工或制造费用）

/（完工产品定额工时+月末在产品定额工时）

其中：

定额工时=完工产品（或在产品约当产量）数量×单位产品工时定额

完工产品直接人工（或制造费用）=完工产品定额工时×直接人工（或制造费用）费用分配率

月末在产品直接人工（或制造费用）=月末在产品定额工时×直接人工（或制造费用）费用分配率

【例6.10】 假定某企业C产品由三道工序连续加工制成。本月完工产品800件，原材料在生产开始时一次投入，单件产品原材料费用定额为48元，每道工序工时定额和在产品数量资料如表6.5所示。

假定各道工序月末在产品的平均加工程度为50%。本月生产费用合计55 105元，其中直接材料42 432元，直接人工5 336元，制造费用7 337元。

采用定额比例法计算完工产品和月末在产品成本，如表6.6所示。

表6.5 在产品数量

工序	在产品数量（件）	工时定额（小时）
1	120	5
2	80	4
3	40	6
合计	240	15

表6.6 产品成本计算单 （单位：元）

摘要		直接材料	直接人工	制造费用	合计
本月生产费用合计		42 432	5 336	7 337	55 105
定额材料费、定额工时	完工产品	38 400	12 000	12 000	
	月末在产品	11 520	1 340	1 340	
费用分配率		0.85	0.4	0.55	
费用分配	完工产品成本	32 640	4 800	6 600	44 040
	月末在产品成本	9 792	536	737	11 065

注：完工产品定额工时＝800×15＝12 000（小时）

月末在产品定额工时=120×5×50%+80×(5+4×50%)+40×(5+4+6×50%)=1 340（小时）

【例 6.11】 某企业丁产品有比较健全的定额资料和定额管理制度。本月完工产品 1 000 件。原材料是生产开始时一次投入的，单位产品原材料消耗定额为 50 元，定额工时为 30 小时。月末在产品 200 件，单位在产品原材料消耗定额为 50 元，定额工时为 20 小时。丁产品月初在产品成本为直接材料 16 000 元，直接人工 8 000 元，制造费用 10 600 元；本月发生费用为直接材料 44 000 元，直接人工 20 900 元，制造费用 22 040 元。

根据上述资料，按定额比例法进行完工产品与月末在产品成本的费用分配，其计算过程如下。

直接材料分配率=（16 000+44 000）÷（1 000×50+200×50）=1（元/件）

完工产品直接材料成本=1 000×50×1=50 000（元）

月末在产品直接材料成本=200×50×1=10 000（元）

直接人工分配率=（8 000+20 900）÷（1 000×30+200×20）=0.85（元/件）

完工产品直接人工成本=1 000×30×0.85=25 500（元）

月末在产品直接人工成本=200×20×0.85=3 400（元）

制造费用分配率=（10 600+22 040）÷（1 000×30+200×20）=0.96（元/件）

完工产品制造费用=1 000×30×0.96=28 800（元）

月末在产品制造费用=200×20×0.96=3 840（元）

月末在产品成本=10 000+3 400+3 840=17 240（元）

完工产品成本=50 000+25 500+28 800=104 300（元）

根据计算，登记产品成本计算单，如表 6.7 所示。

表 6.7　产品成本计算单

产品名称：丁产品　　完工：1 000 件　　在产品：200 件　　（单位：元）

摘　　要		直接材料	直接人工	制造费用	合　计
月初在产品		16 000	8 000	10 600	34 600
本月发生生产费用		44 000	20 900	22 040	86 940
生产费用合计		60 000	28 900	32 640	121 540
总定额	完工产品	50 000	30 000	30 000	
	月末在产品	10 000	4 000	4 000	
	合　计	60 000	34 000	34 000	
费用分配率		1	0.85	0.96	
完工产品成本		50 000	25 500	28 800	104 300
月末在产品成本		10 000	3 400	3 840	17 240

按照上列公式计算分配费用，必须取得完工产品和月末在产品的定额消耗量或定额费用资料。采用这种方法，在产品种类和生产工序繁多时，核算工作量繁重。因此，月末在产品定额消耗量及其分配率可采用简化的方法计算（倒推的方法）。其计算公式为

月末在产品定额消耗量=月初在产品定额消耗量+本月投入的定额消耗量－本月完工产品定额消耗量

上列公式中月初在产品定额消耗量，根据上月成本计算资料取得；本月投入的定额消耗量中，原材料定额消耗量根据领料凭证所列原材料定额消耗量等数据计算求得，本月投入的定额工时，根据有关工时定额的原始记录求得。按照上列倒推方法计算月末在产品的定额数据，虽然可以简化计算工作，但在发生在产品盘盈、盘亏的情况下，计算求得的成本资料，就不能如实反映产品成本的水平。为了提高成本计算的正确性，必须每隔一定时期对在产品进行一次实地盘点，根据在产品的实存数计算一次定额消耗量。

以上介绍的生产费用在完工产品与在产品之间分配的方法，应视企业管理上的需求和生产

经营组织上的特点及企业具体条件、核算要求来确定用什么具体方法分配。企业不同的产品，可以根据各自不同的特点和要求采用不同的分配方法，但为了保持核算方法的连续性、成本的可比性，分配方法一经确定，不得随意改变。

生产费用在完工产品与在产品之间进行分配后，划分出了完工产品和月末在产品的费用界限，从而确定了完工产品的成本与月末在产品的成本。为便于产品销售成本等的核算，企业还应将全部完工产品成本进行汇总，编制产成品成本汇总表，并据以结转完工产品成本。结转时，应借记“库存商品”，贷记“基本生产成本”。

【例 6.12】 以例 6.9、例 6.11 中甲产品和丁产品为例，编制产成品成本汇总表，如表 6.8 所示。

表 6.8　产成品成本汇总表　　（单位：元）

产品名称	产量（件）	直接材料		直接人工		制造费用		合　计	
		单位成本	总成本	单位成本	总成本	单位成本	总成本	单位成本	总成本
甲	100	598	59 800	163	16 300	212	21 200	973	97 300
丁	1 000	50	50 000	25.5	25 500	28.8	28 800	104.3	104 300
合计			109 800		41 800		50 000		201 600

> **学习参考**
> 完工产品与在产品之间的分配是成本核算的最后关键一环，也是比较复杂的分配过程，可扫描二维码阅览相关例题加深理解。

根据表 6.8，结转完工产品总成本，作如下会计分录。

借：库存商品——甲产品　　97 300
　　　　　　——丁产品　　104 300
　贷：生产成本——基本生产成本——甲产品　　97 300
　　　　　　　　　　　　　　——丁产品　　104 300

上述完工产品是指完成全部生产过程，验收入库，准备对外销售的产成品。如果完工产品是自制半成品、自制材料等，则借方应为“自制半成品”“原材料”等。

本 章 小 结

在产品有狭义在产品与广义在产品之分。狭义在产品是指正在车间加工中的产品，以及正在车间返修的废品和已经完成本车间生产，但不包括尚未送验入库的产品；广义在产品是就整个企业而言，指没有完成全部生产过程的产品。为了核实在产品实际结存数量，保证在产品的安全完整，企业应进行定期或不定期的清查盘点，做到账实相符。

（1）生产费用在完工产品与在产品之间进行分配。通过将各项发生的费用的归集和分配，基本生产车间在生产过程中发生的各项费用，已经集中反映在“生产成本——基本生产成本”科目及其明细账的借方，并按成本项目予以反映。如果企业或车间月末没有在产品或不计算在产品成本，则这些费用就是完工产品的总成本。如果月末既有完工产品又有在产品，那么应由本月产品负担的费用（包括月初在产品成本加上本月发生的应由本月产品负担的生产费用），就要在本月完工产品和月末在产品之间进行分配，以求得本月完工产品成本。

（2）完工产品成本的核算。企业发生的各项生产费用，按照成本核算的要求，划清各种费用界限，即经过分类、归集和分配，其中应计入本月各种产品成本的各项费用，按照成本项目直接计入或分配计入各种产品的成本；计入各种产品成本的生产费用，又经过在完工产品和月末在产品之间的分配，从而求得月末在产品的成本和完工产品的成本。

生产费用在完工产品与在产品之间分配后，划分出了完工产品与月末在产品的费用界限，从而确定了完工产品与月末在产品的成本，期末应结转完工产品成本。

习 题

一、单选题

1. 月末在产品数量较大且各月月末在产品数量变化较大，产品中各成本项目费用的比重相差不多的产品，其在产品成本计算应采用（ ）。

A. 定额成本法　B. 定额比例法　C. 约当产量法　D. 固定成本法

2. 定额管理基础较好，各种产品有健全、正确的定额资料的企业，月末在产品数量变化较大的产品，在产品成本的计算应采用（ ）。

A. 定额成本法　B. 定额比例法　C. 约当产量法　D. 固定成本法

3. 采用约当产量法，原材料费用按完工产品和月末在产品数量分配时应具备的条件是（ ）。

A. 原材料是陆续投入的　B. 原材料是生产开始时一次投入的

C. 原材料在产品成本中所占比重大　D. 原材料按定额投入

4. 在定额管理基础较好，消耗定额准确、稳定，而且月初、月末在产品数量变化不大的条件下，在产品成本计算应采用（ ）。

A. 定额成本法　B. 定额比例法　C. 约当产量法　D. 固定成本法

5. 分配加工费用时所采用的在产品的完工率是指产品（ ）与完工产品工时定额的比率。

A. 所在工序的工时定额

B. 前面各工序工时定额与所在工序工时定额之半的合计数

C. 所在工序的累计工时定额

D. 所在工序的工时定额之半

6. 如果某种产品的月末在产品数量较大，各月在产品数量变化也较大，产品成本中各项费用的比重相差不大，生产费用在完工产品与月末在产品之间分配，应采用的方法是（ ）。

A. 不计算在产品成本法　B. 约当产量比例法

C. 在产品按完工产品计算方法　D. 定额比例法

7. 某企业产品经过两道工序，各工序的工时定额分别为 30 小时和 40 小时，则第二道工序的完工率为（ ）。

A. 68%　B. 69%　C. 70%　D. 71%

8. 下列方法中不属于完工产品与月末在产品之间分配费用的方法是（ ）。

A. 约当产量比例法　B. 不计算在产品成本法

C. 年度计划分配率分配法　D. 定额比例法

9．按完工产品和月末在产品数量比例，分配计算完工产品和月末在产品成本，必须具备下列条件（　　）。

A．在产品已接近完工　　B．原材料在生产开始时一次投料
C．在产品原材料费用比重较大　　D．各项消耗定额比较准确、稳定

10．某产品经过两道工序加工完成。第一道工序月末在产品数量为 100 件，完工程度为 20%；第二道工序的月末在产品数量为 200 件，完工程度为 70%。据此计算的月末在产品约当产量为（　　）。

A．20 件　　B．135 件　　C．140 件　　D．160 件

二、多选题

1．广义的在产品包括（　　）。

A．正在车间加工中的产品　　B．完工入库的自制半成品
C．已完工但尚未验收入库的产成品　　D．已完工且验收入库的产成品

2．企业应根据（　　）的情况，考虑到管理的要求和条件，选择适当的方法计算月末在产品成本。

A．在产品数量的多少　　B．各月在产品数量变化的大小
C．各项费用在成本中占的比重　　D．定额管理基础的好坏

3．在产品成本按所耗原材料费用计算适用于（　　）的产品。

A．月末在产品数量较多　　B．各月在产品数量变化较大
C．直接材料费用在成本中占的比重较大　D．定额管理基础较好

4．在产品成本按约当产量法计算适用于（　　）的产品。

A．在产品数量较多　　B．各月在产品数量变化较大
C．各成本项目费用在成本中比重相差不多　D．完工产品数量较多

5．以下属于在产品成本计算方法的有（　　）。

A．直接分配法　　B．定额比例法　　C．约当产量法　　D．品种法

6．采用约当产量比例法，必须正确计算在产品的约当产量，而在产品约当产量的计算正确与否取决于产品完工程度的测定，测定在产品完工程度的方法有（　　）。

A．按 50%平均计算各工序完工率　　B．分工序分别计算完工率
C．按定额比例法计算　　D．以上三种方法均是

7．分配计算完工产品和月末在产品的费用时，采用在产品按定额成本计价法所具备的条件是（　　）。

A．各月月末在产品数量　　B．产品的消耗定额比较稳定
C．各月月末在产品数量变化比较小　　D．产品的消耗定额比较准确

三、判断题

1．盘亏或毁损的在产品，经批准后均应记入“制造费用”账户。（　　）

2．不计算在产品成本法适用于月末没有在产品的产品。（　　）

3．采用约当产量法计算月末在产品成本，原材料费用分配时必须考虑原材料的投料方式。（　　）

4．月末在产品按定额成本计算，实际费用脱离定额的差异完全由完工产品负担。（　　）

5．采用定额比例法计算月末在产品成本适用于具备较好的定额管理基础，而且月初、月末在产品数量变化不大的产品。（　　）

四、实务操作题

1．练习在产品完工率的计算。

【资料】海东企业201×年8月生产的甲产品经过三个生产工序，各工序单位产品工时定额及在产品数量见表6.9，各工序在产品完工程度按平均50%计算。

要求：计算各工序的完工率和约当产量并编制表格，见表6.10。

表6.9　工时定额及在产品数量

工　序	工时定额（小时）	各工序在产品数量（件）
①	32	250
②	40	360
③	28	160
合　计	100	770

表6.10　各工序的完工率和约当产量计算表

工　序	工时定额（小时）	完工率（%）	在产品数量（件）	约当产量（件）

2．练习生产费用在完工产品和月末在产品之间的分配。

【资料】海东企业201×年9月生产乙产品，有关月初在产品成本和本月生产费用见表6.11。其他资料如下。

表6.11　月初在产品成本和本月生产费用　（单位：元）

项　目	直接材料	燃料动力	直接人工	制造费用	合计
月初在产品成本	4 680	230	970	600	6 480
本月生产费用	43 460	3 170	5 880	2 300	54 810

（1）乙产品本月完工80件，月末在产品20件，原材料在生产开始时一次投入，在产品完工程度50%。

（2）乙产品月末在产品单位定额成本为直接材料470元，燃料和动力36元，直接人工70元，制造费用31元。

（3）乙产品完工产成品单位定额成本为直接材料470元，燃料和动力36元，直接人工70元，制造费用31元。

要求：根据上列资料，按照以下几种分配方法计算乙产品完工产品成本和月末在产品成本。

（1）按约当产量比例法分配计算，见表6.12。

（2）按在产品定额成本法分配计算，见表6.13。

（3）按完工产品和月末在产品的定额比例分配计算，见表6.14。

（4）按年初在产品成本数固定计算，见表6.15。

（5）在产品只负担原材料成本法（材料费用采用约当产量法分配），见表6.16。

表6.12 乙产品成本计算单
（约当产量法）

摘 要	直接材料	燃料动力	直接人工	制造费用	合 计
月初在产品成本（元）					
本月生产费用（元）					
合计（元）					
约当产量（件）					
分配率（元/件）					
完工产品成本（元）					
月末在产品成本（元）					

表6.13 乙产品成本计算单
（定额成本法） （单位：元）

摘 要	直接材料	燃料动力	直接人工	制造费用	合 计
月初在产品成本					
本月生产费用					
合 计					
完工产品成本					
月末在产品成本					

表6.14 乙产品成本计算单（定额比例法） （单位：元）

摘 要	直接材料	燃料动力	直接人工	制造费用	合 计
月初在产品成本					
本月生产费用					
合 计					
完工产品的定额成本					
期末在产品的定额成本					
合 计					
分配率					
完工产品的实际成本					
期末在产品实际成本					

表6.15 乙产品成本计算单
（按年初数固定计算法）
（单位：元）

摘 要	直接材料	燃料动力	直接人工	制造费用	合 计
月初在产品成本					
本月生产费用					
合 计					
完工产品成本					
月末在产品成本					

表6.16 乙产品成本计算单（在产品只负担原材料成本计算法）
（单位：元）

摘 要	直接材料	燃料动力	直接人工	制造费用	合 计
月初在产品成本					
本月生产费用					
合 计					
完工产品成本					
月末在产品成本					

第七章

成本核算方法——品种法

知识目标

通过本章的学习，了解品种法的概念和品种法产品成本计算的基本方法，了解品种法的特点和适用范围等内容。

能力目标

通过本章的学习，掌握适合采用品种法计算成本的企业生产特点，掌握品种法的成本计算对象、成本计算期和生产费用在完工产品与在产品之间的分配三个方面的特点，掌握品种法的计算程序和账务处理。

学习参考

推荐课前观看“成本计算方法”动画视频，简单了解各种成本核算方法和特点。

第一节 品种法概述

根据企业生产特点和管理要求的不同，产品成本计算有三种基本方法：品种法、分批法和分步法，它们分别是以产品的品种、产品的批别和产品的生产步骤为成本计算对象。各种成本计算方法在成本计算对象、成本计算期和生产费用在完工产品与在产品之间的分配三个方面各具特点。其中品种法是产品成本计算最基本的方法，其他各种成本计算方法是在品种法的基础上发展而来的。本章介绍品种法。

一、品种法的概念及适用范围

品种法是以产品品种作为成本计算对象，设置“生产成本明细账”来归集生产费用的一种成本计算方法。品种法主要适用于单步骤大批量生产的产品，如发电、采掘、供水、铸造等企业产品的生产。在多步骤大批量生产下，如果生产规模较小，或生产车间按封闭式车间设置（即从原材料投入到产品生产的全过程，都是在一个车间内进行的），管理上不要求按照生产步骤计算产品成本，也可以采用品种法计算产品成本，如糖果厂、小水泥厂、小砖瓦厂等企业。另外，企业内部为基本生产车间提供产品和劳务的某些辅助生产车间，如供电、供气车间等，也采用品种法计算其产品或劳务成本。

二、品种法的特点

品种法的特点主要体现在成本计算对象、成本计算期和生产费用在完工产品与在产品之间的分配三个方面。

1. 成本计算对象

品种法以产品品种为成本计算对象，并据以设置生产成本明细账，开设产品成本计算单。在生产一种产品的企业，只需以一种产品开设一张成本计算单，并按成本项目开设专栏，生产过程中所发生的各项费用都是直接费用，可直接计入产品成本，不存在各成本计算对象之间分配费用的问题。如果企业生产的产品不止一种，则需按产品品种分别开设成本计算单，并按成本项目开设专栏，直接费用直接计入各种产品成本，共同发生的费用则采用适当的分配方法分配计入各种产品成本。

2. 成本计算期

在大批量生产的情况下，由于产品是重复不断地生产，而且生产周期较短，原材料不断地投入，产品也不断地完工，因而很难做到在产品完工时立即计算其成本，只能定期于月末计算当月完工产品成本。品种法下的成本计算期与会计报告期一致，而与产品生产周期不一致。

3. 生产费用在完工产品与在产品之间的分配

在单步骤大批量生产中，由于月末一般没有在产品，或虽有在产品但数量很小，此时算不算在产品成本对产品成本计算的影响不大，因而可以不计算月末在产品成本。各产品所归集的生产费用就是当月完工产品的总成本，将总成本除以总产量就是该种产品的单位成本。

在一些规模较小，管理上又不要求按照生产步骤计算成本的大批量多步骤生产中，月末一般都有在产品，而且有时数量较多，通常需要采用适当的方法，将所归集的生产费用在完工产品与月末在产品之间进行分配，以便合理、简便地计算出完工产品与月末在产品成本。

第二节　品种法的计算程序及计算方法

一、品种法的计算程序

品种法的计算程序一般有以下几步（可参考图 7.1）。

（1）按产品品种设置产品成本明细账，按成本项目，如直接材料、直接人工、制造费用等设置专栏。

（2）根据各项生产费用发生的原始凭证和其他有关资料，编制各要素费用分配表，分配各项要素费用，并记入产品成本明细账。

（3）根据辅助生产成本明细账所归集的各项生产费用，编制“辅助生产费用分配表”，按受益对象和受益量的大小分配辅助生产费用，并据以登记有关费用明细账。

（4）根据制造费用明细账归集的费用，编制“制造费用分配表”，在各种产品之间分配制造费用，并记入产品成本明细账。

（5）对产品成本明细账中归集的各种生产费用，在月末采用适当的方法在完工产品与月末在产品之间进行分配，确定完工产品成本和月末在产品成本。

（6）根据各产品成本明细账中的产品成本资料，编制产品成本汇总表。

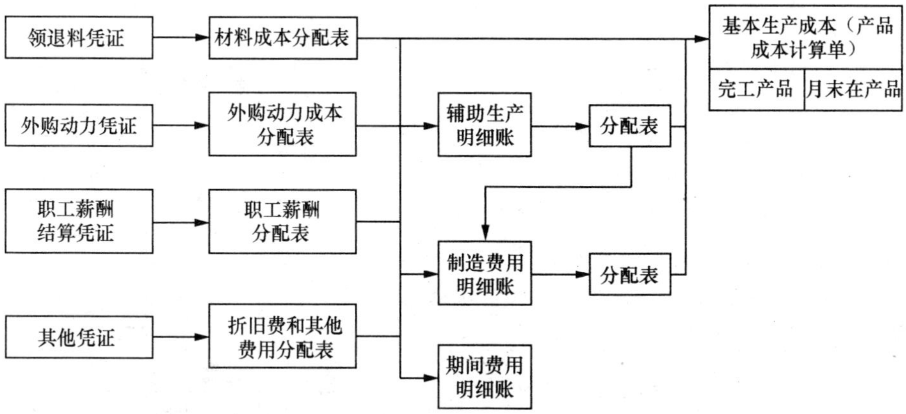

图 7.1　品种法的计算程序

二、品种法的成本计算方法

品种法是产品成本计算方法中最基本的方法，因而品种法的计算程序体现着产品成本计算的一般程序。下面以一个完整的实例，把品种法所用的各种费用分配表和明细账都串起来，以利于深入地理解产品成本计算的基本原理。

【例 7.1】 海西集团下属的北方公司 20×1 年 8 月生产甲、乙两种产品，本月有关成本计算资料如下。

1．月初在产品成本。甲、乙两种产品的月初在产品成本如表 7.1 所示。

表 7.1　甲、乙产品月初在产品成本资料

20×1 年 8 月　　（单位：元）

摘　要	直接材料	直接人工	制造费用	合　计
甲产品月初在产品成本	164 000	32 470	3 675	200 145
乙产品月初在产品成本	123 740	16 400	3 350	143 490

2．本月生产数量。甲产品本月完工 500 件，月末在产品 100 件，实际生产工时 100 000 小时；乙产品本月完工 200 件，月末在产品 40 件，实际生产工时 50 000 小时。甲、乙两种产品的原材料都在生产开始时一次性投入，加工费用发生比较均衡，月末在产品完工程度均为 50%。

3．本月发生生产费用如下。

（1）本月发出材料汇总资料如表 7.2 所示。

（2）本月工资结算汇总表及职工福利费用计算表（简化格式）如表 7.3 所示。

（3）本月以现金支付的费用为 2 500 元，其中包括基本生产车间负担的办公费 250 元，市内交通费 65 元；供电车间负担的市内交通费 145 元；供水车间负担的外部加工费 480 元；厂部管理部门负担的办公费 1 360 元，材料市内运输费 200 元。

（4）本月以银行存款支付的费用为 14 700 元，其中包括基本生产车间负担的办公费 1 000 元，水费 2 000 元，差旅费 1 400 元，设计制图费 2 600 元；供电车间负担的水费 500 元，外购动力费 1 800 元；供水车间负担的办公费 400 元；厂部管理部门负担的办公费 3 000 元，水费 1 200 元，招待费 200 元，市话费 600 元。

（5）本月应计提固定资产折旧费 22 000 元，其中基本生产车间折旧 10 000 元，供电车间折旧 2 000 元，供水车间折旧 4 000 元，厂部管理部门折旧 6 000 元。

（6）根据“长期待摊费用”账户记录，本月应分摊长期待摊费用 3 195 元，其中供电车间负担 800 元，供水车间负担 600 元，基本生产车间负担 1 195 元，厂部管理部门负担 600 元。

表 7.2　发出材料汇总表

20×1 年 8 月　　　　（单位：元）

领料部门和用途	材料类别			合　计
	原材料	包装物	低值易耗品	
基本生产车间耗用				
甲产品耗用	800 000	10 000		810 000
乙产品耗用	600 000	4 000		604 000
甲、乙产品共同耗用	28 000			28 000
车间一般耗用	2 000		100	2 100
辅助生产车间耗用				
供电车间耗用	1 000			1 000
供水车间耗用	1 200			1 200
厂部管理部门耗用	1 200		400	1 600
合　计	1 433 400	14 000	500	1 447 900

注：生产甲、乙两种产品共同耗用的材料，按甲、乙两种产品直接耗用原材料的比例进行分配。

表 7.3　应付职工薪酬汇总表

20×1 年 8 月　　　（单位：元）

人员类别	应付工资总额	应计提福利费	合　计
基本生产车间			
产品生产工人	420 000	58 800	478 800
车间管理人员	20 000	2 800	22 800
辅助生产车间			
供电车间	8 000	1 120	9 120
供水车间	7 000	980	7 980
厂部管理人员	40 000	5 600	45 600
合　计	495 000	69 300	564 300

运用品种法计算成本的过程如下。

第一步，要素费用的分配。

（1）分配材料费用，分配结果如表 7.4、表 7.5 所示。

表 7.4 中相关数据来源如下：

原材料分配率=28 000÷1400 000=0.02

甲耗用材料=800 000×0.02=16 000（元）

乙耗用材料=600 000×0.02=12 000（元）

表 7.4　甲、乙产品共同耗用材料分配表

20×1 年 8 月　　　（单位：元）

产品名称	直接耗用原材料	分配率	分配共耗材料
甲产品	800 000		16 000
乙产品	600 000		12 000
合　计	1 400 000	0.02	28 000

表 7.5　材料费用分配表

20×1 年 8 月　　　（单位：元）

会计科目	明细科目	原材料	包装物	低值易耗品	合计
基本生产成本	甲产品	816 000	10 000		826 000
	乙产品	612 000	4 000		616 000
	小　计	1 428 000	14 000		1 442 000
辅助生产成本	供电车间	1 000			1 000
	供水车间	1 200			1 200
	小　计	2 200			2 200
制造费用	基本生产车间	2 000		100	2 100
管理费用	修理费	1 200		400	1 600
合　计		1 433 400	14 000	500	1 447 900

表 7.5 中相关数据来源如下：

甲分配的原材料=800 000+16 000=816 000（元）

乙分配的原材料=600 000+12 000=612 000（元）

根据表 7.5，编制发出材料的会计分录如下。

借：生产成本——基本生产成本——甲产品　　　826 000

——基本生产成本——乙产品　　616 000
——辅助生产成本——供电车间　　1 000
——辅助生产成本——供水车间　　1 200
制造费用——基本生产车间　　2 100
管理费用——修理费　　1 600
贷：原材料　　1 433 400
周转材料——包装物　　14 000
周转材料——低值易耗品　　500

（2）分配应付职工薪酬，如表 7.6 所示。

表 7.6　职工薪酬分配表

20×1 年 8 月　　（金额单位：元）

分配对象		工资			福利费	
会计科目	明细科目	分配标准(小时)	分配率	分配额	分配率	分配额
基本生产成本	甲产品	100 000		280 000		39 200
	乙产品	50 000		140 000		19 600
	小　计	150 000	2.80	420 000	0.392	58 800
辅助生产成本	供电车间			8 000		1 120
	供水车间			7 000		980
	小　计			15 000		2 100
制造费用	基本生产车间			20 000		2 800
管理费用	工资、福利费			40 000		5 600
合　计				495 000		69 300

表 7.6 中相关数据来源如下：

应付工资分配率=420 000÷150 000=2.8

福利费分配率=58 800÷150 000=0.392

生产甲产品应付工资=100 000×2.8=280 000（元）

生产甲产品应付福利费=100 000×0.392=39 200（元）

生产乙产品应付工资=50 000×2.8=140 000

生产乙产品应付福利费=50 000×0.392=19 600（元）

根据工资及福利费分配表，编制工资及福利费分配业务的会计分录如下。

借：生产成本——基本生产成本——甲产品　　280 000
——基本生产成本——乙产品　　140 000
——辅助生产成本——供电车间　　8 000
——辅助生产成本——供水车间　　7 000
制造费用——基本生产车间　　20 000
管理费用——工资及福利　　40 000
贷：应付职工薪酬——工资　　495 000

借：生产成本——基本生产成本——甲产品　　39 200
——基本生产成本——乙产品　　19 600

——辅助生产成本——供电车间　1 120
——辅助生产成本——供水车间　980
制造费用——基本生产车间　2 800
管理费用——工资及福利　5 600
贷：应付职工薪酬——福利　69 300

（3）计提固定资产折旧费用及摊销长期待摊费用，分配结果如表7.7、表7.8所示。

表7.7　折旧费用计算表

20×1年8月　（单位：元）

会计科目	明细科目	费用项目	分配金额
制造费用	基本生产车间	折旧费	10 000
辅助生产成本	供电车间	折旧费	2 000
	供水车间	折旧费	4 000
管理费用		折旧费	6 000
合　计			22 000

表7.8　长期待摊费用分配表

20×1年8月　（单位：元）

会计科目	明细科目	费用项目	分配金额
制造费用	基本生产车间	装修费	1 195
辅助生产成本	供电车间	装修费	800
	供水车间	装修费	600
管理费用		财产保险费	600
合　计			3 195

根据表7.7，编制计提折旧的会计分录如下。

借：制造费用——基本生产车间　10 000
——辅助生产成本——供电车间　2 000
——辅助生产成本——供水车间　4 000
管理费用——折旧费　6 000
贷：累计折旧　22 000

根据表7.8，编制摊销长期待摊费用的会计分录如下。

借：制造费用——基本生产车间　1 195
——辅助生产成本——供电车间　800
——辅助生产成本——供水车间　600
管理费用——财产保险费　600
贷：长期待摊费用　3 195

（4）分配本月现金和银行存款支付费用，分配结果如表7.9所示。

表7.9　其他费用分配表

20×1年8月　（单位：元）

会计科目	明细科目	现金支付	银行存款支付	合　计
制造费用	基本生产车间	315	7 000	7 315
辅助生产成本	供电车间	145	2 300	2 445
	供水车间	480	400	880
管理费用		1 560	5 000	6 560
合　计		2 500	14 700	17 200

根据表7.9，编制会计分录如下。

借：制造费用——基本生产车间　7 315
——辅助生产成本——供电车间　2 445
——辅助生产成本——供水车间　880

　　管理费用　　　　　　　　　　　　　　　　　　6 560
　　贷：库存现金　　　　　　　　　　　　　　　　　　2 500
　　　　银行存款　　　　　　　　　　　　　　　　　　14 700

（5）根据各项要素费用分配表及编制的会计分录，登记有关生产成本明细账（如账簿 7.1、账簿 7.2 所示）、辅助生产成本明细账（如账簿 7.3、账簿 7.4 所示）和制造费用明细账（如账簿 7.5 所示）。账簿 7.1、账簿 7.2 数据来自表 7.11、表 7.12、表 7.15、表 7.17，其中：

生产甲产品应付职工薪酬=280 000+39 200=319 200（元）

生产乙产品应付职工薪酬=140 000+196 000=159 600（元）

账簿 7.3、账簿 7.4 数据来自表 7.5～表 7.9，其中：

供电车间职工薪酬=8 000+1 120=9 120（元）

供水车间职工薪酬=7 000+980=7 980（元）

账簿 7.5 数据来自表 7.5～表 7.10，其中：

人工费=20 000+2 800=22 800（元）

账簿 7.1

基本生产成本明细账

产品名称：甲产品　　　　　　　　　　　　　　　　（单位：元）

20×1 年		凭证		摘　　要	直接材料	直接人工	制造费用	合　计
月	日	字	号					
7	31			月末在产品成本	164 000	32 470	3 675	2 00 145
8	31	（略）		材料费用分配表	826 000			826 000
	31			应付职工薪酬分配表		319 200		319 200
	31			生产用电分配表	6 120			6 120
	31			制造费用分配表			37 300	37 300
	31			本月生产费用合计	832 120	319 200	37 300	1 188 620
	31			本月累计	996 120	351 670	40 975	1 388 765
	31			结转完工入库产品成本	830 100	319 700	37 250	1 187 050
	31			月末在产品成本	166 020	31 970	3 725	201 715

账簿 7.2

基本生产成本明细账

产品名称：乙产品　　　　　　　　　　　　　　　　（单位：元）

20×1 年		凭证		摘　　要	直接材料	直接人工	制造费用	合　计
月	日	字	号					
7	31			月末在产品成本	123 740	16 400	3 350	143 490
8	31	（略）		材料费用分配表	616 000			616 000
	31			职工薪酬分配表		159 600		159 600
	31			生产用电分配表	3 060			3 060
	31			制造费用分配表			18 650	18 650
	31			本月生产费用合计	619 060	159 600	18 650	797 310
	31			本月累计	742 800	176 000	22 000	940 800
	31			结转完工入库产品成本	619 000	160 000	20 000	799 000
	31			月末在产品成本	123 800	16 000	2 000	141 800

账簿 7.3

辅助生产成本明细账

车间名称：供电车间　　　　　　　　　　　　　　　　　　　　　　　　　（单位：元）

20×1年		凭证		摘　要	直接材料	直接人工	制造费用	合　计
月	日	字	号					
8	1	（略）		材料费用分配表	1 000			1 000
	31			职工薪酬分配表		9 120		9 120
	31			计提折旧费			2 000	2 000
	31			分摊长期待摊费用			800	800
	31			其他费用			2 445	2 445
	31			本月合计	1 000	9 120	5 245	15 365
	31			结转各受益部门	1 000	9 120	5 245	15 365

账簿 7.4

辅助生产成本明细账

车间名称：供水车间　　　　　　　　　　　　　　　　　　　　　　　　　（单位：元）

20×1年		凭证		摘　要	直接材料	直接人工	制造费用	合　计
月	日	字	号					
8	31	（略）		材料费用分配表	1 200			1 200
	31			职工薪酬分配表		7 980		7 980
	31			计提折旧费			4 000	4 000
	31			分摊长期待摊费用			600	600
	31			其他费用			880	880
	31			本月合计	1 200	7 980	5 480	14 660
	31			结转各受益部门	1 200	7 980	5 80	14 660

账簿 7.5

制造费用明细账

车间名称：基本生产车间　　　　　　　　　　　　　　　　　　　　　　　（单位：元）

年		凭证		摘　要	材料费	人工费	折旧费	水电费	保险费	其他	合计
月	日	字	号								
8	31	（略）		材料费用分配表	2 100						2 100
	31			职工薪酬分配表		22 800					22 800
	31			折旧费用计算表			10 000				10 000
	31			长期待摊费用分配表					1 195		1 195
	31			其他费用分配表						7 315	7 315
	31			辅助生产费用分配表				12 540			12 540
	31			本月合计	2 100	22 800	10 000	12 540	1 195	7 315	55 950
	31			结转制造费用	2 100	22 800	10 000	12 540	1 195	7 315	55 950

第二步，分配辅助生产费用，如表 7.10、表 7.11 所示。

表 7.10　辅助生产费用分配表

20×1 年 8 月　　　　（金额单位：元）

受益部门	供电（单位成本 0.34 元）		供水（单位成本 3.50 元）	
	用电（度）	计划成本	用水（吨）	计划成本
供电车间			400	1 400
供水车间	3 000	1 020		
产品生产	27 000	9 180		
一般耗费	6 000	2 040	3 000	10 500
厂部管理部门	10 000	3 400	1 100	3 850
合　计	46 000	15 640	4 500	15 750
实际成本		16 765		15 680
成本差异		1 125		−70

注：① 供电车间实际成本=15 365+1 400=16 765（元）;
　　② 供水车间实际成本=14 660+1 020=15 680（元）。用电量和用水量来自查表所得的原始记录。

根据表 7.10 和表 7.11，编制会计分录如下。

（1）结转辅助生产计划成本。

借：生产成本——辅助生产成本——供电车间　1 400
　　　　　　　　　　　　　　——供水车间　1 020
　　生产成本——基本生产成本——甲产品　6 120
　　　　　　　　　　　　　　——乙产品　3 060
　　制造费用——基本生产车间　12 540
　　管理费用　7 250
　　贷：生产成本——辅助生产成本——供电车间　15 640
　　　　　　　　　　　　　　　　——供水车间　15 750

（2）结转辅助生产成本差异。为了简化成本计算工作，成本差异全部计入管理费用。

借：管理费用　1 055
　　贷：生产成本——辅助生产成本——供电车间　1 125
　　　　　　　　　　　　　　　　——供水车间　−70

第三步，分配制造费用。

根据基本生产车间制造费用明细账（账簿 7.5）归集的制造费用总额，编制制造费用分配表（如表 7.12 所示），并登记生产成本明细账和有关成本计算单，表中：

分配率=55 950 ÷ 150 000=0.373

表 7.11　产品生产用电分配表

20×1 年 8 月

产　品	生产工时（小时）	分配率（元/小时）	分配金额（元）
甲产品	100 000		6 120
乙产品	50 000		3 060
合　计	150 000	0.0612	9 180

表 7.12　制造费用分配表

车间名称：基本生产车间

产　品	生产工时（小时）	分配率（元/小时）	分配金额（元）
甲产品	100 000		37 300
乙产品	50 000		18 650
合　计	150 000	0.373	55 950

根据表 7.12，编制会计分录如下。

借：生产成本——基本生产成本——甲产品　　37 300

——乙产品　　18 650

贷：制造费用——基本生产车间　　55 950

第四步，在完工产品与在产品之间分配生产费用。

按约当产量法分别计算甲、乙两种产品月末在产品约当产量，计算情况如表 7.13 和表 7.14 所示。

表 7.13　在产品约当产量计算表

产品名称：甲产品　　（单位：件）

成本项目	在产品数量	完工程度	约当产量
直接材料	100	100%	100
直接人工	100	50%	50
制造费用	100	50%	50

表 7.14　在产品约当产量计算表

产品名称：乙产品　　（单位：件）

成本项目	在产品数量	完工程度	约当产量
直接材料	40	100%	40
直接人工	40	50%	20
制造费用	40	50%	20

编制甲、乙产品的产品成本计算单，如表 7.15、表 7.16 所示。表 7.15 中：

直接材料分配率=996 120÷600=1 660.20（元/件）

直接人工分配率=351 670÷550=639.40（元/件）

制造费用分配率=40 975÷550=74.50（元/件）

表 7.16 中：

直接材料分配率=742 800÷240=3 095（元/件）

直接人工分配率=176 000÷220=800（元/件）

制造费用分配率=22 000÷220=100（元/件）

表 7.15　产品成本计算单

产品名称：甲产品　　产成品：500 件　　在产品：100 件

摘　要	直接材料	直接人工	制造费用	合　计
月初在产品成本（元）	164 000	32 470	3 675	200 145
本月发生生产费用（元）	832 120	319 200	37 300	1 188 620
生产费用合计（元）	996 120	351 670	40 975	1 388 765
完工产品数量（件）	500	500	500	
在产品约当量（件）	100	50	50	
总约当产量（件）	600	550	550	
分配率（单位成本）(元/件）	1 660.20	639.40	74.50	2 374.10
完工产品总成本（元）	830 100	319 700	37 250	1 187 050
月末在产品成本（元）	166 020	31 970	3 725	201 715

第五步，编制完工产品成本汇总表。

根据表 7.15、表 7.16 中的分配结果，编制完工产品成本汇总表（见表 7.17），并据以结转完工产品成本。

表 7.16 产品成本计算单

产品名称：乙产品　　　　产成品：200 件　　　　在产品：40 件

摘　　要	直接材料	直接人工	制造费用	合　计
月初在产品成本（元）	123 740	16 400	3 350	143 490
本月发生生产费用（元）	619 060	159 600	18 650	797 310
生产费用合计（元）	742 800	176 000	22 000	940 800
完工产品数量（件）	200	200	200	
在产品约当量（件）	40	20	20	
总约当产量（件）	240	220	220	
分配率（单位成本）(元/件)	3 095	800	100	3 995
完工产品总成本（元）	619 000	160 000	20 000	799 000
月末在产品成本（元）	123 800	16 000	2 000	141 800

表 7.17 完工产品成本汇总表

20×1 年 8 月　　　　（单位：元）

成本项目	甲产品（500 件）		乙产品（200 件）	
	总成本	单位成本	总成本	单位成本
直接材料	830 100	1 660.20	619 000	3 095
直接人工	319 700	639.40	160 000	800
制造费用	37 250	74.50	20 000	100
合　　计	1 187 050	2 374.10	799 000	3 995

根据表 7.17 或表 7.15、表 7.16 及成品入库单，结转完工入库产品的生产成本。编制会计分录如下。

借：库存商品——甲产品　　1 187 050
　　　　　　——乙产品　　799 000
　贷：生产成本——基本生产成本——甲产品　　1 187 050
　　　　　　　　　　　　　　　——乙产品　　799 000

学习参考

品种法成本计算案例（补充）

本章小结

品种法主要适用于大批量、单步骤生产的企业。在大量、大批多步骤生产的企业中，如果企业生产规模小，而且成本管理上又不要求提供各步骤的生产成本资料，也可以采用品种法计算产品成本。企业的辅助生产车间也可以采用品种法计算其劳务成本。

品种法的主要特点：①以产品品种为成本计算对象；②按月定期计算产品成本；③适用于大量大批的单步骤生产。

品种法的计算程序如下。

（1）按产品品种设置产品成本明细账（或成本计算单）。

（2）根据各项生产费用发生的原始凭证和其他有关资料，编制各要素费用分配表。

（3）根据辅助生产成本明细账所归集的各项生产费用，编制“辅助生产费用分配表”。

（4）根据制造费用明细账归集的费用，编制“制造费用分配表”。

（5）对产品成本明细账中归集的各种产品费用，在月末采用适当的方法在完工产品与月末在产品之间进行分配，确定完工产品成本和月末在产品成本。

（6）根据各产品成本明细账中的产成品成本资料，编制产品成本汇总表。

习　题

一、单选题

1．产品成本计算方法中最基本的方法是（　　）。

A．分类法　B．分步法　C．品种法　D．定额法

2．下列方法中对加强成本定额管理、降低产品成本，具有重要作用的是（　　）。

A．分类法　B．分步法　C．品种法　D．定额法

3．企业产品品种、规格繁多，为了简化成本计算工作应采用的成本计算方法是（　　）。

A．分类法　B．分步法　C．品种法　D．定额法

4．采用定额法是为了（　　）。

A．简化成本计算工作　B．提高成本计算的准确性

C．加强成本的定额管理　D．计算产品的实际成本

5．品种法的特点是（　　）。

A．分批计算产品成本　B．分步计算产品成本

C．既分批计算又分步计算　D．按照产品品种计算成本

6．在大量、大批多步骤生产的情况下，如果管理上不要求分步骤计算产品成本，其采用的成本计算方法是（　　）。

A．品种法　B．分批法　C．分步法　D．分类法

7．品种法适用的生产组织是（　　）。

A．大量成批生产　B．大量大批生产　C．大量小批生产　D．单件小批生产

8．适用于大量大批单步骤生产的产品成本计算方法是（　　）。

A．品种法　B．分类法　C．分步法　D．分批法

二、多选题

1．为了适应各种类型生产的特点和管理要求，产品成本计算对象有（　　）。

A．产品品种　B．产品类别　C．产品生产步骤　D．产品批别

E．产品的定额成本

2．产品成本计算品种法的适用范围是（　　）。

A．单步骤生产　B．多步骤生产　C．大量生产　D．大批生产

E．管理上不要求分步骤计算成本的多步骤生产

3．品种法适用于（　　）。

A．大量大批单步骤生产

B．小批单件单步骤生产

C．管理上不要求分步骤计算产品成本的大量大批多步骤生产

D．管理上不要求分步骤计算产品成本的小批单件多步骤生产

4．受生产特点和管理要求的影响，在产品成本计算中有着下述不同的成本计算对象，即（　　）。

A．产品品种　　B．产品类别　　C．产品批别　　D．产品生产步骤

5．成本计算方法应根据（　　）来确定。

A．生产组织的特点　　B．成本管理要求

C．生产工艺的特点　　D．生产规模大小

三、计算题

1．某企业采用品种法计算产品成本。该企业生产 A、B 两种产品，月末在产品按所耗原材料费用计价，A、B 两种产品的共同费用按工人工资的比例分配。该企业 A 产品 2012 年 6 月初无在产品，B 产品的在产品实际成本为 4 400 元；6 月末，B 产品在产品负担的原材料费用为 6 800 元，A 产品全部完工。6 月发生下列经济业务。

（1）基本生产车间领用原材料，实际成本为 28 000 元，其中 A 产品耗用 8 000 元，B 产品耗用 20 000 元。

（2）基本生产车间领用低值易耗品，实际成本为 1 000 元，该企业低值易耗品采用一次摊销法。

（3）计提固定资产折旧费 2 400 元，其中车间折旧费 2 000 元，厂部管理部门折旧费 400 元。

（4）结算本月应付工资 10 000 元，其中生产工人工资 6 000 元（A 产品负担 2 400 元，B 产品负担 3 600 元），车间管理人员工资 1 000 元，厂部管理人员工资 3 000 元。提取职工福利费 1 400 元，其中生产工人 840 元（A 产品 336 元，B 产品 504 元），车间管理人员 140 元，厂部管理人员 420 元。

（5）分配制造费用。

要求：

（1）根据上述经济业务编制会计分录；

（2）分别计算 A、B 两种产成品总成本及 B 产品在产品成本。

2．中兴工厂二车间生产 A、B 两种产品，原材料在开始生产时一次性投入，成本计算采用品种法。共同耗用的原材料按定额消耗量比例进行分配；生产工人职工薪酬和制造费用按实际工时比例分配。20×0 年 10 月有关资料如下。

A 产品期初在产品成本：原材料 13 200 元，职工薪酬 4 600 元，制造费用 12 000 元。B 产品期初无在产品。

本月发生有关费用：原材料的实际成本为 66 300 元，A 产品实际生产工时为 26 000 小时，B 产品实际生产工时为 16 000 小时，职工薪酬总额为 16 800 元，制造费用总额为 6 300 元。A 产品和 B 产品甲材料的消耗定额分别为 4 000 千克和 2 500 千克。

A 产品完工产品和在产品的费用分配，按产量和约当产量比例分配，本月完工 2 100 千克，期末在产品 1 500 千克（完工程度 60%），系一次投料逐步加工，B 产品完工产量 1 000 千克，无期末在产品。

要求：

（1）编制原材料分配表，职工薪酬、制造费用分配表；

（2）计算完工产品总成本；

（3）编制产品成本入库的会计分录。

第八章

成本核算方法——分批法

知识目标

通过本章的学习，了解分批法的含义、特点和适用范围，以及生产费用的归集和产品成本计算方法，掌握简化分批法的特点和计算程序。

能力目标

通过本章的学习，掌握分批法计算成本的特点，以及分批法的成本计算对象、成本计算期和生产费用在完工产品与在产品之间分配三个方面的特点，掌握分批法的计算程序和账务处理。

第一节　分批法概述

一、分批法的概念及适用范围

分批法是以产品批次作为成本计算对象设置“生产成本”明细账，归集生产费用，计算产品成本的一种方法。

分批法适用于小批、单件的生产企业，如精密仪器、专用工具模具、专用设备制造以及新产品试制等企业，具体有以下几种情况。

（1）根据购买者订单生产的企业。这些企业专门根据客户的要求，生产特殊规格和特定数量的产品，也可根据客户的设计图样生产多件同样规模的产品，如特种仪器的小批量生产等。

（2）产品种类经常变动的小规模制造厂。这类企业规模小，工人数量少，要不断根据市场需要变动产品的种类和数量，不可能按产品设置流水线大量生产，必须按每批产品的投产来计算成本，如小五金厂的批量生产。

（3）承揽修理业务的工厂。这类企业往往根据合同规定，在生产成本基础上加约定利润进行结算，所以要提供每次修理业务的成本，如修船等业务。修理业务多种多样，均应根据承接的各种修理工作分别计算成本，向客户收取修理费。

（4）新产品试制车间。专门试制、开发新产品的车间要按新产品的种类分别计算成本。

总之，这些企业的共同特点是一批产品通常不重复生产，即使重复也是不定期的。因为这类企业生产产品的品种、规格及批量是按照购货单位的订单确定的，而各份订单所订购产品的品种、规格不同，生产工艺过程各异，因此企业是按照购货单位订单的要求分批组织生产，因而需要计算分批产品的成本。

二、分批法的特点

用分批法计算产品成本最突出的特点就是批量小，而且不稳定。计算分批产品的成本有以下几个特点。

（1）以产品批号或订单作为成本计算对象，据以开设“生产成本”明细账归集生产费用和计算产品成本。在单件小批生产企业中，产品的品种和每批产品的批量往往根据购货单位的订单确定，因而按照产品批次计算产品成本，也就是按照订单计算产品成本，所以又称订单法。在实际工作中，如果同一订单中包括几种不同种类的产品，为了考核和分析各种产品成本计划的完成情况并便于生产管理，要按照产品的品种分批组织生产，计算产品成本。如果购货单位订单中只要求生产一种产品，但数量较大或购货单位要求分批交货，可以把同一订单中的产品数量分为数批组织生产，计算产品成本。如果每一订单的订货数量过少，不便于组织生产，也可以把几个订单中的同种产品合并为一批组织生产，计算产品成本。如果在一张订单中只有一件产品，但这件产品是由许多部件装配而成的大型产品，如订购一艘船舶，它的生产周期很长，可以按部件分批组织生产，计算成本。

（2）成本计算期与产品生产周期相一致，而与会计报告期不一致。分批法的成本计算期与生产任务通知单的签发和结束相一致，各批产品的成本在其完工后计算确定。因此其成本计算期就是各批产品的生产周期，是不定期的，与会计报告期是不一致的。

（3）计算产品成本时，一般不存在完工产品和在产品之间分配费用的问题。因为某批产品完工前，“生产成本”明细账所归集的生产费用就是在产品成本，产品完工时，“生产成本”明细账所归集的生产费用就是完工产品成本，所以不需要在完工产品和在产品之间分配费用，计算产品成本。但是当批内产品有跨月陆续完工交货时，为了使收入与费用相配比，就需要将所归集的生产费用在完工产品与月末在产品之间进行分配。如当月完工产品的数量不多，占投产批量比重较小时，对完工产品可以先按计划单位成本或定额单位成本计价，作为完工产品成本，剩余的生产费用即为月末在产品成本。在该批产品全部完工时，另行计算该批产品的实际成本和单位成本，但对上月已入账的完工产品成本不再进行调整。如当月完工产品的数量较多，占投产批量比重较大，为保证成本计算的准确性，则应采用适当的方法，将所归集的生产费用在完工产品与月末在产品之间进行分配。

第二节　分批法的计算程序及计算方法

一、分批法的计算程序

采用分批法计算成本的一般程序如下（可参考图 8.1）。

（1）会计部门在生产开始时，根据生产计划部门签发的“生产任务通知单”所规定的产品批别，为每批产品开设“生产成本”明细账，按成本项目分设专栏，归集各批产品所发生的生产费用。

（2）每批产品所耗用的直接材料、工资费用，应直接计入该批产品“生产成本”明细账，对于各批产品共同发生的制造费用等间接费用，应按规定的分配方法分配计入各批产品成本计算。

（3）企业进行小批量生产或单件生产，批内产品可以同时完工。在单件或小批产品完工以前，“生产成本”明细账上汇集的生产费用就是在产品成本；产品完工时，所有的生产费用就是产成品总成本，除以产量就是单位成本。这样月末计算产品成本时就不存在完工产品与在产品之间分配生产费用的问题。

（4）在批量较大且批内产品有跨月陆续完工的情况下，如果月末完工产品的数量占批内数量的比重较小，为了简化计算工作，完工产品数量可以先按计划单位成本或定额单位成本等计算转出，在该批产品全部完工时，再计算该批产品的实际总成本和实际单位成本；如果月末完工产品的数量占全批产品的比重较大，为了正确计算产品成本，应该采用约当产量法、定额比例法等适当的分配方法，计算完工产品成本和月末在产品成本。

学习参考

分批法的核算程序和范围

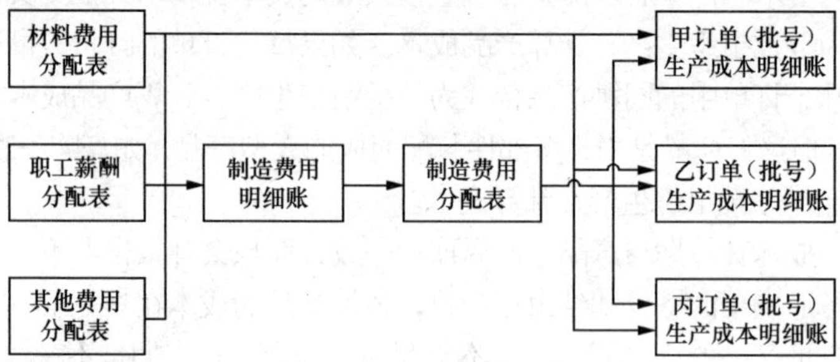

图 8.1　分批法成本计算的一般程序

二、分批法的成本计算方法

【例 8.1】 某制造企业生产甲、乙两种产品，生产组织属于小批生产，采用分批法计算产品成本，设置直接材料、直接人工、制造费用三个成本项目。该企业某年 11 月份生产的产品批号有：101 批甲产品 6 台，10 月份投产，本月全部完工；102 批甲产品 10 台，本月投产，本月完工 6 台；103 批乙产品 8 台，本月投产，本月完工 2 台。102 批甲产品原材料在生产开始时一次性投入，由于该批产品完工数量较大，其他费用在完工产品和在产品之间采用约当产量法分配，在产品完工程度为 50%。103 批乙产品由于完工数量较少，完工产品成本按计划成本结转，待该批产品全部完工后，再重新结算完工产品的总成本和单位成本。该企业 11 月份有关生产费用发生情况如下。

（1）根据材料领料单编制直接材料分配表，如表 8.1 所示。编制领用材料会计分录如下。

借：生产成本——101 批　　7 650
　　　　　　——102 批　　48 975
　　　　　　——103 批　　36 000
　　制造费用　　2 050
　　管理费用　　1 750
　　贷：原材料　　96 425

表 8.1　直接材料分配表

××××年 11 月　　（单位：元）

应借账户	直接材料
基本生产成本	
批号 101 甲产品	7 650
批号 102 甲产品	48 975
批号 103 乙产品	36 000
小　计	92 625
制造费用	2 050
管理费用	1 750
合　计	96 425

（2）根据有关凭证编制直接人工分配表，如表 8.2 所示。编制分配工资会计分录如下。

借：生产成本——101 批　　5 100
　　　　　　——102 批　　7 025
　　　　　　——103 批　　4 400
　　制造费用　　3 450
　　管理费用　　2 895
　　贷：应付职工薪酬　　22 870

（3）根据制造费用明细账（略），本月共发生制造费用 6 500 元，按生产工时比例进行分配，编制制造费用分配表，如表 8.3 所示。编制分配制造费用会计分录如下。

借：生产成本——101 批　　3 200
　　　　　　——102 批　　2 000
　　　　　　——103 批　　1 300
　　贷：制造费用　　6 500

表 8.2　直接人工分配表

××××年 11 月　（单位：元）

应借账户	直接人工
生产成本——基本生产	
批号 101 甲产品	5 100
批号 102 甲产品	7 025
批号 103 乙产品	4 400
小　计	16 525
制造费用	3 450
管理费用	2 895
合　计	22 870

表 8.3　制造费用分配表

××××年 11 月

产品批号	生产工时（小时）	分配率（元/小时）	分配金额（元）
批号 101 甲产品	8 000	0.4	3 200
批号 102 甲产品	5 000		2 000
批号 103 乙产品	3 250		1 300
合　计	16 250		6 500

（4）根据上述资料登记各批产品基本生产成本明细账，并计算完工产品总成本和单位成本，各批产品基本生产成本明细账见账簿 8.1、账簿 8.2、账簿 8.3。

账簿 8.1

基本生产成本明细账

产品批号：101 批　　产品名称：甲产品　　投产日期：××××年 10 月　　完工日期：××××年 11 月

产品批量：6 台　　（单位：元）

凭证 字	凭证 号	摘　要	成本项目 直接材料	直接人工	制造费用	合　计
		月初在产品	13 800	8 200	6 150	28 150
（略）		分配材料费用	7 650			7 650
		分配人工费用		5 100		5 100
		分配制造费用			3 200	3 200
		合　计	21 450	13 300	9 350	44 100
		结转完工产品成本（6 台）	21 450	13 300	9 350	44 100
		单位产品成本	3 575	2 216.67	1 558.33	7 350

账簿 8.2

基本生产成本明细账

产品批号：102 批　　产品名称：甲产品　　投产日期：××××年 11 月　　完工日期：

产品批量：10 台　　完工数量：6 台　　（单位：元）

凭证 字	凭证 号	摘　要	直接材料	直接人工	制造费用	合　计
		分配材料费用	48 975			48 975
（略）		分配人工费用		7 025		7 025
		分配制造费用			2 000	2 000
		合　计	48 975	7 025	2 000	58 000
		结转完工产品成本（6 台）	29 385	5 268.75	1 500	36 153.75
		单位成本	4 897.5	878.125	250	
		月末在产品成本	19 590	1 756.25	500	21 846.25

$$产成品应分配的直接材料费用=\frac{48\,975}{10}\times6=29\,385（元）$$

$$产成品应分配的直接人工费用=\frac{7\,025}{6+4\times50\%}\times6=5\,268.75（元）$$

$$产成品应分配的制造费用=\frac{2\,000}{6+4\times50\%}\times6=1\,500（元）$$

账簿 8.3

基本生产成本明细账

产品批号：103 批　　产品名称：乙产品　　投产日期：××××年 11 月　　完工日期：

产品批量：8 台　　完工数量：2 台　　（单位：元）

凭证 字	凭证 号	摘　要	直接材料	直接人工	制造费用	合　计
		分配材料费用	36 000			36 000
（略）		分配人工费用		4 400		4 400
		分配制造费用			1 300	1 300
		本月生产费用合计	36 000	4 400	1 300	41 700
		每台计划成本	5 500	1 700	500	7 700
		结转完工产品成本（2 台）	11 000	3 400	1 000	15 400
		月末在产品成本	25 000	1 000	300	26 300

（5）根据上述基本生产成本明细账，结转完工产品成本，编制会计分录如下。

借：库存商品——甲产品　　80 253.75

　　　　　　——乙产品　　15 400

　　贷：生产成本——101 批　　44 100

　　　　　　　　——102 批　　36 153.75

　　　　　　　　——103 批　　15 400

三、简化分批法

分批法下成本计算，不论一批产品是否完工，当月发生的直接材料、直接人工等直接费用和制造费用等间接费用都要计入各批产品成本明细账。但是，一些生产企业同一月份内投产的产品批数很多，有的多达几十批，月末没有完工产品的批数也较多，在这种情况下，各种间接费用在各批产品之间按月进行分配的工作就极为繁重。为了减轻成本计算工作量，在投产批数较多而且月末未完工批数较多的企业，可以采用一种不分批计算在产品成本的简化分批法。

1. 简化分批法的特点

简化分批法是指每月发生的能直接分清每批产品所承担的直接费用（直接材料），可以直接分配记入每批产品成本明细账，而对每月发生的间接费用（间接人工、制造费用）不是按月在各批产品之间进行分配，而是将各项间接费用和工时累计起来，到产品完工时，才按照完工产品累计工时的比例，在各批完工产品之间进行分配。其成本计算特点如下。

（1）设立“生产成本”二级账。将月内各批别产品发生的生产费用（按成本项目）以及生产工时登记在“生产成本”二级账中。

（2）按产品批别设立“生产成本”明细账，与“生产成本”二级账平行登记，但该生产成本明细账在产品完工前只登记直接材料费用和生产工时，在没有完工产品的情况下，不分配间接费用。

（3）在有完工产品的月份，根据“生产成本”二级账的记录资料，计算全部产品累计间接计入费用分配率，按完工产品的累计工时乘以累计间接计入费用分配率计算和分配其应负担的间接费用，并将间接费用记入按产品批别设置的“生产成本”明细账，其计算公式为

全部产品累计间接费用分配率=全部产品累计间接费用÷全部产品累计工时

某批完工产品应负担的间接费用=该批完工产品累计工时×全部产品累计间接费用分配率

未完工的在产品不分配间接费用，即不分批计算在产品成本。

（4）最后，将计算出的各批已完工产品总成本记入“生产成本”二级账，并计算出月末各批在产品总成本。

2. 简化分批法成本核算程序

简化分批法成本核算程序如图 8.2 所示。

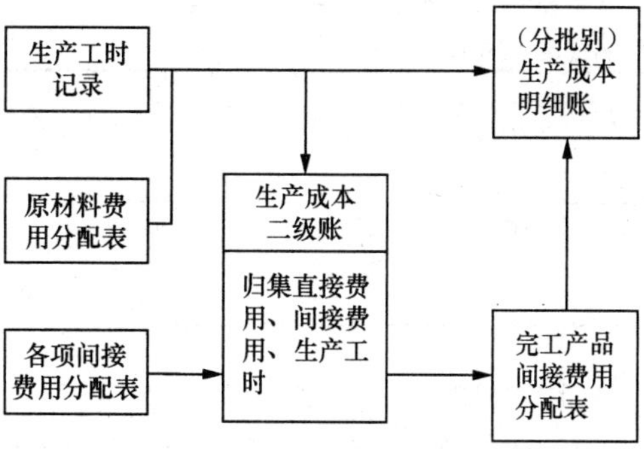

图 8.2　简化分批法成本核算程序

【例 8.2】 某工厂生产组织属于小批生产，生产批别多，生产周期长，每月的月末经常有大量未完工的产品批数。为了简化核算工作，采用简化分批法计算产品成本。该企业某年 9 月的资料如下。

（1）9 月份生产批号如下。

801 批：甲产品 10 件，7 月投产，本月全部完工；月初直接材料费用 82 400 元，生产工时 10 640 小时；本月直接材料费用 15 000 元，生产工时 4 670 小时。

802 批：乙产品 10 台，8 月投产，本月完工 2 台；月初直接材料费用 49 600 元，生产工时

6 100 小时；原材料为一次性投入，本月生产工时 2 390 小时，完工产品实际工时 6 490 小时。

803 批：丙产品 8 台，本月投产，本月尚未完工；本月直接材料费用 42 000 元，生产工时 2 200 小时。

（2）月初全厂工资及福利费为 2 510 元，制造费用 5 360 元，本月发生工资及福利费 7 890 元，制造费用 10 240 元。

产品成本计算过程见账簿 8.4 至账簿 8.7。累计间接费用分配率为

工资及福利费分配率=10 400 ÷ 26 000=0.4（元/小时）

制造费用分配率=15 600 ÷ 26 000=0.6（元/小时）

账簿 8.4

生产成本二级账

（各批产品总成本）

××××年		摘　要	直接材料（元）	生产工时（小时）	工资及福利费（元）	制造费用（元）	合 计（元）
月	日						
8	31	余　额	132 000	16 740	2 510	5 360	139 870
9	30	本月发生	57 000	9 260	7 890	10 240	75 130
		累计余额	189 000	26 000	10 400	15 600	215 000
		累计间接费用分配率			0.4	0.6	
		完工转出	107 320	21 800	8 720	13 080	168 800
		余　额	81 680	4 200	1 680	2 520	46 200

账簿 8.5

基本生产成本明细账

产品批号：801 批　　　　投产日期：××××年 7 月

产品名称：甲产品　　　　完工日期：××××年 9 月

产品批量：10 件

××××年		摘　要	直接材料（元）	生产工时（小时）	工资及福利费（元）	制造费用（元）	合 计（元）
月	日						
8	31	余　额	82 400	10 640			82 400
9	30	本月发生	15 000	4 670			15 000
		累计余额	97 400	15 310			97 400
		累计间接费用分配率			0.4	0.6	
		完工产品成本（10 件）	97 400	15 310	6 124	9 186	112 710
		完工产品单位成本	9 740		612.4	918.6	11 271

完工产品工资及福利费=15 310×0.4=6 124（元）

完工产品制造费用=15 310×0.6=9 186（元）

账簿 8.6

基本生产成本明细账

产品批号：802 批　　产品名称：乙产品　　投产日期：××××年 8 月　　完工日期：

产品批量：10 台　　完工数量：本月完工 2 台

××××年		摘要	直接材料（元）	生产工时（小时）	工资及福利费（元）	制造费用（元）	合计（元）
月	日						
8	31	余额	49 600	6 100			49 600
9	30	本月发生		2 390			
		累计余额	49 600	8 490			49 600
		累计间接费用分配率			0.4	0.6	
		完工产品成本（2 台）	9 920	6 490	2 596	3 894	16 410
		完工产品单位成本	4 960		1 298	1 947	8 205
		在产品成本	39 680	2 000			

完工产品直接材料费用=49 600÷10×2=9 920（元）

完工产品工资及福利费=6 490×0.4=2 596（元）

完工产品制造费用=6 490×0.6=3 894（元）

账簿 8.7

基本生产成本明细账

产品批号：803 批　　产品名称：丙产品　　投产日期：××××年 9 月　　完工日期：

产品批量：8 台　　完工数量：

××××年		摘要	直接材料（元）	生产工时（小时）	工资及福利费（元）	制造费用（元）	合计（元）
月	日						
9	30	本月发生	42 000	2 200			42 000
		余额	42 000	2 200			42 000

由于 803 批产品没有完工，所以在生产成本明细账中只登记直接材料费用和生产工时。编制会计分录如下。

借：库存商品——甲产品　　112 710

　　　　　　——乙产品　　16 410

　贷：生产成本——801 批　　112 710

　　　　　　　——802 批　　16 410

3. 简化分批法的优缺点及适用范围

简化分批法也称累计间接费用分配法，这种方法与前述一般的分批法不同之处在于：每月发生的各项间接费用不是按月在各批产品成本明细账中进行分配，而是利用累计间接费用分配率，到产品完工时在各批完工产品之间进行分配。这就大大简化了间接费用的分配和登记工作，而且月末未完工产品的批数越多，核算工作就越简化。

学习参考

分批法补充例题

但是，在这种方法下，由于各批未完工产品的生产成本明细账中未计入应负担的间接费用（工资及福利费、制造费用等），因而不能完整地反映各批未完工产品的在产品成本。同时，间接费用不是每月在各批产品之间进行分配，而是按照完工月份的间接费用分配率一次分配计入完工产品成本的，因此，在各月间接费用水平相差悬殊的情况下，就会影响各月产品成本计算的正确性。例如，前几个月的间接费用水平高，本月间接费用水平低，而某批产品本月投产、当月完工，在这种情况下，按累计间接费用分配率分配计算的该批完工产品的成本就会发生不应有的偏高。另外，如果月末未完工产品的批数不多，也不宜采用这一方法。所以，简化分批法主要适用于单件小批的生产企业，生产的批数很多，月末未完工批数也多的情况。

本章小结

分批法的成本计算对象为产品的批别或订单。

分批法适用于小批、单件生产的企业，企业内部的修理车间和工具车间等也可以使用分批法。

分批法的成本核算程序：设立相关的产品成本计算单或成本明细账；编制各种费用分配表；根据费用分配表登记各该产品成本计算单或成本明细账；在各该成本计算单上计算完工产品成本和在产品成本；结转完工产品成本。

简化分批法的成本核算程序：设立“生产成本”二级账；设立各该产品成本计算单（只登记直接费用）；在有完工产品的月份，在二级账计算累计间接费用分配率；根据累计间接费用分配率计算完工产品应负担的间接费用，同时计算完工产品的总成本和单位成本；结转完工产品成本（各成本计算单转出完工产品成本之和应等于基本生产成本二级账转出数）；期末将基本生产成本二级账余额与各该产品成本计算单核对，各该成本计算单期末余额之和应等于基本生产成本二级账余额。

习　题

一、单选题

1．简化的分批法是（　　）。

A．不计算在产品成本的分批法　　B．不分批计算在产品成本的分批法

C．采用累计的分配率分配生产费用的方法　D．在产品完工以前不登记生产费用的方法

2．关于成本计算的分批法，下列说法正确的是（　　）。

A．没有完工产品与在产品之间费用分配问题

B．成本的计算期与会计报告期往往是不一致的

C．适用于小批、单件生产

D．以上说法都正确

3．下列情况中不适于采用简化分批法的是（　　）。

A．各月间接费用水平相差不大　　B．月末在产品批数较多

C．同一月份投产的产品批数很多　　D．各月间接费用较多

4．采用简化的分批法计算产品成本，全部产品累计间接费用分配率（　　）。

A．只是各批产品之间分配间接费用的依据

B．只是各批在产品之间分配间接费用的依据

C．既是各批产品之间又是完工产品与月末在产品之间分配间接费用的依据

D．是完工产品与月末在产品之间分配间接费用的依据

5.采用简化的分批法，各批产品、完工产品与在产品之间间接费用的分配，都是依据(　　)进行的。

A．全部产品累计间接费用分配率　　B．全部产品累计生产工时

C．全部产品累计原材料费用分配率　　D．全部产品间接费用分配率

6．采用分批法计算产品成本时，应按（　　）。

A．每种产品设置产品成本明细账　　B．每批产品设置产品成本明细账

C．每个类别设置产品成本明细账　　D．每个步骤设置产品成本明细账

7．采用（　　）计算产品成本，必须设置基本生产成本二级账。

A．品种法　　B．简化分批法　　C．平行结转分步法　　D．定额法

8．采用分批法计算产品成本的企业，各批产品（　　）归集生产费用。

A．按月　　B．按生产周期

C．按产品成本的计算期　　D．按月或按生产周期

9．分批法产品成本的计算是（　　）的。

A．定期　　B．不定期　　C．可定期，也可不定期　D．无期

10．采用简化的分批法计算产品成本，对发生的间接费用，可以先在（　　）中，按成本项目累计起来。

A．产品成本明细账　　B．产品成本二级账

C．产品成本总账　　D．间接费用明细账

二、多选题

1．产品成本计算的分批法适用于（　　）。

A．单件小批生产　　B．小批单步骤生产

C．小批量、管理上不要求分步骤计算产品成本的多步骤生产

D．大量大批单步骤生产　　E．大量大批多步骤生产

2．成本计算分批法的特点是（　　）。

A．以产品的批别或订单作为成本计算对象

B．成本的计算期不固定　　C．按月计算产品成本

D．月末一般不需要在完工产品和在产品之间分配生产费用

E．按产品的批别设置产品成本明细账

3．采用分批法计算产品成本，如果批内产品跨月陆续完工，则（　　）。

A．月末需要计算完工产品成本和在产品成本

B．月末要将生产费用在完工产品和在产品之间进行分配

C．月末不需要将生产费用在完工产品和在产品之间进行分配

D．月末不需要计算产品成本

E．可以在有了完工产品时先计算完工产品成本

4．分批法的主要特点有（　　）。

A．以产品的批量作为成本计算对象　　B．以产品的批别或订单作为成本计算对象

C．以产品的生产周期作为成本的计算期

D．月末通常需要在完工产品和在产品之间分配生产费用

E．月末通常不需要在完工产品和在产品之间分配生产费用

5．分批法下，对于同一批别内先期完工并需要分批交货的产品，可采用（　　）来计算此部分完工产品的成本。

A．实际成本　　B．计划成本　　C．定额成本

D．近期同种产品的实际成本　　E．估计成本

三、判断题

1．相比较而言，简化分批法下的月末完工产品的批数越多，成本的核算工作就越简化。（　　）

2．采用简化的分批法计算产品成本，全部产品某项累计间接费用分配率等于全部产品该项本月间接费用除以全部产品累计生产工时。（　　）

3．分批法是按照产品的批别归集生产费用，计算产品成本的一种方法。（　　）

4．分批法适用于小批、单件，管理上不要求分步骤计算成本的多步骤生产。（　　）

5．重型机器、船舶、精密仪器、专用设备及服装等的生产适宜采用分批法。（　　）

6．分批法也被称为订单法。（　　）

7．分批法以产品的生产周期作为成本的计算期。（　　）

8．分批法产品成本的计算是不定期的。（　　）

9．分批法月末通常不需要在完工产品和在产品之间分配生产费用。（　　）

10．分批法下，对于同一批别内先期完工并需要分批交货的产品，可采用估计成本来计算此部分完工产品的成本。（　　）

四、业务题

练习产品成本计算分批法的应用。

【资料】某厂生产组织属于小批生产，1月生产A、B、C三种产品，有关资料如下。

（1）1月1日有批号为101批的A在产品10台，其成本为直接材料47 800元，直接人工19 876元，制造费用11 795元。

（2）1月31日，按各费用分配表分配计入各批产品的生产费用如表8.4所示。

表8.4　各批产品的生产费用　（单位：元）

批号	直接材料	直接人工	制造费用	合计
101		5 922	2 914	8 836
102	43 560	17 600	9 000	70 160
103	35 235	15 312	7 812	58 359

（3）月末上月投产的101批A产品10台已全部完工。本月份投产的102批B产品20台，已完工10台，其余10台为在产品，原材料已100%投入，加工程度为40%，用约当产量法计算完工产品和在产品成本。本月投产的103批C产品15台，已完工3台，其余12台为在产品，为了简化计算，完工产品按定额成本计价，其单位定额成本为：直接材料781元，直接人工426元，制造费用217元。

要求：根据上述资料，采用分批法登记基本生产成本明细账，计算各批产品的完工产成品和月末在产品成本。

第九章

成本核算方法——分步法

知识目标

通过本章的学习，了解分步法的特点、适用范围及其划分；了解逐步结转分步法的特点、优缺点和适用范围；了解分项结转和综合结转的特点及优缺点；了解平行结转分步法的特点及优缺点，理解平行结转分步法的计算程序；了解平行结转分步法与逐步结转分步法的区别。

能力目标

通过本章的学习，掌握逐步结转分步法的计算程序及账务处理；掌握综合成本项目结转下的成本还原；掌握平行结转分步法的应用。

第一节　分步法概述

一、分步法的概念及适用范围

分步法是以产品生产步骤作为成本计算对象来归集生产费用，计算产品成本的一种方法。

分步法适用于大批量生产并在管理上要求分步骤计算成本的多步骤生产的企业，如冶金、纺织、造纸、机械制造等企业。在这些生产企业中，产品生产可以分为若干个生产步骤进行。例如，钢铁企业可分为炼铁、炼钢、轧钢等步骤；纺织企业可分为纺纱、织布等步骤；造纸企业可分为制浆、制纸、包装等步骤；机械制造企业可分为铸造、加工、装配等步骤。从原材料投入生产到产成品完工，除最后一个步骤外，其他各个步骤所生产完成的都是各种半成品。为了适应企业的生产特点和管理要求，不仅需要计算产成品成本，还要求按生产步骤计算半成品成本。

二、分步法的特点

分步法主要有以下两个特点。

（1）以每种产品及其所经过的生产步骤作为成本计算对象，据以开设“生产成本”明细账归集生产费用和计算产品成本。如果企业只生产一种产品，成本计算对象就是这种产品及其所经过的各生产步骤。如果企业生产的是多种产品，成本计算对象就是各种产品及其所经过的各生产步骤，“生产成本”明细账应按每一生产步骤的每一种产品开设。各步骤发生的直接材料、直接人工等直接费用应直接记入各种产品成本明细账。对于某步骤发生的间接费用，应先按生产步骤归集，然后按一定标准在该步骤的各种产品之间进行分配。必须指出，成本计算步骤与实际生产步骤不一定完全一致，各企业根据本企业成本管理的需要进行成本核算。有些企业，一个生产步骤就是一个车间，分步计算成本就是分车间计算成本；如果企业生产规模不大、管理上又不要求分车间计算成本，为简化计算，也可以把几个车间合并为一个步骤计算成本；如果企业生产规模较大，管理上又要求分步计算，车间内也可以分成几个生产步骤计算成本。

（2）按月定期计算产品成本，成本计算期与会计报告期一致，而与产品生产周期不一致。

学习参考

分步法的计算程序和范围

由于分步法适用于大量大批的多步骤生产企业，生产的产品往往跨月陆续完工，月末经常存在一定数量的在产品，因而需要将各步骤“生产成本”明细账归集的生产费用，采用适当的分配方法在完工产品和在产品之间定期于每月的月末进行分配，计算出各种产品在各步骤上的完工产品和月末在产品的成本，然后按照产品品种结转各步骤的完工产品成本，最后计算出每种产品的产品成本。

在实际工作中，由于成本管理要求的不同，分步法在计算和结转各步骤生产成本时，可分为逐步结转分步法和平行结转分步法两种方法。

第二节　逐步结转分步法的计算程序及计算方法

一、逐步结转分步法的概念及适用范围

逐步结转分步法也称顺序分步法，是按照产品连续加工的先后顺序逐步计算并结转各步骤半成品成本，直到最后的加工步骤，计算出产成品成本的一种方法。这种方法因为要计算半成品成本，并且要结转到下一生产步骤，逐步累计计算出产成品成本，因此，这种方法又称计算半成品成本分步法。

逐步结转分步法与企业生产工艺过程特点有着密切的联系。企业的生产从原材料投入到产成品完工，要按顺序经过各个生产步骤，前面各个步骤生产的都是半成品，只有最后步骤生产的才是产成品。如纺织企业的生产工艺过程包括纺纱、织布和漂染三个生产步骤。在这种情况下，需要采用逐步结转分步法，计算各生产步骤半成品成本和完工产品成本。其原因主要有以下三点。一是计算产成品成本的需要。因为第二生产步骤的加工对象是第一生产步骤的半成品，没有第一生产步骤半成品的成本，就无法计算第二生产步骤半成品的成本，依此类推，没有各生产步骤的半成品成本，就无法计算最后生产步骤产成品的成本。二是成本控制的需要。在激烈的市场竞争中，为有效地控制各生产步骤的生产耗费和资金占用水平，要求及时计算和掌握各生产步骤半成品成本及各生产步骤之间结转的半成品成本。三是对外销售的需要。有的企业生产的半成品往往作为商品销售给其他企业，因此要求计算半成品的成本，以分析和考核半成品销售的收益水平。

二、逐步结转分步法的特点

逐步结转分步法有以下两个特点。

（1）成本计算对象是各生产步骤半成品成本和最后完工产品成本。按各生产步骤分产品品种设置“生产成本”明细账，各步骤都计算半成品成本，并且半成品成本结转与半成品实物的

转移一致，也就是按产品的加工顺序，先计算第一步半成品成本，随着第一生产步骤实物转移到第二生产步骤，其半成品成本也结转到第二生产步骤，第二生产步骤将第一生产步骤转来的半成品成本加上本步骤发生的费用，计算出第二生产步骤半成品成本，再随半成品实物结转，生产成本结转给第三生产步骤。如此顺序逐步结转累计，直至最后加工步骤计算出产成品成本。

（2）按月计算半成品成本和完工产品成本。每月终了应将各生产步骤“生产成本”明细账中归集的生产费用，包括本生产步骤发生的费用和上一生产步骤转来的半成品成本，在完工产品（半成品或产成品）和在产品（狭义在产品）之间进行分配，以便计算出各生产步骤的半成品成本，逐步结转计算出产成品的成本。

三、逐步结转分步法的计算程序

逐步结转分步法的计算程序是按生产步骤的顺序进行的，具体内容如下。

（1）按生产产品的生产步骤和产品品种设置“生产成本”明细账。

（2）各生产步骤的直接费用（直接材料、直接人工及其他直接费用）直接记入各生产步骤的“生产成本”明细账内。间接费用（制造费用）则要先进行归集，然后采用一定的分配方法，在各生产步骤内部进行分配，记入各该生产步骤的“生产成本”明细账内。

（3）将上一步所产生的半成品成本，随着半成品实物的转移，从上一生产步骤的“生产成本”明细账中转入下一生产步骤的“生产成本”明细账中，这样逐步计算出半成品成本和最后一个生产步骤的产成品成本。

（4）月末，各生产步骤成本明细账中归集的各项生产费用（包括所耗用上一生产步骤半成品的费用）要在完工半成品（最后一个生产步骤为产成品）与本生产步骤月末在产品之间进行分配，以计算出完工半成品（最后一步为产成品）的总成本和单位成本。

逐步结转分步法核算程序如图9.1所示。

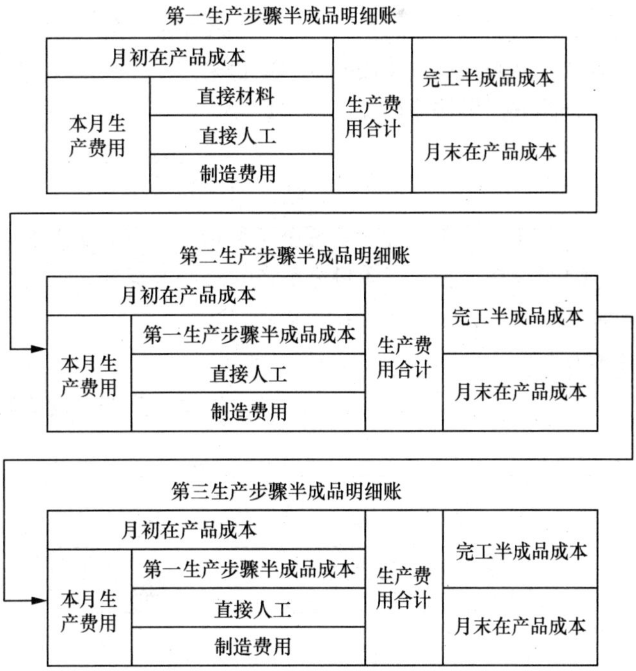

图9.1　逐步结转分步法核算程序（不入库）

企业各生产步骤所产出的半成品不仅由本企业进一步加工，而且还经常作为商品对外销售。因此，各生产步骤半成品完工后，如果直接被下一生产步骤领用，不入库，半成品成本就在各步骤的“生产成本”明细账之间直接结转，借记“生产成本——第二步骤”账户，贷记“生产成本——第一步骤”账户，如图9.1所示。如果半成品需要通过半成品仓库，下一生产步骤则通过半成品仓库领用上一生产步骤的半成品。半成品验收入库时，应借记

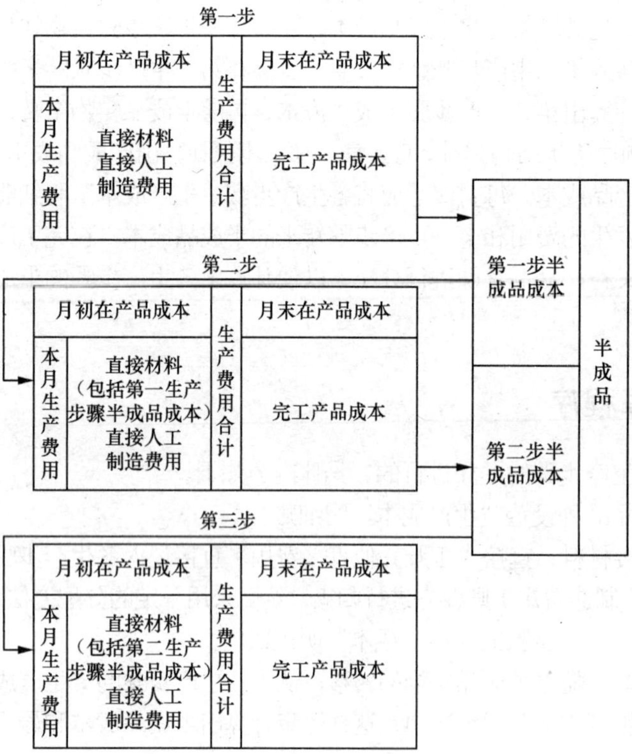

图 9.2　逐步结转分步法核算程序（入库）

“自制半成品”账户，贷记“生产成本”账户；下一生产步骤领用时，借记“生产成本”账户，贷记“自制半成品”账户，程序如图 9.2 所示。

半成品需要通过半成品仓库收交，领用自制半成品可视同领用材料进行核算，这种逐步结转分步法实际上是几个品种法的连续应用，适用于多步骤连续式生产。

采用逐步结转分步法计算产品成本时，各生产步骤的半成品成本随着半成品实物的转移，结转到下一生产步骤相同产品成本明细账中，可以按“半成品”项目综合列示，也可以按原始成本项目分项列示。由于半成品在下一生产步骤成本明细账中的反映方法不同，逐步结转分步法又可分为分项结转分步法和综合结转分步法。

1. 分项结转分步法

分项结转分步法是指上一生产步骤转入下一生产步骤的半成品成本，按照成本项目分项转入各生产步骤“生产成本”明细账的各个成本项目中。如果半成品通过半成品仓库收发，那么自制半成品明细账也要按照成本项目来登记半成品成本。采用分项结转分步法计算出来的产品成本，能够提供按原始成本项目反映的产品成本资料。

【例 9.1】 某企业生产甲产品须经过两个生产步骤，分别由两个车间进行，第一车间生产半成品，交半成品仓库验收，第二车间按所需半成品从半成品仓库领用，所耗半成品成本按全月一次加权平均单价计算。两个车间的月末在产品均按定额成本计价。成本计算程序如下。

（1）根据各种生产费用分配表和第一车间在产品定额成本资料，登记第一车间甲产品半成品成本明细账，如账簿 9.1 所示。

账簿 9.1

基本生产成本明细账

第一车间：甲半成品　　　　完工半成品：100 件　　　　（单位：元）

凭证		摘　要	成本项目			
字	号		直接材料	直接人工	制造费用	合　计
		月初在产品（定额成本）	6 000	3 000	2 000	11 000
		本月发生生产费用	25 000	8 500	7 000	40 500
（略）		合　计	31 000	11 500	9 000	51 500
		完工半成品成本转出	−25 500	−9 000	−7 500	−42 000
		在产品成本（定额成本）	5 500	2 500	1 500	9 500

编制甲产品半成品入库的会计分录如下。

借：自制半成品——甲半成品 42 000

贷：生产成本——第一车间（甲产品半成品） 42 000

（2）根据第一车间甲半成品明细账、第一车间半成品交库单和第二车间半成品领用单，登记自制半成品明细账，如账簿 9.2 所示。

账簿 9.2

自制半成品明细账

名称：甲半成品

凭证		摘　要	产量	成本项目（元）			
字	号		（件）	直接材料	直接人工	制造费用	合　计
		月初余额	20	5 220	1 920	1 380	8 520
（略）		本月入库	100	25 500	9 000	7 500	42 000
		合　计	120	30 720	10 920	8 880	50 520
		单位成本		256	91	74	421
		本月领用	110	28 160	10 010	8 140	46 310
		余　额	10	2 560	910	740	4 210

编制领用甲半成品会计分录如下。

借：生产成本——第二车间（甲半成品） 46 310

贷：自制半成品——甲半成品 46 310

（3）根据各种费用分配表、半成品领用单、自制半成品明细账、产成品交库单和第二车间在产品成本定额成本资料，登记第二车间甲产品明细账，如账簿 9.3 所示。

账簿 9.3

基本生产成本明细账

第二车间：甲产品　　　　完工产成品：105 件　　　　（单位：元）

凭证		摘　要	成 本 项 目			
字	号		直接材料	直接人工	制造费用	合　计
		月初在产品（定额成本）	7 500	2 500	2 000	12 000
		本月发生生产费用		5 500	4 060	9 560
		本月领用上步半成品	28 160	10 010	8 140	46 310
（略）		合　计	35 660	18 010	14 200	67 870
		完工产成品成本转出	−29 660	−14 910	−12 200	−56 770
		在产品成本（定额成本）	6 000	3 100	2 000	11 100

根据产成品入库单和生产成本明细账，结转完工产品成本，编制会计分录如下。

借：库存商品——甲产品 56 770

贷：生产成本——第二车间（甲产品） 56 770

需要说明的是，采用“分项结转”时，上一生产步骤转入下一生产步骤的半成品成本的计价方式，可以按半成品实际成本计价，也可以按半成品的计划成本计价，但在用计划成本结转时，要按成本项目调整成本差异，工作量太大，因而大多采用按实际成本分项结转的方法。

2. 综合结转分步法

综合结转分步法是指各生产步骤所耗上一生产步骤的半成品成本，以“直接材料”或专设“半成品”成本项目，综合记入下一生产步骤产品的“生产成本”明细账中。

结转各步骤半成品成本一般按实际成本结转，也可按计划成本或定额成本结转。半成品成本按实际成本结转就是指各生产步骤的上一生产步骤的半成品成本，根据所耗半成品的数量乘以半成品的实际单位成本计算。由于各月所生产半成品的单位成本不同，可以采用先进先出法、加权平均法等方法计算当月耗用半成品的实际单位成本。在计划成本或定额成本资料比较准确的企业，半成品成本也可采用计划成本或定额成本结转，但月末要计算半成品的成本差异率，将耗用半成品的计划成本调整为实际成本。

【例9.2】 某企业生产乙产品须经过两个生产步骤，分别由两个车间进行，第一车间生产的半成品交半成品仓库验收，第二车间按所需半成品从半成品仓库领用，所耗半成品成本按全月一次加权平均单价计算。两个车间的月末在产品均按定额成本计价。成本计算程序如下。

（1）根据各种生产费用分配表和第一车间在产品定额成本资料，登记第一车间乙半成品“生产成本”明细账，如账簿9.4所示。

账簿9.4

基本生产成本明细账

第一车间：乙半成品　　　　完工半成品：200件　　　　（单位：元）

凭证		摘　要	成本项目			
字	号		直接材料	直接人工	制造费用	合　计
		月初在产品（定额成本）	5 000	2 000	1 500	8 500
（略）		本月发生生产费用	35 000	10 000	8 000	53 000
		合　计	40 000	12 000	9 500	61 500
		完工半成品成本转出	−34 500	−9 800	−7 700	−52 000
		在产品成本（定额成本）	5 500	2 200	1 800	9 500

编制乙半成品入库的会计分录如下。

借：自制半成品——乙半成品　　52 000

　　贷：生产成本——第一车间（乙半成品）　　52 000

（2）根据第一车间乙半成品明细账、第一车间半成品交库单和第二车间半成品领用单，登记自制半成品明细账，如账簿9.5所示。

$$半成品加权平均单价=\frac{12\ 500+52\ 000}{50+200}=258（元）$$

$$本月领用半成品实际成本=150\times 258=38\ 700（元）$$

编制领用乙半成品会计分录如下。

借：生产成本——第二车间（乙产品）　　38 700

　　贷：自制半成品——乙半成品　　38 700

账簿 9.5

自制半成品明细账

名称：乙半成品

凭证		摘　要	收入			发出			结存		
字	号		数量（件）	单价（元/件）	金额（元）	数量（件）	单价（元/件）	金额（元）	数量（件）	单价（元/件）	金额（元）
		期初余额							50	250	12 500
（略）		本月入库	200	260	52 000						
		本月领用				150	258	38 700	100	258	25 800

（3）根据各种费用分配表、半成品领用单、自制半成品明细账、产成品交库单和第二车间在产品成本定额成本资料，登记第二车间乙产品“生产成本”明细账，如账簿 9.6 所示。根据产成品入库单和生产成本明细账，结转完工产品成本，编制会计分录。

借：库存商品——乙产品　52 600

　　贷：生产成本——第二车间（乙产品）　52 600

账簿 9.6

基本生产成本明细账

第二车间：乙产品　　　　完工产成品：100 件　　　　（单位：元）

凭证		摘　要	成本项目			
字	号		半成品	直接人工	制造费用	合　计
		月初在产品（定额成本）	8 500	2 500	1 500	12 500
（略）		本月发生生产费用		5 500	4 000	9 500
		本月领用上步骤半成品	38 700			38 700
		合　计	47 200	8 000	5 500	60 700
		完工产成品成本转出	-41 350	-6 650	-4 600	-52 600
		在产品成本（定额成本）	5 850	1 350	900	8 100

从例 9.2 中可以看出，在综合结转分步法下各生产步骤耗用上一生产步骤的半成品成本，是以“直接材料”或“半成品”项目综合反映在下一生产步骤产品“生产成本”明细账上，自制半成品明细账可采用数量金额式，核算工作比较简便，但不能提供按原始成本项目反映的成本资料。特别是在生产步骤较多的情况下，逐步综合结转以后，表现在产成品成本中的绝大部分费用必然是“半成品”费用，而直接人工和制造费用只是最后一个步骤的费用，它不能反映产品成本结构的实际情况。为了正确反映产品成本的构成和进行成本对比和分析，需要将产成品成本中的“半成品”综合成本项目进行成本还原，即将产成品所耗半成品的综合成本分解还原为按规定成本项目反映的分项成本，也就是按原始成本项目反映产成品成本的构成。

所谓成本还原，就是将产品成本中的“半成品”项目的成本逐步分解为“直接材料”“直接人工”和“制造费用”等原始成本项目，以求得按原始成本项目反映的产成品成本资料。成本还原的程序一般是从最后一个生产步骤起，把各生产步骤半成品的综合成本逐步还原，直至还原到第一生产步骤。

成本还原有成本项目比重还原法和还原分配率法两种方法。成本项目比重还原法是半成品按上一生产步骤半成品中各成本项目占其全部的比重进行还原。还原分配率法是半成品按上一生产步骤半成品成本还原率进行还原。

【例 9.3】 接例 9.2，企业第二车间生产的乙产品明细账中的本月产成品中耗用的半成品成本为 41 350 元（见账簿 9.6），按照第一车间生产成本明细账中算出本月半成品成本为 52 000 元（见账簿 9.4、账簿 9.5）的各成本项目比重进行还原，求出按原始成本项目反映的乙产品成本。具体计算、还原的结果见表 9.1。

表 9.1　产品成本还原计算表

项　目	产量（件）	半成品（元）	直接材料（元）	直接人工（元）	制造费用（元）	合计（元）
还原前产成品成本	100	41 350		6 650	4 600	52 600
本月所产半成品成本			34 500	9 800	7 700	52 000
本月所产半成品成本结构			0.663 5	0.188 5	0.148 0	1
产成品成本中半成品的还原成本		−41 350	27 435.73	7 794.48	6 119.79	
还原后产成品总成本	100		27 435.73	14 444.48	10 719.79	52 600
还原后产成品单位成本			274.36	144.44	107.20	526

$$直接材料比重=\frac{34\,500}{52\,000}=0.663\,5$$

$$直接人工比重=\frac{9\,800}{52\,000}=0.188\,5$$

$$制造费用比重=\frac{7\,700}{52\,000}=0.148\,0$$

产成品中半成品成本还原数据计算如下。

直接材料=41 350×0.663 5=27 435.73（元）

直接人工=41 350×0.188 5=7 794.48（元）

制造费用=41 350−27 435.73−7 794.48=6 119.79（元）

【例 9.4】 按照例 9.3 的半成品成本的还原计算原理，将有关计算程序进行变化，公式如下。

$$成本还原分配率=\frac{本月产成品所耗上一步骤半成品的总成本}{本月所产半成品的总成本}$$

$$\begin{matrix}本步骤还原后各\\成本项目成本\end{matrix}=\frac{本月所产半成品}{各成本项目的成本}\times成本还原分配率$$

产品成本还原数据计算如下。

$$成本还原分配率=\frac{41\,350}{52\,000}=0.795\,2$$

直接材料=0.795 2×34 500=27 434.4（元）

直接人工=0.795 2×9 800=7 792.96（元）

制造费用=0.795 2×7 700=6 123.04（元）

以上费用还原过程中共同使用的比例就是还原分配率，具体还原计算程序如表 9.2 所示。

表 9.2 产品成本还原计算表

项 目	产量（件）	半成品（元）	直接材料（元）	直接人工（元）	制造费用（元）	合计（元）
还原前产成品成本	100	41 350		6 650	4 600	52 600
本月所产半成品成本			34 500	9 800	7 700	52 000
产成品成本中半成品的还原成本		−41 350	27 434.4	7 792.96	6 123.04	
还原后产成品总成本	100		27 434.4	14 442.96	10 723.04	52 600
还原后产成品单位成本			274.34	144.43	107.23	526

例 9.4 计算结果表明，以上两种成本还原方法的道理相同，都是将本生产步骤耗用的半成品的综合成本按上一生产步骤的成本构成进行还原，这种还原方法计算比较简便，但如果各月半成品成本结构变化较大，采用这种方法还原的结果是不够准确的，因此，它适用于各月半成品成本结构变动不大的企业。如果各月半成品的成本结构变化较大，可采用按各月半成品加权平均的成本结构进行还原，结果比较准确，但计算过程复杂，工作量较大。

上述的成本还原方法是以产品实际成本结构为基础，在实际工作中，如果半成品的定额成本或计划成本比较准确，产成品所耗上一生产步骤半成品成本也可按半成品的定额成本或计划成本的结构进行还原。

需要指出的是，如果生产步骤为三步，则应再还原一次；如果是四步，则应还原三次，直到将半成品项目全部分解，还原成为原始成本项目为止。

第三节 平行结转分步法的计算程序及计算方法

一、平行结转分步法的概念及适用范围

平行结转分步法是指各生产步骤不计算半成品成本，也不计算各生产步骤所耗用上一生产步骤的半成品成本，而只计算本生产步骤发生的其他各项费用以及这些费用中应计入产成品成本的“份额”，然后将各生产步骤应计入同一产品成本的份额经过平行结转汇总来计算出产成品成本的一种方法。

平行结转分步法适用于不需要计算半成品成本的连续式、多步骤生产企业和大量大批装配式生产企业，这类产品的生产过程是先将各种原材料平行地加工为各种零部件，然后再装配成各种产成品。如电子产品制造企业，由多个生产步骤平行生产多种电子元配件，然后装配成电子产品。这类企业的特点是各生产步骤生产的半成品种类多，半成品出售的情况较少，在管理上也不要求计算半成品成本。

二、平行结转分步法的计算程序

采用平行结转分步法，首先，按产品的生产步骤和产品品种开设“生产成本”明细账，按成本项目归集发生的生产费用，但不包括上一生产步骤转来的半成品成本；其次，将各生产步骤归集的生产费用在完工产成品与月末在产品之间进行分配，以确定应计入产成品成本的数额，汇总计算完工产成品成本。平行结转分步法计算程序如图9.3所示。

从上述平行结转分步法程序可以看出，平行结转分步法与逐步结转分步法相比较有以下几个特点。

（1）各生产步骤不计算半成品成本。各生产步骤只归集本生产步骤耗用的原材料和加工费用，不计算半成品成本。不论半成品是通过仓库收发，还是在各加工步骤之间直接转移，都不通过“自制半成品”账户进行金额核算，仅对自制半成品进行数量核算。

（2）各生产步骤之间不结转半成品成本。在生产过程中，上一生产步骤产出半成品实物转入下一生产步骤继续加工时，自制半成品的成本不随同实物转移而结转，即使通过半成品仓库收发也不予以结转。

（3）计算各生产步骤应计入产成品成本的生产费用。月末各生产步骤归集的生产费用在应计入完工产成品成本与月末在产品成本之间进行分配，以确定各生产步骤应计入完工产品的生产费用份额。各生产步骤将归集的生产费用在完工产成品与月末在产品成本之间进行分配，主要采用在产品按定额成本计算法、定额比例计算法和约当产量比例计算法等。

（4）通过汇总各生产步骤应计入产成品成本的生产费用确认完工产品成本。月末将各生产步骤应计入完工产成品成本的生产费用的份额进行汇总，即为完工产成品的总成本，将产成品总成本除以完工产成品数量，即为完工产成品的单位成本。

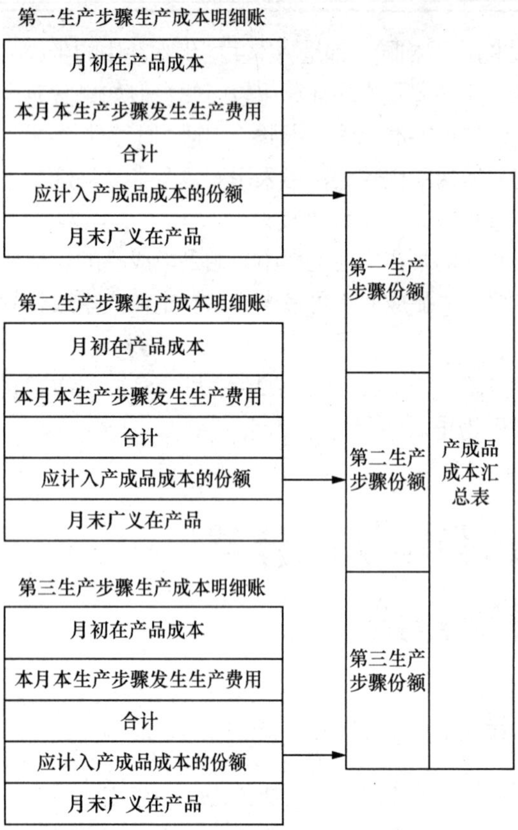

图9.3　平行结转分步法计算程序

三、平行结转分步法的计算方法

平行结转分步法也按生产步骤设置“生产成本”明细账，各生产步骤除了领用自制半成品不进行金额核算外，领用原材料和发生加工费用的核算方法与逐步结转分步法相同，月末各生产步骤确定应计入产成品成本的生产费用后，将其直接从各生产步骤的“生产成本”明细账账户转入“产成品”账户。

【例9.5】 某企业8月份生产的C产品是由一件N部件和两件M部件装配制成，N部件由一车间生产，M 部件由二车间生产，然后由装配车间负责装配，这三个车间分别为第一、第二、第三生产步骤，第一、第二生产步骤的原材料均在开始生产时一次性投入，有关各生产步骤的生产资料如表 9.3 至表 9.5 所示。

（1）根据前列资料登记各步骤的生产成本明细账，如账簿 9.7 至账簿 9.9 所示。

表 9.3　各生产步骤月初在产品成本　（单位：元）

生产步骤	直接材料	直接人工	制造费用	合计
第一步骤	5 500	3 500	2 000	11 000
第二步骤	6 300	4 500	3 700	14 500
第三步骤		5 800	1 200	7 000

表 9.4　各生产步骤本月份发生的生产费用　（单位：元）

生产步骤	直接材料	直接人工	制造费用	合计
第一步骤	30 000	18 000	12 000	60 000
第二步骤	32 000	19 000	11 000	62 000
第三步骤		20 000	12 000	32 000

表 9.5　各生产步骤投产和完工情况

半成品或产成品	月初在产品（件）	本月投产（件）	本月完工（件）	月末在产品（件）	在产品完工程度（%）
N 部件	150	750	700	200	80%
M 部件	250	1 150	1 200	200	70%
C 产品	200	550	600	150	60%

账簿 9.7

基本生产成本明细账

第一车间：第一步骤　　半成品名称：N 部件　　（单位：元）

凭证		摘　要	成本项目			
字	号		直接材料	直接人工	制造费用	合　计
		月初在产品	5 500	3 500	2 000	11 000
（略）		本月发生生产费用	30 000	18 000	12 000	60 000
		合　计	35 500	21 500	14 000	71 000
		应计入产成品成本的份额	23 666.64	15 000	9 767.46	48 434.1
		月末在产品成本	11 833.36	6 500	4 232.54	22 565.9

应计入产成品成本的份额计算如下。

$$直接材料费用分配率=\frac{35\,500}{700+200}=39.444\,4（元/件）$$

$$直接人工费用分配率=\frac{21\,500}{700+200\times80\%}=25（元/件）$$

$$制造费用分配率=\frac{14\,000}{700+200\times80\%}=16.279\,1（元/件）$$

应计入产成品成本的直接材料费用=600×39.444 4=23 666.64（元）

应计入产成品成本的直接人工费用=600×25=15 000（元）

应计入产成品成本的制造费用=600×16.279 1=9 767.46（元）

账簿 9.8

基本生产成本明细账

第一车间：第二步骤　　　　半成品名称：M 部件　　　　（单位：元）

凭证字	凭证号	摘　要	成本项目 直接材料	直接人工	制造费用	合　计
		月初在产品	6 300	4 500	3 700	14 500
（略）		本月发生生产费用	32 000	19 000	11 000	62 000
		合　计	38 300	23 500	14 700	76 500
		应计入产成品成本的份额	32 828.52	21 044.76	13 164.12	67 037.4
		月末在产品成本	5 471.48	2 455.24	1 535.88	9 462.6

应计入产成品成本的份额计算如下。

$$直接材料费用分配率=\frac{38\,300}{1\,200+200}=27.357\,1（元/件）$$

$$直接人工费用分配率=\frac{23\,500}{1\,200+200\times 70\%}=17.537\,3（元/件）$$

$$制造费用分配率=\frac{14\,700}{1\,200+200\times 70\%}=10.970\,1（元/件）$$

应计入产成品成本的直接材料费用=600×2×27.357 1=32 828.52（元）

应计入产成品成本的直接人工费用=600×2×17.537 3=21 044.76（元）

应计入产成品成本的制造费用=600×2×10.970 1=13 164.12（元）

账簿 9.9

基本生产成本明细账

第一车间：第三步骤　　　　产成品：C 产品　　　　（单位：元）

凭证字	凭证号	摘　要	成本项目 直接材料	直接人工	制造费用	合　计
		月初在产品		5 800	1 200	7 000
（略）		本月发生生产费用		20 000	12 000	32 000
		合　计		25 800	13 200	39 000
		应计入产成品成本的份额		22 434.78	11 478.24	33 913.02
		月末在产品成本		3 365.22	1 721.76	5 086.98

应计入产成品成本的份额计算如下。

$$直接人工费用分配率=\frac{25\,800}{600+150\times 60\%}=37.391\,3（元/件）$$

$$制造费用分配率=\frac{13\,200}{600+150\times 60\%}=19.130\,4（元/件）$$

应计入产成品成本的直接人工费用=600×37.391 3=22 434.78（元）

应计入产成品成本的制造费用=600×19.130 4=11 478.24（元）

（2）根据各生产步骤明细账编制产品成本计算表，如表 9.6 所示。

表 9.6　产品成本汇总计算表

产品名称：C 产品　　　　　　　　　　（单位：元）

项　　目	直接材料	直接人工	制造费用	合　　计
第一步骤计入完工产品成本份额	23 666.64	15 000	9 767.46	48 434.1
第二步骤计入完工产品成本份额	32 828.52	21 044.76	13 164.12	67 037.4
第三步骤计入完工产品成本份额		22 434.78	11 478.24	33 913.02
合　　计	56 495.16	58 479.54	34 409.82	149 384.52

根据表 9.6，结转完工产品成本，做会计分录如下。

借：库存商品——C 产品　　149 384.52

　贷：生产成本——第一步骤　　48 434.1

　　　　　　——第二步骤　　67 037.4

　　　　　　——第三步骤　　33 913.02

【例 9.6】 某企业生产甲产品，经过三个生产步骤。原材料在生产开始时一次性投入，各生产步骤在产品的完工程度均为 50%。生产费用在完工产品和在产品之间采用约当产量比例法进行分配，产品成本计算采用平行结转分步法。某月有关产量和成本资料见表 9.7、表 9.8、表 9.9。

（1）根据前列资料登记各步骤的生产成本明细账，如账簿 9.10 至账簿 9.12 所示。

（2）根据各生产步骤明细账编制产品成本计算表，见表 9.10。

根据表 9.10，结转完工产品成本，做会计分录如下。

借：库存商品——甲产品　　34 090

　贷：生产成本——第一步骤　　20 300

　　　　　　——第二步骤　　7 770

　　　　　　——第三步骤　　6 020

表 9.7　产量记录表　　（单位：件）

项　　目	第一步骤	第二步骤	第三步骤
月初在产品	30	50	20
本月投产	80	90	110
本月完工	90	110	70
月末在产品	20	30	60

表 9.8　各生产步骤月初在产品成本　　（单位：元）

生产步骤	直接材料	直接人工	制造费用	合　计
第一步骤	6 000	3 800	2 700	12 500
第二步骤		4 070	2 125	6 195
第三步骤		1 500	800	2 300

表 9.9　各生产步骤本月份发生的生产费用　　（单位：元）

生产步骤	直接材料	直接人工	制造费用	合　计
第一步骤	21 000	9 800	7 500	38 300
第二步骤		5 500	4 400	9 900
第三步骤		3 600	2 700	6 300

约当产量=产成品数量+第三步骤在产品数量+第二步骤在产品数量+本步骤在产品约当产量

直接材料费用约当产量=70+60+30+20=180（件）

其他费用约当产量=70+60+30+20×50%=170（件）

直接材料分配率=$\frac{27\,000}{180}$=150（元/件）　　直接人工分配率=$\frac{13\,600}{170}$=80（元/件）

制造费用分配率=$\frac{10\,200}{170}$=60（元/件）

账簿 9.10

基本生产成本明细账

第一车间：第一步骤　　（金额单位：元）

凭证字	凭证号	摘要	直接材料	直接人工	制造费用	合计
		月初在产品	6 000	3 800	2 700	12 500
（略）		本月发生生产费用	21 000	9 800	7 500	38 300
		合计	27 000	13 600	10 200	50 800
		约当产量（件）	180	170	170	
		分配率（单位成本）	150	80	60	290
		应计入产成品成本的份额	10 500	5 600	4 200	20 300
		月末在产品成本	16 500	8 000	6 000	30 500

账簿 9.11

基本生产成本明细账

第一车间：第二步骤　　（金额单位：元）

凭证字	凭证号	摘要	直接材料	直接人工	制造费用	合计
		月初在产品		4 070	2 125	6 195
（略）		本月发生生产费用		5 500	4 400	9 900
		合计		9 570	6 525	16 095
		约当产量（件）		145	145	
		分配率（单位成本）		66	45	111
		应计入产成品成本的份额		4 620	3 150	7 770
		月末在产品成本		4 950	3 375	8 325

约当产量=70+60+30×50%=145（件）　　直接人工分配率=$\frac{9\,570}{145}$=66（元/件）

制造费用分配率=$\frac{6\,525}{145}$=45（元/件）

账簿 9.12

产成品明细账

第一车间：第三步骤　　（金额单位：元）

凭证字	凭证号	摘要	直接材料	直接人工	制造费用	合计
		月初在产品		1 500	800	2 300
（略）		本月发生生产费用		3 600	2 700	6 300
		合计		5 100	3 500	8 600
		约当产量（件）		100	100	
		分配率（单位成本）		51	35	86
		应计入产成品成本的份额		3 570	2 450	6 020
		月末在产品成本		1 530	1 050	2 580

约当产量=70＋60×50%=100（件）　　直接人工分配率=$\frac{5100}{100}$=51（元/件）

制造费用分配率=$\frac{3\ 500}{100}$=35（元/件）

表 9.10　产品成本汇总计算表

产品名称：甲产品　　　　产量：70 件　　　　（单位：元）

项　目	直接材料	直接人工	制造费用	合计
第一步骤计入完工产品成本份额	10 500	5 600	4 200	20 300
第二步骤计入完工产品成本份额		4 620	3 150	7 770
第三步骤计入完工产品成本份额		3 570	2 450	6 020
产成品总成本	−10 500	−13 790	−9 800	−34 090
单位成本	150	197	140	487

四、平行结转分步法的优缺点及适用范围

平行结转分步法的优点是：首先，各生产步骤可以同时计算本生产步骤生产所耗应计入完工产成品成本的生产费用，通过汇总后，计算完工产成品的成本，避免了逐步结转半成品成本，从而简化了成本计算工作；其次，能够直接按成本的原始项目反映产品成本的构成，不必进行成本还原，节省了大量的计算工作，有利于及时提供成本信息。其缺点是：首先，由于不能反映各生产步骤半成品成本，因此难以全面反映各生产步骤实际耗费的生产费用，不利于各生产步骤成本的管理、分析和考核；其次，各生产步骤的半成品未完工前，在产品成本仍保留在原生产步骤中，造成半成品实物转移与资金转移不一致，不利于各生产步骤的实物管理与资金管理。因此，这种方法适用于大量大批多步骤生产，各步骤半成品不具独立经济意义和管理上不要求计算各步骤半成品成本的企业。

学习参考

分步法补充例题

本章小结

分步法是产品成本计算基本方法中的一种重要方法。分步法以其是否计算半成品成本为标志，又可分为逐步结转分步法和平行结转分步法。

逐步结转分步法又称顺序结转分步法。该方法的显著特点是能够提供各生产步骤完整的半成品成本资料，因此此方法又称为“计算半成品成本法”。它适用于半成品具有独立的经济意义、半成品外销式和管理上要求提供半成品资料的连续式大量大批或单件小批多步骤生产的企业。

平行结转分步法是一种只计算本生产步骤发生的各项生产费用，以及这些费用中应计入最终完工产品成本的份额，然后将各生产步骤应计入同一产品成本的份额平行汇总，计算产品成本的一种方法。

逐步结转分步法与平行结转分步法的区别主要表现在以下方面：①半成品成本的计算：前

者要计算各生产步骤半成品成本，后者不计算各生产步骤半成品成本；②成本计算程序：前者按生产步骤逐步结转半成品成本，最后步骤完工产品成本即为产成品成本，后者平行地计算各步骤应计入产成品的份额，汇总即为产成品成本。

习　题

一、单选题

1．成本还原的对象是（　　）。

A．完工产品　　B．倒数第二生产步骤本月所产半成品成本

C．最后生产步骤完工产品成本　　D．各生产步骤半成品成本

2．采用平行结转分步法，（　　）。

A．不能反映各生产步骤的生产耗费水平　B．能反映各生产步骤的生产耗费水平

C．能反映第一生产步骤的生产耗费水平　D．能反映最后的生产耗费水平

3．成本还原就是对产品成本从最后一个生产步骤开始，逐步将产品所耗用的前一步骤半成品的综合成本按照（　　）分解还原为其原来的构成项目，直至成为原始成本项目为止的一种成本计算工作。

A．本月所耗半成品的成本项目结构

B．本月完工产品的成本项目结构

C．上一生产步骤所产该种半成品的成本项目结构

D．上一生产步骤月末在产品的成本项目结构

4．综合结转分步法实际上就是各生产步骤相互间多个（　　）的连续应用。

A．品种法　　B．分批法　　C．分步法　　D．定额法

5．采用平行结转分步法计算成本，不论半成品是在各生产步骤之间直接结转，还是通过半成品仓库收发结转，都（　　）科目进行总分类核算。

A．不通过“自制半成品”　　B．通过“自制半成品”

C．不通过“库存商品”　　D．通过“库存商品”

6．下列方法中，不计算半成品成本的分步法是（　　）。

A．平行结转分步法　　B．逐步结转分步法

C．综合结转法　　D．分项结转法

7．逐步结转分步法下，自制半成品入库时，应借记（　　）账户。

A．“库存商品”　B．“自制半成品”　C．“基本生产成本”　D．“制造费用”

8．综合结转法进行成本还原的目的是为了按（　　）反映完工产品成本。

A．费用要素　　B．成本项目　　C．实际成本　　D．原始成本项目

9．成本还原是从（　　）生产步骤起，将完工产品所耗半成品的成本，按上一生产步骤本月所产半成品成本项目比例分解还原为其原来成本项目的一种成本计算工作。

A．第一个　　B．倒数第二个　　C．最后一个　　D．第二个

10．平行结转分步法的特点是（ ）。

A．各生产步骤只对本生产步骤生产的半成品进行平行结转

B．各生产步骤只计算本生产步骤所发生的各种生产费用以及这些费用中应计入完工产品成本的份额

C．各生产步骤只计算本生产步骤发生的各种费用

D．各生产步骤不生产半成品，因而不需要计算半成品成本

二、多选题

1．分步法适用于（ ）。

A．大量生产　　B．大批生产

C．成批生产　　D．多步骤生产

E．小批生产

2．采用逐步结转分步法，按半成品成本在下一生产步骤成本计算单中反映方法的不同，可以分为（ ）。

A．平行结转　B．综合结转　C．分项结转　D．汇总结转

3．平行结转分步法的特点是（ ）。

A．各生产步骤半成品成本要随着半成品实物的流转而结转

B．各生产步骤半成品成本不随着半成品实物的流转而结转

C．成本计算对象是完工产品成本份额

D．需要计算并结转完工半成品成本

E．不需要计算并结转完工半成品成本

4．采用逐步结转分步法（ ）。

A．半成品成本的结转同其实物的流转是同步进行的

B．成本核算手续简便

C．能够提供半成品成本资料

D．有利于加强生产资金管理

E．为对外销售半成品和对各车间成本指标考核提供成本资料

5．分步法主要适用于大量大批的多步骤生产，如（ ）等企业。

A．纺织　　B．冶金造纸

C．钢铁　　D．发电

E．机器制造

6．综合结转可以按照半成品的（ ）进行。

A．实际成本　　B．计划成本

C．预测成本　　D．目标成本

E．定额成本

7．半成品按计划成本综合结转时，自制半成品明细账既要反映实际成本，也要反映半成品收发结存的（ ）。

A．计划成本　　B．目标成本

C．上年成本　　D．成本差异率
E．成本差异额

8．所谓成本还原就是将完工产品所耗用的前一生产步骤半成品的综合成本分解还原为原始的（　　）等项目的一种成本计算工作。

A．直接材料　　B．直接工资
C．直接支出　　D．其他直接支出
E．制造费用

9．平行结转分步法只归集（　　）。

A．各生产步骤本身所发生的费用　　B．各生产步骤耗用的前一步骤费用
C．各生产步骤的直接费用　　D．各生产步骤的间接费用
E．各生产步骤应计入完工产品成本的份额

10．综合结转法是将各生产步骤所耗用的前一生产步骤半成品成本，以（　　）的形式，综合计入各该步骤生产成本明细账中的方法。

A．完工产品　　B．在产品
C．直接材料　　D．半成品
E．成本项目

三、判断题

1．综合结转分步法能够提供各生产步骤的半成品成本资料，而分项结转分步法却不能。（　　）

2．分步法的成本计算对象是每种产品和每种产品所经过的生产步骤。（　　）

3．计算产品成本时，分步法应当按照产品的生产步骤设立产品成本明细账。（　　）

4．分步法可进一步细分为单步骤结转分步法和多步骤结转分步法两种方法。（　　）

5．逐步结转分步法主要适用于按照成本管理的要求，需要提供各个生产步骤半成品成本资料的企业。（　　）

6．综合结转法是将各生产步骤所耗用前一生产步骤半成品的成本，以“直接材料”或“半成品”项目的形式，综合计入各该步骤产品成本明细账中的方法。（　　）

7．成本还原是对产品成本从最后一个生产步骤开始，逐步将各生产步骤半成品的综合成本分解还原为原始成本项目的一项成本计算工作。（　　）

8．分项结转法是将各生产步骤半成品成本，按照其成本项目分项结转记入各该生产步骤产品成本明细账的对应成本项目上，最终计算完工产品成本的方法。（　　）

9．平行结转分步法各生产步骤不计算半成品成本。（　　）

10．怎样正确地将各生产步骤的生产费用在完工产品和广义在产品之间进行合理的分配，是平行结转分步法计算产品成本的核心问题。（　　）

四、业务题

1．练习逐步分项结转分步法的应用。

【资料】某厂生产甲产品要经过三个生产步骤，第一生产步骤生产子半成品，第二生产步骤生产丑半成品，子、丑半成品均由仓库负责收发。该厂原材料在开始生产时一次性投入，各步骤的月末在产品均按定额成本计价计算。有关资料如下：①3 月 1 日，生产成本各明细账账户余额如表 9.11 所示；②3 月 1 日，各自制半成品明细账账户余额如表 9.12 所示；③3 月 31 日，对各费用经分配汇总表汇总分配后，对各生产步骤的生产费用进行了账务处理，记入各步骤生产成本明细账中的本月生产费用合计（半成品除外）如表 9.13 所示（第二生产步骤从仓库领用子半成品 950 件，第三生产步骤从仓库领用丑半成品 1 000 件，半成品采用加权平均法计价）；④各生产步骤本月半成品或产成品投产、完工和月末在产品的数量如表 9.14 所示；⑤各生产步骤月末在产品的单位定额成本如表 9.15 所示。完工半成品和产成品已全部验收入库。

表 9.11　生产成本各明细账账户余额　（单位：元）

生产步骤	直接材料	直接人工	制造费用	合计
第一步骤	8 100	1 600	1 000	10 700
第二步骤	10 100	6 900	4 000	21 000
第三步骤	6 900	6 150	4 800	17 850

表 9.12　各自制半成品明细账账户余额

自制半成品	数量（件）	直接材料		直接人工		制造费用		合　计	
		单价（元/件）	金额（元）	单价（元/件）	金额（元）	单价（元/件）	金额（元）	单价（元/件）	金额（元）
子半成品	300	41	12 300	16	4 800	10	3 000	67	20 100
丑半成品	400	40	160 000	32	12 800	15	6 000	87	34 800

表 9.13　本月生产费用合计　（单位：元）

生产步骤	直接材料	直接人工	制造费用	合　计
第一生产步骤	45 000	18 000	11 000	74 000
第二生产步骤		17 000	10 000	27 000
第三生产步骤		17 500	10 500	28 000

要求：

（1）开设“生产成本”明细账和“自制半成品”明细账；

（2）登记各“生产成本”明细账和“自制半成品”明细账，计算第一、第二生产步骤自制半成品成本，并编制自制半成品验收入库和领用的会计分录；

（3）计算完工产品成本，并编制产成品验收入库会计分录。

表 9.14　各生产步骤产品数量　（单位：件）

生产步骤	月初在产品	本月投产	本月完工	月末在产品
第一生产步骤	200	1 100	1 050	250
第二生产步骤	250	950	1 000	200
第三生产步骤	150	1 000	900	250

表 9.15　各生产步骤月末在产品的单位定额成本　（单位：元/件）

生产步骤	直接材料	直接人工	制造费用	合计
第一生产步骤	40.5	8	5	53.5
第二生产步骤	40.4	27.6	16	84
第三生产步骤	46	41	32	119

2．练习逐步综合结转分步法的应用。

【资料】某厂生产甲产品要经过三个生产步骤，第一生产步骤生产子半成品，第二生产步骤生产丑半成品，子、丑半成品均由仓库负责收发。该厂原材料在开始生产时一次性投入，各步骤的月末在产品均按定额成本计价计算。有关资料如下。

表 9.16　生产成本各明细账账户余额　（单位：元）

生产步骤	半成品	直接材料	直接人工	制造费用	合　计
第一生产步骤		8 100	1 600	1 000	10 700
第二生产步骤	16 000		3 500	1 500	21 000
第三生产步骤	15 000		1 650	1 200	17 850

（1）3 月 1 日，生产成本各明细账账户余额如表 9.16 所示。

（2）3 月 1 日，各自制半成品明细账账户余额如表 9.17 所示。

（3）3 月 31 日，对各费用经分配汇总表汇总分配后，对各生产步骤的生产费用进行了账务处理，记入各步骤生产成本明细账中的本月生产费用合计（半成品除外）如表 9.18 所示。第二生产步骤从仓库领用子半成品 950 件，第三生产步骤从仓库领用丑半成品 1 000 件，半成品采用加权平均法计价。

表 9.17　各自制半成品明细账账户余额

	数量（件）	单价（元/件）	金额（元）
子半成品	300	67	20 100
丑半成品	400	87	34 800

表 9.18　各步骤生产成本明细账的本月生产费用合计　（单位：元）

生产步骤	直接材料	直接人工	制造费用	合　计
第一生产步骤	45 000	18 000	11 000	74 000
第二生产步骤		17 000	10 000	27 000
第三生产步骤		17 500	10 500	28 000

（4）各生产步骤本月半成品或产成品投产、完工和月末在产品的数量如表 9.19 所示。

（5）各生产步骤月末在产品的单位定额成本如表 9.20 所示。

完工半成品和产成品已全部验收入库。

表 9.19　各生产步骤本月产品的数量　（单位：件）

生产步骤	月初在产品	本月投产	本月完工	月末在产品
第一生产步骤	200	1 100	1 050	250
第二生产步骤	250	950	1 000	200
第三生产步骤	150	1 000	900	250

表 9.20　各生产步骤月末在产品的单位定额成本　（单位：元/件）

生产步骤	半成品	直接材料	直接人工	制造费用	合　计
第一生产步骤		40.5	8	5	53.5
第二生产步骤	64		14	6	84
第三生产步骤	100		11	8	119

要求：

（1）开设“生产成本”明细账和“自制半成品”明细账；

（2）登记各“生产成本”明细账和“自制半成品”明细账，计算第一、第二生产步骤自制半成品成本，并编制自制半成品验收入库和领用的会计分录；

（3）计算完工产品成本，并编制产成品验收入库会计分录；

（4）将计算的完工产品成本分别用成本还原率法和项目比重还原法编制产品成本还原计算表，进行成本还原。

3．练习产品成本计算平行结转分步法的应用。

【资料】某厂设有三个生产车间，第一车间生产甲半成品，交第二车间继续加工，第二车间生产乙半成品，交第三车间生产丙产成品。成本计算采用平行结转分步法，材料在第一车间生产开始时一次性投入，各生产步骤正在加工的在产品完工率均按50%计算，各生产步骤生产费用在完工产品和在产品之间的分配采用约当产量比例法分配。①该厂某年10月份产量记录如表9.21所示。②10月1日各生产步骤月初在产品成本如表9.22所示。③各生产步骤10月份发生的生产费用如表9.23所示。

表 9.21　该厂某年 10 月份产量记录　（单位：件）

项　目	第一车间	第二车间	第三车间
期初在产品	20	30	40
本期投入	100	80	60
本月完工转出	80	60	70
期末在产品	40	50	30

表 9.22　10 月 1 日各生产步骤月初在产品成本　（单位：元）

生产车间	直接材料	直接人工	制造费用	合　计
第一车间	10 000	8 500	7 000	25 500
第二车间		5 000	3 000	8 000
第三车间		2 000	3 000	5 000

表 9.23　各生产步骤 10 月份发生的生产费用　（单位：元）

生产车间	直接材料	直接人工	制造费用	合　计
第一车间	85 000	18 700	13 400	117 100
第二车间		20 000	9 500	29 500
第三车间		15 000	3 800	18 800

要求：计算各生产步骤应计入产成品成本的“份额”及月末在产品成本，并编制产品成本汇总表和产成品入库的会计分录。

4．练习平行结转分步法的应用。

【资料】某工厂生产的甲产品由两件A部件和一件B部件组成。A部件由一车间生产，B部件由二车间生产，然后由装配车间负责装配，这三个车间分别为第一、第二、第三生产步骤，第一、第二生产步骤的原材料均在生产开始时一次性投入，有关各生产步骤的资料如下：①各生产步骤月初在产品成本如表9.24所示。②各生产步骤本月发生的生产费用如表9.25所示。③各生产步骤投产和完工情况如表9.26所示。

表 9.24　各生产步骤月初在产品成本　（单位：元）

生产步骤	直接材料	直接人工	制造费用	合　计
第一生产步骤	8 960	2 186	1 384	12 530
第二生产步骤	9 080	3 220	1 860	14 160
第三生产步骤		4 720	2 680	7 400

表 9.25　各生产步骤本月发生的生产费用　（单位：元）

生产步骤	直接材料	直接人工	制造费用	合计
第一生产步骤	33 600	13 700	8 700	56 000
第二生产步骤	27 000	17 000	9 900	53 900
第三生产步骤		15 000	8 500	23 500

表 9.26　各生产步骤投产和完工情况　（单位：件）

项　目	子产品	丑产品	甲产品
期初在产品	400	250	300
本期投入	1 500	750	700
本月完工转出	1 600	800	750
期末在产品	300	200	250
在产品完工率	50%	60%	80%

要求：计算各生产步骤应计入产成品成本的“份额”及月末在产品成本，并编制产品成本汇总表和产成品入库的会计分录。

第十章

成本核算方法——分类法

知识目标

通过本章的学习，掌握分类法的概念、适用范围及特点，分类法的计算程序和计算方法。掌握分类法的成本核算对象和产品成本费用的归集。

能力目标

通过本章的学习，可熟练地运用分类法的计算程序及计算方法，归集生产费用，按产品成本的类别进行成本核算，正确使用联产品和副产品的计算方法。

第一节　分类法概述

一、分类法的概念及适用范围

分类法是先按照产品的类别设置“生产成本”明细账来归集生产费用，计算各类完工产品成本的总成本，然后采用一定标准分配计算类内各种产品成本的一种成本计算方法。

分类法与产品的生产类型无关，主要适用于生产的产品品种、规格较多，又可以按一定标准分类的车间或企业，具体包括以下类型。

（1）用同样原材料，经过同样工艺过程生产出来的不同规格的产品，如制鞋厂生产不同尺寸的鞋。

（2）几种主要产品是用同一种原材料进行加工而同时制造，即联产品。如石油冶炼行业投入原油，加工出润滑油、机油、汽油、柴油、沥青等。

（3）生产主要产品的生产过程中，附带生产的非主要产品，即副产品，如食用油厂在油脂精炼后的副产品油脚、皂脚等。将主副产品归为一类作为成本计算对象，然后将副产品成本按有关方法确定后从总成本中扣除，余额即为主产品成本。

二、分类法的特点

分类法有以下几个特点。

（1）根据产品的结构、所用原材料和工艺过程的不同，将产品划分为若干类，按照产品的类别设立产品成本明细账，归集产品的生产费用，计算各类产品成本；

（2）成本计算期取决于生产特点和管理要求；

（3）选择合理的分配标准，在每类产品的各种产品之间分配费用，计算每类产品内各种产品的成本，并将各类产品生产费用在完工产品和在产品之间进行分配。

第二节　分类法的计算程序及计算方法

一、分类法的计算程序

分类法是先计算各类完工产品成本的总成本，然后采用一定标准分配计算类内各种产品成本，分类法的计算先要将产品划分为若干类，而后选择合理的分配标准。

根据产品所用原材料和工艺技术过程的不同，将产品划分为若干类，按照产品的类别开立产品成本明细账，日常按类归集产品的生产费用，计算各类产品的成本。

选择合理的分配标准，分别将每类产品的成本在类内各种产品之间进行分配，计算每类产品各种产品的成本。在实际工作中，常采用系数分配法。系数分配法具体运用方法如下。

（1）选择标准产品，在类内选择一种产量较大、生产稳定、规格适中的产品作为标准产品，将其分配标准定为“1”。

（2）计算产品各自的分配标准系数。将其他产品的分配标准与标准产品的分配标准相对比，计算各自的分配标准系数。分配的标准通常有材料消耗定额、工时定额、工资定额、费用定额，以及产品的售价、重量或体积等。原材料费用系数一般采用材料费用定额标准计算，其他费用系数一般采用工时定额标准计算。“系数”的具体计算公式为

$$\text{原材料费用系数}=\frac{\text{其他产品材料费用定额}}{\text{标准产品材料费用定额}}$$

$$\text{其他费用系数}=\frac{\text{其他产品工时定额}}{\text{标准产品工时定额}}$$

（3）将各种产品的产量乘以分配系数，计算出各种产品的标准产量，再将该类完工产品总成本按照各种产品的标准产量进行分配，计算每种产品的生产成本，其计算公式为

某种产品总系数（标准产量）＝该产品实际产量×该产品的系数

费用分配率=应分配成本总额÷类内各种产品系数之和

某种产品应负担费用=该产品系数×费用分配率

学习参考

分类法的核算程序和范围

二、分类法的计算案例

【例 10.1】 某企业生产产品品种、规格较多，可以归为 A、B 和 C 三类产品。其中 A 类中有生产耗用原材料和生产工艺基本相同的三种产品，分别为 A1、A2 和 A3，其中 A2 为标准产品。企业采用分类法计算各种产品的成本。原材料费用系数按照原材料费用定额标准确定，其他费用系数按照工时定额标准确定。A 类完工产品总成本、三种产品产量和有关定额资料如下。

（1）A 类完工产品总成本如账簿 10.1 所示。

账簿 10.1

基本生产成本明细账

产品类别：A 类　　20×1 年 7 月　　（单位：元）

项　目	直接材料	直接人工	制造费用	合　计
月初在产品成本	38 000	4 300	6 900	49 200
本月生产费用	587 000	66 300	89 200	742 500
合　计	625 000	70 600	96 100	791 700
本月完工产品成本	−592 000	−62 580	−89 400	−743 980
月末在产品成本	33 000	8 020	6 700	47 720

（2）定额资料及其相关计算如表 10.1 所示，表中相关数据来源如下。

各种产品原材料费用系数=该产品原材料费用定额÷标准产品原材料费用定额

A1 原材料费用系数=240÷300=0.8

A2 原材料费用系数=300÷300=1

A3 原材料费用系数=360÷300=1.2

原材料费用总系数=产量×原材料费用系数

A1 原材料费用总系数=1 000×0.8=800

A2 原材料费用总系数=1 200×1=1 200

A3 原材料费用总系数=800×1.2=960

各种产品其他费用系数=该产品工时定额÷标准产品工时定额

A1 其他费用系数=8.2÷10=0.82

A2 其他费用系数=1

A3 其他费用系数=12÷10=1.2

其他费用总系数=产量×其他费用系数

A1 其他费用总系数=1 000×0.82=820

A2 其他费用系数=1 200×1=1 200

A3 其他费用总系数=800×1.2=960

表 10.1　各种产品系数折算表

20×1 年 7 月

产品名称	产量（件）	原材料费用定额（元/件）	原材料费用系数	原材料费用总系数	工时定额（小时/件）	其他费用系数	其他费用总系数
A1	1 000	240	0.8	800	8.2	0.82	820
A2	1 200	300	1	1 200	10	1	1 200
A3	800	360	1.2	960	12	1.2	960
合计	—	—	—	2 960	—	—	2 980

（3）根据计算的标准产量，计算分配率，分配各种产品的直接材料、直接人工和制造费用，计算各种产品成本，如表 10.2 所示，表中相关数据来源如下。

直接材料分配率=直接材料费用总额÷各种产品材料费用总系数之和

直接材料分配率=592 000÷2 960=200

各种产品分配直接材料费用=该产品材料费用总系数×直接材料分配率

A1 分配直接材料费用=800×200=160 000（元）

A2 分配直接材料费用=1 200×200=240 000（元）

A3 分配直接材料费用=960×200=192 000（元）

直接人工分配率=直接人工费用总额÷各种产品其他费用总系数之和

直接人工分配率=62 580÷2 980=21

各种产品分配直接人工费用=该产品其他费用总系数×直接人工分配率

A1 直接人工费用=820×21=17 220（元）

A2 直接人工费用=1 200×21=25 200（元）

A3 直接人工费用=960×21=20 160（元）

制造费用分配率=制造费用总额÷各种产品其他费用总系数之和

制造费用分配率=89 400÷2 980=30

各种产品分配制造费用=该产品其他费用总系数×制造费用分配率

A1 分配制造费用=820×30=24 600（元）

A2 分配制造费用=1 200×30=36 000（元）

A3 分配制造费用=960×30=28 800（元）

表 10.2 A 类产品成本计算单

20×1 年 7 月

项目	原材料费用总系数	材料分配率	直接材料（元）	其他费用总系数	直接人工分配率	直接人工（元）	制造费用分配率	制造费用（元）	合计（元）
A1	800	200	160 000	820	21	17 220	30	24 600	201 820
A2	1 200	200	240 000	1 200	21	25 200	30	36 000	301 200
A3	960	200	192 000	960	21	20 160	30	28 800	240 960
合计	2 960	200	592 000	2 980	21	62 580	30	89 400	743 980

根据表 10.2 编制会计分录。

借：库存商品——A 产品　743 980

　贷：生产成本——直接材料　592 000

　　　　　　——直接人工　62 580

　　　　　　——制造费用　89 400

三、联产品的成本计算

联产品是指企业在生产过程中使用相同的原材料，经过共同的生产工艺，进行相同的加工过程，生产出来的具有同等地位、不同用途的几种主要产品。如炼油厂从原油中可以同时提炼出汽油、煤油、柴油、机油等几种主要产品，这些产品都是炼油厂的联产品。

联产品成本计算有以下两个特点。

（1）联产品在生产过程中使用同样的原材料，并且又是在同一生产过程中生产出来的，在联产品分离之前，不可能按照每种产品归集和分配生产费用，只能将其归为一类，计算总成本。

（2）有些联产品分离后有时还需要继续加工，这样，就需要按照分离后产品的生产特点，选择适当的方法计算分离后的产品成本。

联产品成本的计算程序有以下三步。

（1）采用分类法，计算联产品分离前的联合成本。

（2）采用适当的标准在各种联产品之间分配联合成本。

（3）将分配的联合成本和分离后的加工成本进行汇总，计算联产品的总成本和单位成本。

联合成本的分配方法有实物量分配法、系数分配法和相对售价比例分配法三种。

实物量分配法就是根据分离点上各种联产品的重量、长度、容积或其他实物量比例来分配联合成本的一种方法，其计算公式为

联产品成本分配率=联合成本÷各种联产品实物量之和

某种产品应分配的联合成本=该种联产品实物量×联合成本分配率

【例 10.2】 某企业生产甲、乙、丙三种联产品，本期发生的联合成本为 300 000 元，根据各种产品的重量分配联合成本，计算结果如表 10.3 所示。

表 10.3　联合产品成本计算单

产品名称	实物量（千克）	分配率（元/千克）	应分配成本（元）
甲产品	400		120 000
乙产品	400		120 000
丙产品	200		60 000
合　计	1 000	300	300 000

根据表 10.3 编制会计分录。

借：库存商品——甲产品　　120 000

　　　　　　——乙产品　　120 000

　　　　　　——丙产品　　60 000

　贷：生产成本——联合成本　　300 000

系数分配法是根据各种联产品的实际产量，按系数将其折算为标准产量来分配联合成本的一种方法。其具体计算程序有以下四步骤：

（1）确定各种联产品的系数；

（2）用每种产品的产量乘以各自的系数，计算出标准产量；

（3）将联合成本除以各种联产品标准产量之和，求得联合成本分配率；

（4）用联合成本分配率乘以每种产品的标准产量，就可以计算出各种产品应负担的联合成本。

【例 10.3】 某企业用同一原材料，在同一工艺过程中生产 A、B、C、D 四种主要产品。分配联合成本时，以产品售价为标准确定系数，以 B 产品为标准产品，其系数为 1，A 产品分离后还继续加工。有关资料如表 10.4 和表 10.5 所示。

表 10.4　联产品产量、售价和系数分配表

产品名称	产量（千克）	单位售价（元）	系数
A 产品	120	72	1.2
B 产品	600	60	1
C 产品	300	48	0.8
D 产品	150	42	0.7

表 10.5　联产品成本计算资料　（金额单位：元）

项　目	直接材料	直接人工	制造费用	合计
分离前的联合成本	19 602	7 187.4	5 880.6	32 670
各成本占总成本比重	60%	22%	18%	100%
分离后 A 产品的加工成本	900	400	200	1 500

要求： 采用系数分配法分配联合产品成本，并计算各种产品的总成本和单位成本。

解：（1）根据以上资料，计算结果如表 10.6 所示。

（2）编制 A 产品成本计算汇总表，如表 10.7 所示。

表 10.6　联产品成本计算单

产品名称	产量（千克）	系数	标准产量（千克）	联合成本（元）	分配率	应分配的联合成本（元）
	①	②	③=①×②	④	⑤=④÷③	⑥=③×⑤
A 产品	120	1.2	144			4 320
B 产品	600	1	600			18 000
C 产品	300	0.8	240			7 200
D 产品	150	0.7	105			3 150
合计			1 089	32 670	30	32 670

表 10.7　A 产品成本计算汇总表

项目	分配的联合成本		分离后的加工成本（元）	总成本（元）	单位成本（元）
	比重（%）	金额（元）			
	①	②=①×总金额	③	④=②+③	⑤=④÷产量
直接材料	60	2 592	900	3 492	29.1
直接人工	22	950.4	400	1 350.4	11.25
制造费用	18	777.6	200	977.6	8.15
合计	100	4 320	1 500	5820	48.5

（B、C、D 产品成本明细账编制与 A 产品相似，本例题省略。）

相对售价比例分配法是按照生产的各联产品销售价格的比例，将联合成本在各种联产品之间进行分配，以计算各联产品的总成本和单位成本的一种联产品成本分配方法。这种方法弥补了实物量比例分配法的缺陷，使各联产品应负担的联合成本与售价联系了起来，使各联产品取得大致相同的毛利率。其计算公式为

联合产品成本分配率=联合成本÷各种联产品销售价格之和

某种产品应分配的联合成本=该种联产品销售价格×联合成本分配率

注意：销售价格之和为产品的销售单价与产品产量的乘积，而不是产品销售单价与销售量的乘积。

【例 10.4】 某企业生产 A、B、C 三种联产品，单位售价分别为 14 元、12 元和 10 元。20×1 年 7 月份发生的联合成本为 89 216 元，其中，直接材料 60 000 元，直接人工 11 216 元，制造费用 18 000 元，生产完工 A 产品 3 200 件，B 产品 4 000 件，C 产品 1 600 件。

要求：采用相对售价比例法分配联产品成本。

解：计算结果如表 10.8 所示。根据表 10.8 编制会计分录如下。

表 10.8　联产品成本计算表

20×1 年 7 月

产品名称	产量（件）	单价（元）	销售总价（元）	分配率	分配联合成本（元）	单位成本（元/件）
A 产品	3 200	14	44 800		36 736	11.48
B 产品	4 000	12	48 000		39 360	9.84
C 产品	1 600	10	16 000		13 120	8.2
合　计			108 800	0.82	89 216	

借：库存商品——A 产品　　36 736

　　　　　　——B 产品　　39 360

　　　　　　——C 产品　　13 120

　贷：生产成本——联合成本　　89 216

学习参考

联产品、副产品成本计算视频动画

四、副产品的成本计算

副产品是指在同一生产过程中生产出来主要产品的同时，附带生产出

来的一些非主要产品，如制皂生产出来的甘油、炼油生产出来的渣油、酿酒生产出来的酒糟等。

由于副产品和主产品是在同一生产过程中生产出来的，所投入的生产费用很难划分，所以在实际工作中，先将主、副产品作为一类产品归集生产费用，计算该类全部主、副产品的总成本，然后将联合成本在主、副产品之间进行分配。

一般来说，副产品的价值相对较低，在企业全部产品中所占比例较小，所以，可将副产品按照简化的方法计价，从主、副产品的总成本中扣除，从而确定主产品的成本。

副产品成本计价具体方法如下。

（1）如果副产品数量很少，或者分离后直接出售，可以不计算副产品成本。

（2）副产品成本按销售价格扣除销售税金、销售费用后的余额计算。该方法适用于副产品价值较高的情况。如果副产品在分离后还须进一步加工才能出售，则按这一方法对副产品进行计价时，还应从其售价中扣除分离后的加工费。

（3）副产品成本按固定成本计价。如果企业生产的副产品种类较多，可以按照企业规定的副产品计划成本和定额成本计算副产品成本。

【例 10.5】 某企业在生产主要产品 A 产品的同时，附带生产出 B、C、D 三种副产品。B 产品按售价扣除销售税金、销售费用等有关项目后的余额计价，并按比例从联合成本项目中进行扣除；C 产品按计划成本计价，从联合成本的直接材料项目中扣除；D 产品由于数量较少，价值较低，采用简化的方法不予计价。20×1 年 7 月有关产量、成本资料见表 10.9 和表 10.10。

表 10.9　产品、单价、计划成本资料

产品名称	产量（千克）	单位售价（元）	单位税金（元）	单位销售费用（元）	计划单位成本（元）
A	3 000				
B	540	40	5	6	
C	160				20
D	2				

表 10.10　成本费用资料　（单位：元）

项　目	直接材料	直接人工	制造费用	合　计
本月主副产品共同成本	7 2000	8 000	20 000	100 000
B 产品分离后加工费用		1 000	1 160	2 160

要求：根据以上资料编制完工产品成本计算表。

解：根据以上资料计算，结果如表 10.11 所示。

表 10.11　成本计算单

项　目	共同成本		A 产品（3 000kg）		B 产品（540kg）				C 产品（160kg）	
	金额（元）	比重（%）	总成本（元）	单位成本（元）	总成本（元）			单位成本（元）	总成本（元）	单位成本（元）
					分离前	分离后	合计			
直接材料	72 000	72	59 080	19.69	9 720		9 720	18	3 200	20
直接人工	8 000	8	6 920	2.31	1 080	1 000	2 080	3.85		
制造费用	20 000	20	17 300	5.77	2 700	1 160	3 860	7.15		
合　计	100 000	100	83 300	27.77	13 500	2 160	15 660	29	3 200	20

表 10.11 中相关数据的计算过程如下（因小数四舍五入的关系，A 产品采用倒推法）。

A 产品：

总成本=100 000−3 200−13 500=83 300（元）

直接材料=72 000−3 200−9 720=59 080（元）

直接人工=8 000−1 080=6 920（元）

制造费用=20 000−2 700=17 300（元）

B 产品：

总成本=540×（40−5−6）=15 660（元）

其中分离前的总成本=15 660−2 160=13 500

直接材料=13 500×72%=9 720（元）

直接人工=13 500×8%+1 000=2 080（元）

制造费用=13 500×20%+1160=3 860（元）

C 产品：

总成本=160×20=3 200（元）

根据表 10.11 编制会计分录如下。

借：库存商品——A 产品　　8 330
　　　　　　——B 产品　　15 660
　　　　　　——C 产品　　3 200
　贷：生产成本——直接材料　　72 000
　　　　　　　——直接人工　　9 000
　　　　　　　——制造费用　　21 160

学习参考

分类法补充例题

本章小结

分类法是先按照产品的类别设置“生产成本”明细账来归集生产费用，计算各类完工产品成本的总成本，然后采用一定标准分配计算类内各种产品成本的一种成本计算方法。

分类法与产品的生产类型无关，主要适用于生产的产品品种、规格较多，又可以按一定标准分类的车间或企业。

分类法的计算程序如下。

（1）根据产品所用原材料和工艺技术过程的不同，将产品划分为若干类，按照产品的类别开立产品成本明细账，日常按类归集产品的生产费用，计算各类产品的成本。

（2）选择合理的分配标准，分别将每类产品的成本在类内的各种产品之间进行分配，计算每类产品内各种产品的成本。在实际工作中，常常采用系数分配法。“系数”的具体计算公式为

$$\text{原材料费用系数}=\frac{\text{其他产品材料费用定额}}{\text{标准产品材料费用定额}}$$

$$\text{其他费用系数}=\frac{\text{其他产品工时定额}}{\text{标准产品工时定额}}$$

（3）将各种产品的产量乘以分配系数，计算出各种产品的标准产量，再将该类完工产品总成本按照各种产品的标准产量进行分配，计算每种产品的生产成本。具体计算公式为

某种产品总系数（标准产量）＝该产品实际产量×该产品的系数

费用分配率=应分配成本总额÷类内各种产品系数之和

某种产品应负担费用=该产品系数×费用分配率

联产品是指企业在生产过程中，使用相同的原材料，经过共同的生产工艺，进行相同的加工过程，生产出来的具有同等地位、不同用途的几种主要产品。具体计算程序如下。

（1）采用分类法，计算联产品分离前的联合成本。

（2）采用适当的标准在各种联产品之间分配联合成本。

（3）将分配的联合成本和分离后的加工成本进行汇总，计算联产品的总成本和单位成本。

副产品是指在同一生产过程中生产出来主要产品的同时，附带生产出来的一些非主要产品。

由于副产品和主产品是在同一生产过程中生产出来的，所投入的生产费用很难划分，因此，可将副产品按照简化的方法计价，从主、副产品的总成本中扣除，从而确定主产品成本。

副产品成本计价具体方法如下。

（1）如果副产品数量很少，或者分离后直接出售，可以不计算副产品成本。

（2）副产品成本按销售价格扣除销售税金、销售费用后的余额计算。

（3）副产品成本按固定成本计价。如果企业生产的副产品种类较多，可以按照企业规定的副产品计划成本和定额成本计算副产品成本。

习　题

一、单选题

1．必须采用分类法计算成本的是（　　）。

A．主产品　　B．联产品　　C．副产品　　D．等级产品

2．下列各项中，属于分类法优点的是（　　）。

A．能加强成本控制　　B．能简化产品成本的计算

C．能提高成本计算的正确性　　D．能分品种掌握产品成本水平

3．某企业将甲、乙两种产品作为一类，采用分类法计算产品成本。甲、乙两种产品共同耗用A种材料，消耗定额分别为16千克和20千克，每千克A种材料的单位成本为5元。该企业将甲产品作为标准产品，则乙产品的原材料费用系数为（　　）。

A．1.25　　B．0.8　　C．6.25　　D．4

4．分类法是按照（　　）归集费用、计算成本的。

A．批别　　B．品种　　C．步骤　　D．类别

5．联产品是指（　　）。

A．一种原材料加工出来的不同质量产品

B．一种原材料加工出来的几种主要产品

C．一种原材料加工出来的主要产品和副产品

D．不同原材料加工出来的不同产品

6．由于（　　）原因产生的等级产品不能采用分类法计算成本。

A．所耗原材料的质量不同　　B．工人操作不当

C．工艺技术上的要求不同　　D．内部结构不同

7．产品成本计算的分类法适用于（　　）。

A．大量大批多步骤生产　　B．大量大批单步骤生产

C．各种类型的生产　　D．单件小批单步骤生产

8．采用分类法计算产品成本，目的在于（　　）。

A．简化各类产品成本的计算工作　　B．分品种计算产品成本

C．简化各种产品成本的计算工作　　D．分类计算产品成本

9．对于副产品的计价，一般可以从总成本的（　　）项目中扣除。

A．直接工资　　B．制造费用

C．废品损失　　D．直接材料

10．在副产品加工处理所需时间不长、费用不大的情况下，副产品也可以（　　）。

A．按固定成本计价　　B．按计划成本计价

C．不计价　　D．以售价扣除税金和销售费用后的余额计价

二、多选题

1．下列产品中，可以采用分类法计算成本的有（　　）。

A．等级产品　　B．主、副产品

C．联产品　　D．不同规格的针织品

E．各种糖果产品

2．采用分类法，某类产品中各种产品之间分配费用的标准可以选用（　　）。

A．定额消耗量　　B．计划成本

C．定额成本　　D．产品售价

E．相对固定的系数

3．在品种规格繁多且可按一定标准划分为若干类别的企业或车间中，能够应用分类法计算成本的产品生产类型有（　　）。

A．大量大批多步骤生产　　B．大量大批单步骤生产

C．单件小批多步骤生产　　D．单件小批单步骤生产

E．成批生产

4．副产品成本可以（　　）。

A．按计划成本确定　　B．按实际成本确定

C．按可分成本确定　　D．不计算

E．按售价扣除税金和销售费用后的余额确定

5．在主副产品合为一类进行成本计算的情况下，如果副产品的售价不能抵偿其销售费用，则副产品成本的计算方法不应采用的有（　　）。

A．不计算副产品成本　　B．副产品成本按实际成本计算

C．副产品成本按定额成本计算　　D．副产品成本按计划成本计算

E．主、副产品按一定比例分配

三、判断题

1．产品成本计算的分类法是指以产品的批别作为成本计算对象归集生产费用，计算产品成本的一种成本计算方法。（　　）

2．分类法可以合理、准确地计算类内各种产品的实际成本。（　　）

3．凡是产品的品种规格繁多，又可以按一定标准划分成为若干类别的企业或车间，均可采用分类法计算产品成本。（　　）

4．分类法下，采用系数法在类内各种产品之间分配费用，所选择的标准产品，必定是产量最高的产品。（　　）

5．分类法不需要按照产品品种计算成本，因而可以简化成本计算工作。（　　）

6．采用分类法计算产品成本的主要目的是加强成本管理。（　　）

7．是否选用分类法计算产品成本与产品的生产类型无直接关系。（　　）

四、业务计算题

某工业企业大量生产甲、乙、丙三种产品。这三种产品的原材料和生产工艺相近，因而归为一类产品采用分类法计算成本。

该类产品的消耗定额比较准确、稳定，各月在产品变动不大，所以，月末在产品按定额成本计价。8月月初、月末在产品的定额总成本分别为：

月初在产品定额总成本：直接材料 14 600 元，直接人工 3 000 元，制造费用 7 500 元，合计 25 100 元。

月末在产品定额总成本：直接材料 10 400 元，直接人工 2 000 元，制造费用 5 000 元，合计 17 400 元。

本月该类产品的生产费用为：直接材料 130 200 元，直接人工 25 040 元，制造费用 53 300 元。

该企业各种产品成本的分配方法是：直接材料费用按事先确定的耗料系数比例分配，其他各项费用都按定额工时比例分配。

耗料系数根据产品的材料消耗定额计算确定。材料消耗定额为：甲产品 19.2 千克，乙产品 16 千克，丙产品 12. 8 千克；以乙产品为标准产品。工时消耗定额为：甲产品 12 小时，乙产品 14 时，丙产品 10 小时。

本月各种产品的产量为：甲产品 3 000 件，乙产品 4 000 件，丙产品 100 件。

要求：

（1）填制产品用料系数表（如表 10.12 所示），确定甲、乙、丙三种产品用料系数；

（2）填制产品成本明细账（如账簿 10.2 所示），采用分类法分配计算甲、乙、丙三种产成品成本。

表 10.12　产品用料系数表

产品名称	单位产品定额消耗量（千克）	原材料费用系数表
甲		
乙		
丙		

账簿 10.2

产品成本明细账

项目		产量（件）	用料系数		工时定额	直接材料	直接人工	制造费用	合计
			单件系数	总系数					
月初在产品									
本月费用									
累计									
产成品总成本									
分配率									
产成品成本分配	甲								
	乙								
	丙								
月末在产品									

第十一章

成本核算方法——定额法

知识目标

通过本章的学习，了解定额法的基本概念、特点，掌握其计算方法，对实例进行分析计算。

能力目标

通过本章的学习，应能掌握定额法的计算方法，能够运用公式正确计算产品定额成本、脱离定额差异、材料成本差异和月初在产品定额变动差异的内容，掌握定额法的计算程序。

第一节　产品成本计算的定额法概述

在前面介绍的各种成本计算方法——品种法、分批法、分步法和分类法下，其生产费用的日常核算是按照实际发生额进行的，产品的实际成本也是根据实际生产费用计算的，生产费用和脱离定额的差异及其产生的原因，只有在月末通过实际资料与定额资料的对比、分析才能得到反映，而不能在月内费用发生的当时就得到反映，因而不利于更好地加强定额管理，加强成本控制，降低成本，节约费用支出。产品成本计算的定额法就是为了克服上述成本计算方法的弱点，及时反映和监督生产费用和产品脱离定额的差异，加强成本管理和成本控制而采用的一种成本计算方法。

一、定额法的概念及适用范围

产品成本计算的定额法（也称定额成本法）是将产品品种或类别作为成本核算对象，以产品定额成本为基础，加减脱离现行定额差异（如脱离定额的差异、材料成本差异），以及定额变动差异来计算产品实际生产成本的一种方法。采用定额法计算产品成本可以及时地反映和监督产品成本脱离定额成本的状况，为加强定额管理提供相关信息。

定额法不是产品成本计算的基本方法，它是为了加强成本控制与管理而采用的一种成本计算与管理相结合的方法。采用此种方法计算产品成本，能及时揭示差异，有助于促使企业控制和节约费用。该方法主要适用于定额管理工作的基础比较好，定额管理的制度比较健全，产品的生产已经定型，各项消耗定额比较准确、稳定的企业。

二、定额法的特点

用定额法计算产品成本主要以产品定额成本为基础，加减脱离现行定额差异及定额变动差异来计算产品的实际生产成本，其特点如下。

学习参考

定额法优缺点

（1）加强了对产品成本的事前控制。定额法是以产品的定额成本为基础来计算产品实际成本的一种方法，因此在采用该方法时，必须在事前制定出各种产品的消耗定额、费用定额，并以此为依据制定产品的定额成本，作为降低成本、节约费用支出的目标。

（2）加强了对成本差异的日常核算、分析和控制。采用定额法时，要在事中，即在生产费用发生的当时，将实际成本分成符合定额的耗费和不符合定额的耗费（即差异）两部分，分别核算，并将信息及时反馈，从而加强对成本差异的日常核算、分析和控制。

（3）为定期考核和分析成本提供数据。采用定额法时，要在事后，一般是在月末时，在定额成本的基础上加减各种成本差异，计算出产品的实际成本。

第二节　定额法的计算程序及计算方法

采用定额法时，产品实际成本与定额成本的关系可用公式表示为

产品实际成本=产品定额成本 ± 脱离定额差异 ± 材料成本差异 ± 月初在产品定额变动差异

下面分别说明上述公式中各个项目的计算。

一、产品定额成本的核算

所谓产品定额成本是根据企业现行的该产品材料消耗定额、工时定额、费用定额及其他有关资料计算的一种目标成本。产品定额成本的制定过程也是对产品成本事前控制的过程。定额成本是计算实际产品成本的基础，也是企业对生产费用进行事中和事后分析的依据。产品定额成本包括直接材料费用定额成本、直接人工费用定额成本、制造费用定额成本，其计算公式分别为

直接材料费用定额成本＝直接材料定额耗用量 × 直接材料计划单价

直接人工费用定额成本＝产品生产工时定额 × 生产工资计划单价

制造费用定额成本＝产品生产工时定额 × 制造费用计划单价

确定产品定额成本必须先制定产品的消耗定额，然后，再根据材料计划单价、计划工资、计划费用等确定各项费用定额，各种费用的合计数就是产品的定额成本。

【例 11.1】 某车间生产甲产品耗用 A、B、C 三种材料。A 材料单位消耗定额为 10 千克，计划单价为 3 元；B 材料单位消耗定额为 20 千克，计划单价为 5 元；C 材料单位消耗定额为 30 千克，计划单价为 8 元。本月投产量为 100 件。

要求：列表计算甲产品直接材料定额成本。

解：甲产品的直接材料定额成本如表 11.1 所示。

表 11.1　甲产品直接材料定额成本计算表

（单位：元）

材料名称	计量单位	计划单价	定额耗用		
			单位定额消耗量	耗用量	金额
A 材料	千克	3	10	1 000	3 000
B 材料	千克	5	20	2 000	10 000
C 材料	千克	8	30	3 000	24 000
合　计					37 000

二、脱离定额差异的核算

脱离定额差异是指产品生产过程中各项费用（实际费用）脱离现行定额的差异。脱离定额差异反映了企业各项生产费用支出的合理程度以及执行现行定额的质量。

材料成本差异也是产品生产费用脱离定额的一部分。采用定额法计算产品成本的企业，原材料日常核算是按计划成本进行的，所以，原材料项目的脱离定额差异仅指消耗数量的差异（量差），其金额为原材料消耗数量差异与其计划单位成本的乘积，不包括材料成本差异（价差）。因此，企业应当单独计算产品成本应负担的材料成本差异，其金额为按计划单位成本和材料实际消耗量计算的材料总成本与材料成本差异率的乘积。

脱离定额差异包括直接材料脱离定额差异的计算、直接人工费用脱离定额差异的计算、制造费用脱离定额差异的计算，它的核算是定额法的主要内容。实际比定额多的超支额用蓝色笔记账，实际比定额少的节约额用红色笔记账。

（一）直接材料脱离定额差异的计算

直接材料脱离定额差异是指生产过程中产品实际耗用材料数量与其定额耗用量之间的差异，其计算公式为

直接材料脱离定额差异＝Σ[(材料实际耗用量−材料定额耗用量)×该材料计划单价]

【例 11.2】 接例 11.1，假设甲产品实际耗用 A 材料 1 100 千克，实际耗用 B 材料 1 700 千克，实际耗用 C 材料 3 200 千克，试计算甲产品单位直接材料脱离定额差异。

解：

甲产品直接材料脱离定额差异=(1 100−1 000)×3+(1 700−2 000)×5
+(3 200−3 000)×8=400（元）

编制会计分录如下。

借：生产成本——材料成本差异　　400
　　贷：材料成本差异——原材料　　400

（二）直接人工费用脱离定额差异的计算

采用的工资制度不同，直接人工费用脱离定额差异的核算方法也就不同。

1. 计件工资制度下直接人工脱离定额差异的计算

在计件工资制下，直接人工一般为直接计入费用。在计件单价不变的情况下，按计件单价支付的生产工人工资就是定额工资，没有脱离定额的差异。因此，在计件工资制下，脱离定额的差异往往仅指因工作条件变化而在计件单价之外支付的工资、津贴、补贴等。企业应当将符合定额的工资，反映在产量记录中；脱离定额的差异通常反映在专设的“工资补付单”等差异凭证中，并经过一定的审批手续。

2. 计时工资制度下直接人工脱离定额差异的计算

在计时工资制下，直接人工一般为间接计入费用，其脱离定额的差异不能在平时按照产品（成本计算对象）直接计算，只有在月末确定本月实际直接人工费用总额和产品生产总工时后才能计算，有关的计算公式为

计划小时工资=某车间计划产量的定额直接人工费用÷该车间计划产量的定额生产工时

实际小时工资=该车间实际直接人工费用总额÷该车间实际生产总工时

某产品定额直接人工费用=该产品实际产量的定额生产工时×计划小时工资

某产品实际直接人工费用=该产品实际产量的实际生产工时×实际小时工资

某产品直接人工脱离定额的差异=该产品实际直接人工费用−该产品定额直接人工费用

【例 11.3】 20×0 年 7 月某车间生产甲、乙、丙三种产品，实际完成定额工时 20 500 小时，其中，甲产品 8 600 小时，乙产品 5 500 小时，丙产品 6 400 小时。本月三种产品实际生产工时为 20 000 小时，其中甲产品 8 500 小时，乙产品 5 000 小时，丙产品 6 500 小时。本月计划工资额为 82 000 元，计划小时工资率为 4 元（82 000÷20 500）；本月实际产品生产工人薪酬为 82 080 元，实际小时工资率为 4.104 元（82 080÷20 000）。

要求：根据上述资料，编制直接人工费用定额和脱离定额差异汇总表。

解：该车间直接人工费用定额和脱离定额差异汇总表如表 11.2 所示。

表 11.2　该车间直接人工费用定额和脱离定额差异汇总表

20×0 年 7 月　　（金额单位：元）

产品名称	定额人工费用			实际人工费用			脱离定额差异
	定额工时（小时）	计划小时工资率	定额工资	实际工时（小时）	实际小时工资率	实际工资	
甲产品	8 600		34 400	8 500		34 884	484
乙产品	5 500		22 000	5 000		20 520	−1 480
丙产品	6 400		25 600	6 500		26 676	1 076
合　计	20 500	4	82 000	20 000	4.104	82 080	−80

直接人工费用脱离定额差异=(34 884−34 400)+(20 520−22 000)+(26 676−25 600)=−80

编制会计分录如下。

借：生产成本——人工费用差异　　−80

　　贷：应付职工薪酬——人工费用差异　　−80

在定额法下，无论采用哪种工资形式，都应根据上述核算资料，按照成本计算对象编制定额生产工资和脱离定额差异汇总表。表中汇总反映各种产品定额的工时和工资、实际的工时和工资，以及产生差异的原因等资料，用以考核和分析各种产品生产工时和生产工资定额的执行情况，据以计算产品的工资费用。

（三）制造费用脱离定额差异的计算

制造费用与计时工资一样大多为间接费用，不能在费用发生时直接按产品确定其脱离定额差异，只能在月末实际费用总额计算出来后才能与定额费用对比，确定脱离定额的差异。计算公式为

计划小时制造费用分配率=某车间计划制造费用总额÷该车间计划产量的定额生产工时总数

实际小时制造费用分配率=该车间实际制造费用总额÷该车间实际生产工时总数

某产品定额制造费用=该产品定额生产工时×计划小时制造费用分配率

某产品实际制造费用=该产品实际生产工时×实际小时制造费用分配率

某产品制造费用定额差异=该产品实际制造费用－该产品定额制造费用

【例 11.4】 某车间 20×0 年 7 月各种产品实际生产工时和实际完成定额工时同【例 11.3】。本月计划制造费用总额为 41 000 元，实际制造费用总额为 41 300 元。本月制造费用计划分配率为每小时 2 元（41 000÷20 500），实际分配率为每小时 2.065 元（41 300÷20 000）。

要求：根据上述资料，编制“制造费用定额和脱离定额差异汇总表”。

解：制造费用定额和脱离定额差异汇总表见表 11.3。

表 11.3 制造费用定额和脱离定额差异汇总表

20×0 年 7 月 （单位：元）

产品名称	定额制造费用			实际制造费用			脱离定额差异
	定额工时（小时）	计划小时费用率	定额费用	实际工时（小时）	实际小时费用率	实际费用	
甲产品	8 600		17 200	8 500		17 552.5	352.5
乙产品	5 500		11 000	5 000		10 325	−675
丙产品	6 400		12 800	6 500		13 422.5	622.5
合 计	20 500	2	41 000	20 000	2.065	41 300	300

制造费用脱离定额差异=(17 552.5−17 200)+(10 325−11 000)+(13 422.5−12 800)=300

编制会计分录如下。

借：生产成本——制造费用差异 300

　　贷：制造费用 300

三、材料成本差异的分析

在采用定额法计算产品成本的企业，按照计划成本来组织原材料的日常核算，因此直接材料费用定额成本和脱离定额的差异都是按照原材料的计划单位成本计算的。所以，在月末计算产品的实际原材料费用时，还必须考虑实际所耗的原材料应负担的成本差异，即所耗原材料的价差。其计算公式为

某产品应分配的材料成本差异=(该产品的原材料定额费用±原材料脱离定额差异)×材料成本差异率

为简化核算，各种产品应分配的材料成本差异一般由各该产品的完工产品成本负担，月末在产品不负担。在实际工作中，材料成本差异的计算和分配是通过编制“发料凭证汇总表”和“材料成本差异分配表”进行的。

【例 11.5】 甲产品所耗直接材料定额费用为 37 000 元（见表 11.1），材料脱离定额差异为超支 400 元（见例 11.2），本月材料成本差异率为节约 1.2%。

要求：计算甲产品应负担的材料成本差异。

解：

甲产品应负担的材料成本差异=(37 000+400)×(−1.2%)=−448.8（元）

四、月初在产品定额变动差异的分析

定额变动差异是指由于修订消耗定额或生产费用的计划价格而产生的新旧定额之间的差额，它反映的是定额自身变动的结果，与生产费用支出的节约与超支无关。新定额的执行一般

从月初开始，这样当月投入的生产费用在计算其脱离定额差异时一般都按新标准执行，但月初在产品一般是按旧定额计算的，所以，月初在产品的生产费用和本月发生的生产费用就产生了定额标准不一致的现象。为了调整月初在产品定额成本，必须先计算月初在产品的定额变动差异，用以调整月初在产品的定额成本。定额变动差异主要是指月初在产品账面定额成本与按新定额计算定额成本之间的差异。

月初在产品定额变动差异可以根据消耗定额发生变动的在产品盘存数量，或在产品账面结存数量和修订后的定额消耗量，计算出月初在产品新的定额消耗量和新的定额成本，再与修订前月初在产品定额成本比较计算得出。在构成产品的零部件种类较多的情况下，采用这种方法按照零部件和工序进行计算，工作量就会很大。为简化计算工作，也可以按照单位产品费用的折算系数进行计算，计算公式为

系数=按新定额计算的单位产品费用÷按旧定额计算的单位产品费用

月初在产品定额变动差异=按旧定额计算的月初在产品费用×(1−系数)

【例 11.6】 某公司甲产品的一些零件从 7 月 1 日起修订原材料消耗定额，单位产品新的直接材料费用定额为 2 250 元，旧的直接材料费用定额为 2 296 元，甲产品月初在产品按旧定额计算的直接材料费用为 34 000 元。

要求：根据以上资料，计算甲产品月初在产品定额变动差异。

解：

定额变动系数=2 250÷2 296=0.98

甲产品月初在产品定额变动差异=34 000×(1−0.98)=680（元）

采用系数法计算月初在产品定额变动差异虽然比较简便，但由于系数是按照单位产品计算的，而不是按照产品的零部件计算的，因而它只适合于在零部件成套生产或零部件成套性较大的情况下采用。也就是说，在零部件生产不成套或成套性较差的情况下，采用系数法就会影响计算结果的正确性。

月初在产品定额变动差异是定额本身变动的结果，与实际生产费用的节约或浪费无关。但应当指出，定额成本是计算实际成本的基础，如果月初在产品定额成本调低时，应将定额变动差异加入产品实际成本，反之，应当从实际成本中予以扣除。也就是说，月初在产品定额成本调整的数额与计入产品实际成本的定额变动差异之和应当等于零。甲产品月初在产品定额成本减少了 680 元，甲产品实际成本中就应当加上定额变动差异 680 元。

学习参考

定额法补充例题

五、定额法的计算程序

定额法的计算程序有以下几步。

（1）计算定额成本。定额成本法计算产品成本，首先应当根据企业现行的消耗定额、费用定额以及其他相关资料，按照企业确定的成本项目，分产品品种（企业确定的成本核算对象）分别制定产品定额成本。定额成本制定后，要编制出各种产品的定额成本表。为便于进行成本分析和考核，定额成本包括的成本项目和计算方法，应当与计划成本、实际成本包括的成本项目和计算方法一致。制定定额成本依据的现行定额是指企业从月初起施行的定额。在有定额变动的月份，应当根据变动以后的定额，调整月初在产品的定额成本，计算定额变动差异。

（2）计算脱离定额的差异。企业在生产费用发生时，应将实际生产费用区分为符合定额的费用和脱离定额的差异，将符合定额的费用和脱离定额的差异分别核算，并予以汇总。

（3）计算材料成本差异。月末，考虑实际所耗的原材料应负担的成本差异，计算产品应分配的材料成本差异。

（4）计算定额变动差异。

（5）计算产品实际成本。以本月完工产品的定额成本为基础，加上或减去各项成本差异，计算出完工产品的实际总成本；实际总成本除以总产量，即为完工产品的实际单位成本。

六、定额法的优缺点

由上可知，定额法是将产品成本的计划工作、核算工作和分析工作有机结合起来，将事前、事中、事后反映和监督融为一体的一种产品成本计算的方法和成本管理制度。

定额法的优点有以下几点。

（1）通过对生产耗费及其脱离定额差异的日常核算，能够及时反映和监督各项耗费发生脱离定额的差异，从而有利于加强成本控制，及时、有效地促进生产耗费的节约，降低产品成本。

（2）由于产品实际成本是按照定额成本和各种差异分别核算的，因而，便于对各项生产耗费和产品成本进行定期分析，有利于进一步挖掘降低产品成本的潜力。

（3）通过脱离定额差异和定额变动差异的核算，还有利于提高成本的定额管理和计划管理的水平。

（4）由于存在现成的定额成本资料，因而能够较为合理、简便地解决完工产品和月末在产品之间的分配费用问题。

定额法的主要缺点是计算产品成本的工作量较大。因为采用定额法必须制订定额成本，单独核算脱离定额差异。在定额变动时还必须修订定额成本，计算定额变动差异。

本章小结

本章主要介绍了定额法这种成本计算辅助方法的特点、适用范围及成本核算程序。

产品成本计算的定额法是以产品定额成本为基础，加减脱离现行定额差异（如脱离定额的差异、材料成本差异）及定额变动差异来计算产品实际生产成本的一种方法。采用定额法时，产品实际成本与定额成本的关系可用公式表示为

产品实际成本=产品定额成本±脱离定额成本差异±材料成本差异±定额变动差异

定额法的特点主要有以下三方面。

（1）加强了对产品成本的事前控制；

（2）加强了对成本差异的日常核算、分析和控制；

（3）为定期考核和分析成本提供数据。

定额法主要适用于企业定额管理制度比较健全、定额管理基础工作比较好、产品生产已经定型、各项消耗定额比较准确、稳定的企业，与企业生产类型没有直接联系。定额法的成本计

算内容包括以下几方面。

（1）计算定额成本；

（2）计算脱离定额的差异；

（3）计算材料成本差异；

（4）计算定额变动差异；

（5）计算产品实际成本。

定额法作为一种成本计算方法和成本管理制度，有利于加强成本控制，便于对各项生产耗费和产品成本进行定期分析，有利于提高成本的定额管理和计划管理的水平，并能够较为合理、便捷地解决完工产品和月末在产品之间的分配费用问题。其缺点主要是计算产品成本的工作量较大。

习　题

一、单选题

1．下列方法中，既是产品成本计算方法，又是成本控制方法的是（　　）。

A．分步法　　B．分批法　　C．分类法　　D．定额法

2．定额法的适用范围是（　　）。

A．与生产类型直接相关　　B．与生产类型无关

C．适用于大量生产　　D．适用于小批生产

3．在定额法下，当消耗定额降低时，月初在产品的定额成本的调整数和定额变动差异数（　　）。

A．都是正数　　B．都是负数

C．前者是正数，后者是负数　　D．前者是负数，后者是正数

4．在生产过程中，企业实际发生的成本与定额成本的差异是（　　）。

A．脱离定额的差异　　B．材料成本差异

C．定额变动差异　　D．费用变动差异

5．原材料脱离定额差异是（　　）。

A．价格差异　　B．数量差异　　C．原材料成本差异　　D．定额变动差异

二、多选题

1．定额法的主要特点是（　　）。

A．简化成本核算的工作

B．加强了对产品成本的事前控制

C．加强了对成本差异的日常核算、分析和控制

D．为定期考核和分析成本提供数据

2．将产品的定额成本调整为实际成本，需要加减的差异有（　　）。

A．脱离定额差异　B．在产品差异　　C．材料成本差异　　D．定额变动差异

3．实际所耗原材料应负担的材料成本差异是（　　）。

A．原材料实际消耗量乘以原材料计划单价，再乘以原材料成本差异率

B．原材料定额消耗量乘以原材料计划单价，再乘以原材料成本差异率

C．原材料定额费用乘以原材料成本差异率

D．原材料定额费用与原材料脱离定额差异金额之和，乘以原材料成本差异率

4．核算脱离定额差异是为了（　　）。

A．确定和分析价格差异　　B．进行产品成本的事前控制

C．进行产品成本的日常分析和事中控制　D．为月末进行产品实际成本计算提供数据

5．定额法的优点是（　　）。

A．有利于加强成本控制

B．有利于进一步挖掘降低产品成本的潜力

C．有利于提高成本的定额管理和计划管理的水平

D．计算产品成本的工作量较小

三、判断题

1．定额变动差异是指实际费用与定额费用之间的差额。（　　）

2．定额成本法是将成本核算与成本控制紧密结合的方法。（　　）

3．产品的定额成本就是各种有关的现行定额计算的成本。（　　）

四、计算题

1．某企业本月生产甲、乙两种产品。本月两种产品的实际生产工时为 65 000 小时，其中甲产品 45 000 小时，乙产品 20 000 小时；本月两种产品的计划工时为 62 000 小时，其中甲产品 40 000 小时，乙产品 22 000 小时。本月计划工资额为 12 400 元，实际工资总额为 14 300 元。请分别计算甲、乙产品工资费用的脱离定额差异。

2．某种产品明细账所记本月生产费用资料如下。定额费用为 23 000 元，脱离定额差异（节约）780 元，材料成本超支差异 130 元，月初在产品定额成本调整为降低 270 元。请计算该种产品的实际成本。

第十二章

成本报表与成本分析

知识目标

通过本章的学习，了解成本报表的作用及种类、成本分析的意义，熟悉成本报表的编制要求和成本分析的方法，掌握商品产品成本表、主要产品单位成本表等主要成本报表的编制方法和成本计划完成情况的分析及主要产品单位成本分析的方法。

能力目标

通过本章的学习，会编制产品生产成本表、主要产品单位成本表；会分析产品生产成本表、主要产品单位成本表；会编制和分析制造费用明细表；会编制和分析期间费用明细表。

第一节　成本报表编制概述

产品成本是综合反映企业生产技术和经营管理工作水平的一项重要质量指标，编制和分析成本报表是成本会计工作的一项重要内容。对成本报表进行分析可以了解企业的成本费用水平，而成本费用水平的高低与企业赢利能力的大小有着内在联系，加强成本管理是提高企业经济效益的一条重要途径。

一、成本报表的含义与作用

1. 成本报表的含义

企业为从整体上把握企业产品成本计划的执行情况，就必须编制成本报表，考核和分析企业产品成本变化趋势，不断降低产品成本，努力提高企业的经济效益。

成本报表是会计报表体系的重要组成部分。它是根据成本管理的需要，根据产品成本和期间费用的核算资料以及其他有关成本资料编制的，用以反映企业在一定时期内产品成本与期间费用水平及其构成情况，分析和考核企业成本计划执行情况和结果的书面报告。

正确、及时地编制成本报表是成本会计的一项重要工作。通过编制和分析成本报表，可以考核企业成本计划和费用预算的执行情况，为正确进行成本决策提供资料。

2. 成本报表的作用

成本是综合反映企业的生产、技术和经营管理工作水平的一项重要指标。企业的物质消耗、劳动生产率、生产经营管理水平等方面工作的好坏，都直接影响企业的产品成本。正确、及时地编制成本报表，对加强成本管理、节约费用支出具有重要的作用。

（1）综合反映报告期产品生产耗费和产品成本水平。成本报表综合反映了企业在一定时期内成本费用水平、构成及升降情况，揭示产品成本升降趋势及原因。

（2）考核企业成本计划的完成情况，正确考核和评价部门业绩。企业和主管企业的上级机构利用成本报表资料，经过相关指标的计算和分析，可以了解企业成本管理情况，检查企业成本计划的执行情况、考核企业成本工作绩效，总结经验教训，提高管理水平。

（3）为企业成本分析提供依据。作为成本分析的重要依据，成本报表有利于日常成本控制工作的有效进行，有利于揭示影响产品成本指标和费用项目变动的因素，从生产技术、生产组织和经营管理等各个方面挖掘节约费用支出和降低产品成本的潜力，提高企业经济效益。

（4）为企业成本预测、决策和编制成本计划提供重要依据。成本报表提供了真实、可靠的实际产品（或经营业务）成本和费用支出的资料，可以满足企业、车间和管理部门加强日常成本、费用管理的需要，有助于进行成本费用、利润的预测，及制订有关的生产经营决策（如产品的定价策略），为编制成本和利润等计划提供重要的数据。

二、成本报表的种类

成本报表不是对外报送或公布的报表，它是企业的内部报表，是为企业内部的经营管理者进行生产、经营、管理的决策需要而编制的。

1. 按报表反映的内容分类

按报表反映的内容，成本报表可分为反映成本计划执行情况的报表、反映费用支出情况的报表和反映经营情况的报表。

（1）反映成本计划执行情况的报表，主要有商品产品成本表、主要产品单位成本表。这类报表主要反映报告期内企业各种产品的实际成本水平。

（2）反映费用支出情况的报表，主要包括制造费用明细表、管理费用明细表、财务费用明细表和销售费用明细表。通过这类报表可以知道企业在一定时期内费用支出总额及其构成，了解费用支出的合理性，分析费用支出的变动趋势。

（3）反映经营情况的报表，主要有生产情况表、材料耗用表、材料差异分析表和质量成本表等。

2. 按成本报表是否定期编制分类

按成本报表是否定期编制，又可分为定期成本报表和不定期成本报表。

（1）定期成本报表。定期成本报表包括商品产品成本表、主要产品单位成本表、制造费用明细表、管理费用明细表、财务费用明细表和销售费用明细表等。

（2）不定期成本报表。不定期成本报表是针对成本管理中出现的某些问题或急需解决的问题而随时按要求编制的。有关成本费用表就属于不定期成本报表。

3. 按成本报表编制的时间分类

成本报表按编制的时间可分为年报、季报、月报。

成本报表根据管理上的要求一般可按月、按季、按年编报。同时针对企业内部管理的特殊需要，也可以按旬、按周、按日甚至于按工作班来编报，以满足日常临时或特殊任务管理的需要，使成本报表及时服务于生产经营的全过程。

4. 按编制的范围分类

成本报表按编制的范围可分为全企业成本报表、车间成本报表、班组成本报表和个人责任成本报表。

一般情况下，全企业成本报表有商品产品成本表、主要产品单位成本表、制造费用明细表、管理费用明细表、财务费用明细表和销售费用明细表等。而制造费用明细表、生产情况表、质量成本表等报表可以是全企业成本报表，也可以是车间、班组、个人责任成本报表。

三、成本报表的特点

相比其他报表，成本报表有以下几个特点。

（1）满足企业内部需要。成本报表被视为企业的商业秘密，主要是为了满足企业管理当局对成本计划完成情况的分析、对费用预算执行情况的控制，确保成本费用目标实现的需要，因而内容更具有针对性，同时为企业进行成本预测、决策和修订成本计划提供重要依据。

（2）灵活性。成本报表作为企业的一种内部管理报表，它的种类、指标项目、格式和编制方法等都是由企业根据自身生产经营的特点和内部管理的需要自行确定的，具有灵活性，或者会同企业的上级主管部门共同商定，并根据生产条件的变化、管理的提高，进行适时的修改、调整。

（3）及时性。成本报表作为对内报表，其编报时间相对灵活，既可定期编报（通常为年报、月报、旬报，甚至日报、班报），为成本费用控制提供及时的信息资料；又可不定期编报，以便在充分满足日常成本管理要求的前提下，适应一些临时性、偶然性事务的处理需要，具有时效性。

成本报表与财务报表的特点对比参见表 12.1。

表 12.1　成本报表与财务报表特点对比

报表种类 项目	成 本 报 表	财 务 报 表
属性	内部报表	外部报表
服务对象	内部经营管理者	外部会计信息使用者
种类、内容、格式和编制方法、编报时间、报送对象	企业自行决定，可根据企业实际情况进行修改和调整，具有灵活性与多样性	国家统一规定，不得随意变动，具有统一性
内容要求	专题、针对、实用	全面
编报时效	定期与不定期相结合	定期
指标设置	货币指标与反映成本费用消耗的数量指标	货币指标
信息资料	会计核算资料与技术经济资料	会计核算信息资料

四、成本报表的编制要求

成本报表的编制要求有以下两点。

1. 针对管理需要编制成本报表

成本报表是不对外报送或公布的会计报表，因此成本报表的种类、格式、报表项目和编制方法都由企业自定，财政部没有统一规定。主管企业的上级机构为了对本系统所属企业的成本管理工作进行统一指导，也可以要求企业将其成本报表作为会计报表的附表上报。企业成本报表的种类、格式、项目和编制方法可以由企业的上级机构与企业共同确定。

成本报表一般包括商品产品成本表、主要产品单位成本表、制造费用明细表、销售费用明细表、管理费用明细表和财务费用明细表。

为了加强企业生产成本的日常管理，除了上述定期编制的成本报表以外，企业还要设计和编制如主要产品成本旬报、日报、班组报等提供日常产品成本信息的报表。

2. 按照财务报表的要求编制成本报表

按照财务报表的要求编制成本报表是指要做到以下几点。

（1）数字真实准确。成本报表中各项数据必须真实可靠、计算准确，不得用估计数、计划数或定额数代替实际数，更不允许弄虚作假、篡改数字。编制报表前做到账实相符、账账相符；编制报表后做到账表相符、表表相符。对成本报表中会计要素进行合理的确认和计量，不得随意改变会计要素的确认和计量标准。

（2）内容完整。企业成本报表要按照企业规定的种类编制，提供全面的成本信息，不得少报、漏报。报表种类应齐全，对报表应当填列的内容与项目，包括补充资料、指标数字和文字说明，都应填报齐全。

（3）编报及时。成本报表必须按照企业管理要求的期限和程序及时编制，并对报表需要说明的内容解释清楚。成本报表所提供的会计资料有很强的时效性，如果编报不及时，很有可能就会失去它应有的价值。所以成本报表必须按规定时间和报送方式，及时转送相关部门，以便为企业的成本预测、成本计划提供必要的信息。

（4）数据可比。计算口径与填报方法应保持各会计期间一致，数据可比。

第二节　成本报表分析概述

一、成本报表分析的一般程序

成本分析是根据成本核算资料和成本计划资料及其他有关资料，运用一系列专门方法，揭示企业费用预算和成本计划的完成情况，查明影响成本计划和费用预算完成的原因，计算各种因素变化的影响程度，寻求降低成本、节约费用的途径，以便进一步认识和掌握成本变动的规律，充分挖掘企业内部降低成本潜力的一项专门工作。进行成本分析，一般应遵循下列程序。

1. 收集资料，拟定分析提纲

进行成本报表分析，首先必须全面了解情况，占有资料，收集掌握与成本有关的各种计划资料、定额资料、核算资料，有关企业成本的调查研究资料，企业历史资料以及同类企业的先进水平资料等，这是正确进行分析的基础。分析成本报表，应从全部产品生产成本计划和各项费用计划完成情况的总评价开始，然后按照影响成本计划完成情况的因素逐步深入、具体地分析。同时，应明确分析的要求、范围，结合所掌握的情况，制订分析工作计划，列出分析提纲，明确分析内容和步骤，逐步实施。

2. 具体分析，研究比较

根据分析的目的，将有关指标的实际数与计划数或同类型企业的数据相比较。在分析成本指标实际脱离计划差异的过程中，要研究确定影响指标变动的各种因素，可据以初步评价企业工作，指出进一步分析的重点和方向。

3. 分析原因，提出改进措施

查明影响计划完成情况的各种因素，才能提出改进措施。影响计划完成的原因可能是多方面的、相互联系的，包括生产技术、生产组织和经营管理等方面，要采用一定的方法，查明各种因素变动的原因，分析计算各影响因素的影响程度和影响数额。在分析影响计划完成的因素之后，应初步明确哪些环节还有潜力可挖。要根据实际情况，以全面、发展的观点对成本工作进行评价，提出挖掘潜力的措施并落实到有关部门和岗位，降低产品成本和节约费用开支，使企业的生产经营工作不断得到改进。

4. 总结报告

对分析结果进行综合概括，写出分析报告。

二、成本报表的分析方法

成本费用分析采用何种方法，取决于分析的内容。成本费用分析常用方法有比较分析法、比率分析法、因素分析法和差额分析法等。在分析过程中，结合成本费用特性选择相应的分析方法。

（一）比较分析法

比较分析法也称比较法，是通过对不同时间或不同情况下的同质成本指标数据的对比，揭示客观存在的差异，发现和说明问题，为进一步分析指出方向的一种方法。采用这种方法可以确定差异、评价业绩、掌握动态、寻找潜力，以达到降低成本、提高经济效益的目的。采用比较分析法进行成本分析，必须注意指标的可比性，如指标计算口径一致、计价基础一致等。比较分析法的通用计算公式为

$$\text{绝对差异（差异额）}=\text{实际数}-\text{标准数}$$

$$\text{相对差异（差异率）}=\frac{\text{绝对差异}}{\text{标准数}}\times 100\%$$

成本指标的对比分析根据其目的和评价指标的不同，分为以下几种。

（1）实际成本和计划（或定额）成本的对比。计划（或定额）成本是指企业根据自身经营条件或经营状况制订的目标成本。通过实际成本与计划（或定额）成本的对比，可以揭示成本计划（或定额）的完成情况，找出脱离计划（或定额）的差距及差距产生的原因；考核评价企业经营者的经营业绩，以及对企业总体目标实现的影响，但前提是制订的计划或定额要先进、可行。

（2）本期实际成本与历史成本（上期、上年同期或历史最好水平）的对比——纵向比较。

历史成本是指企业过去某一时期的实际成本。通过实际成本与历史成本的对比，可以观察企业成本变化趋势，结合因素分析，可进一步找出成本升降的原因，不断改进成本管理水平。

（3）本期企业实际成本与国内外同类企业或同类产品先进成本指标的对比——横向比较。通过对比，可考察企业或某种产品在行业中所处的地位和水平，发现与先进水平之间的差距，以便采取措施，挖掘潜力，学习先进经验，提高经营管理水平。

需要强调的是，比较分析法只适用于同质指标的数量对比。

（二）比率分析法

比率分析法是指通过计算各项指标之间的相对数，即比率，借以考察成本活动的相对效益的一种分析方法。采用这种方法，先要把对比的数值变成相对数，计算出比率，然后再进行对比分析。分析的内容、要求不同，计算出来进行比较的比率也不同，主要有相关指标比率分析法、结构比率分析法和动态比率分析法。

（1）相关比率分析法是将两个性质不同但又相关的指标进行对比求出两者的比率，然后再以实际数与计划数（或前期实际数）进行对比分析的一种数量分析方法，以便从经济活动的客观联系中深入了解企业的生产经营状况。例如，利用成本指标与反映生产、销售的生产经营成果指标进行比率分析，计算产值成本率、销售成本率、成本利润率等，就可以分析企业生产耗费的经济效益。

$$产值成本率=\frac{成本}{产值}\times 100\%$$

$$销售成本率=\frac{成本}{销售收入}\times 100\%$$

$$成本利润率=\frac{利润}{成本}\times 100\%$$

（2）结构比率分析法又称比重分析法、构成比率分析法，是指以某一个经济指标的各个组成部分在总体中所占的比重，来分析其构成内容的变化，以便进一步掌握该项经济活动的特点和变化趋势的一种数量分析方法。例如，将各个成本项目与产品成本总额相比，计算其占总成本的比重，确定成本的构成比率，然后再将不同时期的成本构成比率相比较，掌握产品成本构成的变动情况。

$$直接材料费用率=\frac{直接材料费用}{产品成本}\times 100\%$$

$$直接人工费用率=\frac{直接人工费用}{产品成本}\times 100\%$$

$$制造费用率=\frac{制造费用}{产品成本}\times 100\%$$

（3）动态比率分析法又称趋势分析法，是将不同时期的同类指标的数值（可以是成本、利润等绝对数指标，也可以是产值成本率、成本利润率等相对数指标）对比计算比率，用以反映分析对象的增减速度以及发展变化趋势，从中发现企业在生产经营方面取得的成绩或存在的不足的一种分析方法。根据其计算时采用的不同基数，动态比率又分为定基比率和环比比率两个指标。在进行动态比较时，本期的实际指标若是与固定不变的某期的基数指标进行对比，称为定比，求得的指标就是定基比率，也称为定基指数；本期的实际指标若是与上一期的指标进行对比，称为环比，求得的指标就是环比比率，也称为环比指数。例如，某海洋食品公司销售成本率的动态比率如表 12.2 所示。

表 12.2　海洋食品公司销售成本率的动态比率

（单位：%）

指标＼年份	20×1	20×2	20×3	20×4	20×5
销售成本率	75	71	70	65	61
定基比率	100	94.67	93.33	86.67	81.33
环比比率	—	94.67	98.59	92.86	93.85

（三）因素分析法

企业的各项成本指标中有些指标是综合性指标，其结果是多种因素共同作用的结果，因此有必要具体测定各个因素对综合指标的不同影响。

因素分析法又称连环替代法，是以受多因素影响的成本费用为对象，通过逐个替换影响因素，从数量上测定相互联系的各因素对综合指标的影响方向和影响程度的一种分析方法。在测定某一因素影响程度时，是以假定其他因素不变为条件的。其主要作用在于分析指标变动的原因及各因素的影响程度。

1. 因素分析法的计算程序

（1）指标分解，列出关系式。将综合经济指标分解为相互联系的各个因素，并按一定顺序排列，确定综合经济指标与各个因素的数量关系式，确定影响因素及总体变动程度和变动方向。

（2）依次替代，比较替代结果。以计划数为基础，依次、逐个将每个因素的计划数替换为实际数，一直替换到指标全部为实际数为止；将每次替代的结果与替代前的指标数据相比较，这一差额即为该因素变动对综合经济指标影响的数值，计算各个影响因素的影响程度和影响方向；计算每个因素对综合经济指标的影响程度时假定其他因素不变。

（3）综合影响数值。将各个因素变动对综合经济指标影响的数值进行累计，与实际脱离计划差异核对，验证分析的结果。

2. 因素分析法关系式

假定某一综合经济指标 Y 受 A、B、C 三个因素的影响，其关系式为

$$Y=A\times B\times C$$

计划指标：

$$Y_0=A_0\times B_0\times C_0$$

实际指标：

$$Y_3=A_1\times B_1\times C_1$$

Y_3-Y_0 即为分析的对象；那么，A、B、C 三个因素对指标 Y 的变动影响计算过程如下。第一次，以 A_1 替换 A_0，B_0、C_0 保持不变，则 $Y_1=A_1\times B_0\times C_0$；第二次，以 B_1 替换 B_0，A_1、C_0 保持不变，则 $Y_2=A_1\times B_1\times C_0$；第三次，以 C_1 替换 C_0，A_1、B_1 保持不变，则 $Y_3=A_1\times B_1\times C_1$。则有：$Y_3-Y_2$ 为 C 因素变动对整体指标 Y 的影响；Y_2-Y_1 为 B 因素变动对整体指标 Y 的影响；Y_1-Y_0 为 A 因素变动对整体指标 Y 的影响。最后，将 A、B、C 三因素的变动影响程度相加，得到：

$$(Y_3-Y_2)+(Y_2-Y_1)+(Y_1-Y_0)=Y_3-Y_0$$

3. 因素分析法计算过程

下面举例说明因素分析法的计算过程。

【例 12.1】 金鑫公司 20×1 年 8 月材料费用消耗的有关资料如表 12.3 所示。

表 12.3　材料费用消耗表

项　目	单位	计划	实际	差异
产品产量	件	200	220	+20
单位产品消耗定额	千克/件	20	19	−1
材料单价	元/千克	20	22	+2
材料费用总额	元	80 000	91 960	11 960

要求：采用因素分析法分析各因素变动对差异的影响程度。

解：

从表 12.3 可知，材料费用实际比计划多 11 960 元，是由于产量、单位产品消耗定额、材料价格变动所致，用因素分析法分析各因素的影响程度，计算如下。

材料费用差异变动分析过程如下：

计划材料费用＝200×20×20＝80 000（元）

实际材料费用＝220×19×22＝91 960（元）

材料费用差异＝91 960−80 000＝11 960（元）

第一次替换，用实际产量替换计划产量：

220×20×20＝88 000（元）

则，产品产量变动对材料费用的影响为

88 000−80 000＝8 000（元）

第二次替换，用单位产品实际消耗替换单位产品消耗定额：

220×19×20＝83 600（元）

则，单位产品消耗变动对材料费用的影响为

83 600−88 000＝−4 400（元）

第三次替换，用材料实际单价替换计划单价：

220×19×22＝91 960（元）

则，单价变动对材料费用的影响为

91 960−83 600=8 360（元）

三因素影响变动额=8 000+（−4 400）+8 360=11 960（元）

通过计算可以看出，由于产品产量升高而使企业本期材料费用增加 8 000 元，单位产品消耗量降低而使材料费用减少 4 400 元，而材料单价的升高使材料费用增加 8 360 元，三个因素共同作用使实际材料费用比计划数增加 11 960 元。由于产品产量增大而相应增大材料消耗属于正常；单位产品消耗量降低，说明企业对材料费用控制得较好；市场价格的变动，说明外部市场环境发生了变化，企业应进一步分析，看能否采取一些补救措施将这一不利因素对企业的影响降低到最小。

4. 因素分析法应注意的问题

使用因素分析法应注意以下几个问题。

（1）注意正确分解因素。根据分析的目的和要求，将经济指标分解为相互联系的几个因素时，各因素与指标之间必须存在内在的联系，就会替代其存在的价值。

（2）注意替换因素的顺序。要正确确定各个因素的替换顺序，通常确定各个因素的替换顺序的做法是，一般先替换数量指标，后替换质量指标；先替换实物量指标，再替换价值量指标。在各个因素的替换过程中，要按照统一的替换顺序进行，这样计算的结果才有可比性。如果改变各个因素的排列顺序，可能会得到不同的计算结果。

（3）注意替换顺序的连环性。构成某项经济指标的各个因素，按其依存关系排列成一定的顺序后，应由前向后依次替代，并且每次只替代一个因素，每一个因素的替换都是在上一次替换的基础上进行的。

（四）差额分析法

差额分析法是从因素分析法简化而成的一种分析方法。它是利用各个因素的实际数与基数之间的差额，直接计算各个因素对综合指标差异的影响数值的一种技术方法，用以确定其变动对分析对象的影响程度。计算公式为

某种因素的影响程度=前面因素的实际数×该因素的变动程度

=（实际数−基数）×后面因素的基数

【例 12.2】 银鑫公司生产 A 产品，20×1 年 9 月耗用的直接材料有关资料如表 12.4 所示。

要求：计算实际材料费用和定额材料费用及二者的差异；采用差额分析法分析各因素变动对差异的影响程度。

表 12.4　材料费用消耗表

项　　目	定额（或计划）	实际
产品产量（件）	350	360
材料单耗（千克/件）	41	40
材料单价（元/千克）	30	31

解：

定额材料费用=350×41×30=430 500（元）

实际材料费用=360×40×31=446 400（元）

实际比定额超支=446 400−430 500=15 900（元）

产量变动的影响=(360−350)×41×30=12 300（元）

单耗变动的影响=360×(40−41)×30=−10 800（元）

单价变动的影响=360×40×(31−30)=14400（元）

三因素共同变动的影响=12 300−10 800+14 400=15 900（元）

由于 A 产品的产量由 350 件增加到 360 件，使得实际材料费用比定额增加了 12 300 元，又由于材料单耗比定额减少了 1 千克，使得实际材料费用比定额减少了 10 800 元，并且材料单价由 30 元上涨至 31 元，导致实际材料费用比定额增加了 14 400 元。在以上三因素的共同作用下，实际材料费用比定额增加了 15 900 元。

差额分析法由于计算简便，所以应用范围十分广泛，特别是在影响因素只有两个时更为实用。但差额分析法只是因素分析法计算方式的简化，严格讲它不能被称为一种独立的方法。

三、分析成本报表时应注意的问题

成本报表是以企业产品成本和经营管理费用核算的账簿为依据，反映企业一定时期内产品成本和经营管理费用水平及构成情况的数字形式的书面报告。企业财产物资是否充分利用，各项管理是否到位，都会在成本费用中体现。成本报表的分析是会计报表分析的重要组成部分。总体上来说，我国不少企业成本管理基础工作仍旧比较薄弱，各项费用计划不完整，定额老化，甚至人为估计成本。为此，经营管理者在阅读和分析成本报表时，应当紧密结合企业成本费用管理的现状，重点注意以下方面。

（1）了解企业成本费用计划的执行情况，分析成本费用的计划或定额是否符合现实核算的

要求。

（2）分析成本费用计划完成或未完成的原因，找出主要影响因素，总结成本费用管理中取得的成绩，进一步强化成本费用管理，不断提高管理水平。

（3）分析有关指标，寻求进一步降低成本费用的有效途径和措施，合理地确定责任成本中心和控制指标，挖掘潜力，不断提高经济效益。

（4）分析成本费用的发展趋势，为进行生产经营决策、制定成本费用计划、确定目标利润提供依据。

（5）了解企业在成本费用管理中存在哪些问题，是否有进行虚假的成本费用核算、计算虚假利润的违法行为存在。

（6）凡是在有关会计准则与会计制度中规定了成本费用开支比例和提取标准的费用项目应首先进行分析，看该项目是否符合有关规定。例如，管理费用中的业务招待费是以年销售（营业）收入为基数，按一定比例确定支出数额。在计算应纳税所得额时，企业发生的与生产经营活动有关的业务招待费支出，最高不得超过当年销售（营业）收入的5‰。

（7）不能仅从某项成本费用绝对数的增减来评价费用的控制情况，要联系与之相关的生产经营业务量的增减变化来评价。例如，销售费用中的广告费，本期比上期增加了，不能简单地认为费用没有很好地加以控制，应结合营业收入的增减来加以评判，如果该项费用的增长速度小于收入的增长速度，则费用的增加是正常的，也是必要的。

（8）在分析费用报表时，由于各项费用包括的项目都比较多，分析不能泛泛进行，应该选择费用比重较大、超支或节约数额较大的项目有重点地进行分析。

第三节　商品产品成本表的编制和分析

商品产品成本表是反映企业在报告期内生产的全部商品产品的总成本以及各种主要商品产品的单位成本和总成本的报表。商品产品成本表是反映企业全部商品产品成本的报表，也是成本报表中最主要的报表，一般按月编报。商品产品成本表一般分按产品种类反映的商品产品成本表和按成本项目反映的商品产品成本表。

一、按产品种类反映的商品产品成本表的编制和分析

（一）按产品种类反映的商品产品成本表的结构和作用

1. 按产品种类反映的商品产品成本表的结构

按产品种类反映的商品产品成本表是按产品种类汇总反映企业在报告期内生产的全部产品的单位成本和总成本的报表。商品产品成本表项目栏的纵栏中首先分为可比产品与不可比产品两部分。可比产品是指上一年度或以前年度正式生产过、具有较完备成本资料可供对比的产品。可比产品要同时反映上年成本数据和本年数据。不可比产品是指上一年度或以前年度从没生产过、没有成本资料，或虽生产过，但规格性能已经发生了显著变化、缺乏可供比较的成本资料

的产品。不可比产品不反映上年成本资料。将可比产品成本与不可比产品成本加总，可以求得全部商品产品生产的制造成本。

商品产品成本表项目栏的横栏中，分别反映各种产品的实际产量、单位成本、本月总成本和本年累计总成本，分别以上年实际平均单位成本、本年计划单位成本和本月实际单位成本为标准计算实际产量总成本，以便将本年实际与上年实际和本年计划进行比较，正确评价企业成本工作的业绩。

按产品种类反映的商品产品成本表的结构与内容如表 12.5 所示。

表 12.5　按产品种类反映的商品产品成本表

编制单位：××××　　　　20××年×月

产品名称	实际产量（件）		单位成本（元/件）				本月总成本（元）			本年累计总成本（元）		
	本月实际	本年累计	上年实际平均	本年计划	本月实际	本年累计实际平均	按上年平均单位成本计算	按计划单位成本计算	本月实际	按上年平均单位成本计算	按计划单位成本计算	本年实际
可比产品												
甲												
乙												
丙												
不可比产品												
丁												
合　计												

按产品种类反映的商品产品成本表，对于主要产品，就按产品品种反映实际产量和单位成本，以及本月总成本和本年累计总成本；对于非主要产品，则可按产品类别，汇总反映本月总成本和本年累计总成本。

2. 按产品种类反映的商品产品成本表的作用

按产品种类反映的商品产品成本表有以下几个作用。

（1）可以分析和考核各种类产品和全部产品本月和本年累计的成本计划的执行情况，对各种类产品成本和全部产品成本节约或超支情况进行一般的评价。

（2）可以分析和考核各种可比产品和全部可比产品本月和本年累计的成本比上年的升降情况。

（3）对于规定有可比产品成本降低计划的产品，可以分析和考核可比产品成本降低计划的执行情况，促使企业采取措施，不断降低产品成本。

（4）可以了解哪些产品成本节约较多，哪些产品成本超支较多，为进一步进行产品生产成本分析指明方向。

（二）按产品种类反映的商品产品成本表的内容和填列方法

1. 实际产量栏

实际产量栏填写本月实际产量或本年累计实际产量。

本月实际产量，根据产品成本计算单或产品生产成本明细账的记录填列。

本年累计实际产量，反映从本年1月1日起至报表编制月的月末止，各种主要商品的实际产量，根据本月实际产量，加上上月本表的本年累计实际产量计算填列。

2. 单位成本栏

单位成本栏的填写有以下四种情况。

（1）上年实际平均单位成本，根据上年度本表所列全年累计实际平均单位成本填列。

（2）本午计划单位成本，根据本年度成本计划的有关数字填列。

（3）本月实际单位成本，根据表中本月实际总成本除以本月实际产量计算填列。

（4）本年累计实际平均单位成本，应根据表中本年累计实际总成本除以本年累计实际产量计算填列。

3. 本月总成本栏

本月总成本栏的填写有以下三种情况。

（1）按上年实际平均单位成本计算的本月总成本，根据本月实际产量乘以上年实际平均单位成本计算填列。

（2）按本年计划单位成本计算的本月总成本，根据本月实际产量乘以本年计划单位成本计算填列。

（3）本月实际总成本，根据本月产品成本计算单或产品成本明细账有关数字填列。

4. 本年累计总成本栏

根据本月总成本栏的填写，本年累计总成本栏的填写也有以下三种情况。

（1）按上年实际平均单位成本计算的本年累计总成本，根据表中自年初至本月末止的本年累计实际产量乘以上年实际平均单位成本计算填列。

（2）按本年计划单位成本计算的本年累计总成本，根据表中自年初至本月末止的本年累计实际产量乘以本年计划单位成本计算填列。

（3）本年累计实际总成本，根据本月实际总成本，加上上月本表的本年累计实际总成本计算填列，或按自年初至本月末止的本年累计产量乘以本年累计实际平均单位成本计算填列。

【例12.3】 金象公司生产A、B、C三种产品。A、B产品是老产品，C产品为本年新生产产品。20×1年9月有关产品成本资料如表12.6所示。

表12.6 20×1年9月产品成本资料

产品	每月计划产量（件）	本月实际产量（件）	本年累计产量（件）	本年计划单位成本（元/件）	本月实际单位成本（元/件）	上年实际平均单位成本（元/件）	本年累计实际平均单位成本（元/件）
A	130	130	1 290	191	195	200	189
B	55	60	530	144	140	150	145
C	55	56	500	177	172		165

根据表12.6的资料编制商品产品成本表，如表12.7所示。

表 12.7　按产品种类反映的商品产品成本表

编制单位：金象公司　　　　　　　　20×1 年 9 月

产品名称	实际产量（件）		单位成本（元/件）				本月总成本（元）			本年累计总成本（元）		
	本月实际	本年累计	上年实际平均	本年计划	本月实际	本年累计实际平均	按上年平均单位成本计算	按计划单位成本计算	本月实际	按上年平均单位成本计算	按计划单位成本计算	本年实际
可比产品												
A	130	1 290	200	191	195	189	26 000	24 830	25 350	258 000	246 390	243 810
B	60	530	150	144	140	145	9 000	8 640	8 400	79 500	76 320	76 850
不可比产品												
C	56	500		177	172	165		9 912	9 632		88 500	82 500
合　计							35 000	43 382	43 382	337 500	411 210	403 160

（三）按产品种类反映的商品产品成本表的分析

1. 全部商品产品成本计划完成情况分析

企业的全部产品包括可比产品和不可比产品。可比产品是有完整的实际成本资料的老产品；不可比产品则是以前没有生产过，本年度初次生产的新产品。全部商品产品成本计划完成情况的分析，应当是全部产品的计划总成本和实际总成本对比，确定实际成本相对于计划成本的降低额和降低率。由于商品产品成本表中的计划总成本是按实际产量计算的，因此，进行对比的商品产品计划总成本是经过调整后的实际产量计划总成本，这样就剔除了产量变动对总成本的影响。

$$\text{全部商品产品成本降低额}=\sum(\text{实际产量}\times\text{计划单位成本})-\text{实际总成本}$$

$$\text{全部商品产品成本降低率}=\frac{\text{全部产品成本降低额}}{\sum(\text{实际产量}\times\text{计划单位成本})}$$

通过上述公式计算出的数值如果为正数，表示成本降低额（率）；如果为负数，表示成本超支额（率）。

【例 12.4】 沿用例 12.3 的资料，计算全部商品产品成本降低额和降低率，如表 12.8 所示。

从表 12.8 中可以看出，金象公司 20×1 年截至 9 月末全部产品本年累计总成本实际比计划降低 8 050 元，降低率为 1.96%。从各种产品看，B 产品没有完成成本计划，超支率为 0.69%；A 产品与 C 产品完成了成本计划，但降低程度不同，A 产品成本降低率为 1.05%，不可比产品 C 产品的降低率较高，为 6.78%。

表 12.8　全部产品成本计划完成情况表

编制单位：金象公司　　　　20×1 年 9 月

产品名称	计划总成本（元）(1)	实际总成本（元）(2)	降低额（元）(3)=(1)−(2)	降低率（%）(4)=(3)÷(1)
可比产品	322 710	320 660	2 050	0.64
其中：A 产品	246 390	243 810	2 580	1.05
B 产品	76 320	76 850	−530	−0.69
不可比产品	88 500	82 500	6 000	6.78
C 产品	88 500	82 500	6 000	6.78
合　计	411 210	403 160	8 050	1.96

2. 可比产品成本计划完成情况分析

在全部商品产品成本中，可比产品成本一般都占有相当大的比重，因此可比产品成本降低计划完成情况分析应是分析重点。

可比产品成本计划完成情况分析可进行成本降低计划完成情况分析、影响成本降低计划完成情况的因素分析。

在可比产品成本降低计划完成情况的分析中，可比产品成本降低计划指标和计划完成情况的资料分别反映在企业成本计划和成本报表资料中。可比产品成本降低计划是以上年实际平均单位成本为依据确定的，具体包括降低额和降低率两个指标。可比产品成本降低计划完成情况分析，就是将可比产品的实际降低额（按实际产量计算）和降低率与计划降低额（按计划产量计算）和降低率进行比较，来检查是否完成成本降低任务。

【例 12.5】神鹿公司 20×0 年度有关可比产品成本及产量资料如表 12.9 所示。计算神鹿公司 20×0 年度可比产品成本降低额和降低率。

表 12.9 20×0 年度产品成本资料

产品名称	本年计划产量（件）	本年实际产量（件）	本年计划单位成本（万元/件）	上年实际平均单位成本（万元/件）	本年累计实际平均单位成本（万元/件）
甲产品	130	130	191	200	195
乙产品	55	60	144	150	140

$$计划降低额=\sum[计划产量\times(上年实际单位成本-本年计划单位成本)]$$
$$=130\times(200-191)+55\times(150-144)=1\,500\,(万元)$$

$$计划降低率=\frac{计划成本降低额}{\sum(计划产量\times上年实际单位成本)}\times100\%$$
$$=\frac{1\,500}{130\times200+55\times150}\times100\%=4.379\,562\%$$

$$实际降低额=\sum[实际产量\times(上年实际单位成本-本年实际单位成本)]$$
$$=130\times(200-195)+60\times(150-140)=1\,250\,(万元)$$

$$实际降低率=\frac{实际成本降低额}{\sum(实际产量\times上年实际单位成本)}\times100\%$$
$$=\frac{1\,250}{130\times200+60\times150}\times100\%=3.571\,429\%$$

根据计算及相关资料，编制神鹿公司 20×0 年度可比产品成本降低计划完成情况分析表，如表 12.10 所示。

表 12.10 可比产品成本降低计划完成情况分析表

可比产品名称	计划成本降低任务		实际成本降低情况	
	降低额（万元）	降低率（%）	降低额（万元）	降低率（%）
甲产品	1 170	4.5	650	2.5
乙产品	330	4.0	600	6.666 7
合　计	1 500	4.379 562	1 250	571 429

从表 12.10 可知，神鹿公司 20×0 年度可比产品成本降低计划完成情况基本可以。计划降低额、实际降低额分别为 1 500 元、1 250 元，相差不大；计划降低率与实际降低率分别为 4.379 562%与 3.571 429%，相差也不大。

影响可比产品成本降低计划完成情况的因素主要有产品产量、产品品种结构和单位产品成本。

（1）产品产量因素。产品产量变动必然会直接影响成本降低额。由于可比产品成本降低计划是按计划产量计算的，而实际降低额和降低率是按实际产量计算的，当实际产量同计划产量不一致时，则会使可比产品成本降低额发生变动，但不会影响成本降低率。

$$\text{产量变动对成本降低额的影响}=\left[\sum\left(\text{实际产量}\times\text{上年实际平均单位成本}\right)\times\text{计划降低率}\right]-\text{计划降低额}$$

【例 12.6】 接例 12.5，根据表 12.9、表 12.10 的资料，计算神鹿公司 20×0 年度产品产量变动对成本降低额影响，得

$$\begin{aligned}\text{产量变动对成本降低额的影响}&=[(130\times200+60\times150)\times4.379\,562\%]-1\,500\\&=1\,532.85-1\,500\\&=32.85\text{（万元）}\end{aligned}$$

（2）产品品种结构因素。产品品种结构是指各种产品成本占全部可比产品成本的比重。由于各种可比产品的成本降低率不同，当品种结构发生变化时，就会使全部可比产品成本的降低率和降低额发生变化。若只有一种可比产品，不存在成本结构的变化，就不需要分析品种结构变化的影响。

$$\begin{aligned}\text{品种结构变动对成本降低额的影响}&=\left[\sum\left(\text{实际产量}\times\text{上年实际平均单位成本}\right)-\sum\left(\text{实际产量}\times\text{本年计划单位成本}\right)\right]\\&\quad-\sum\left(\text{实际产量}\times\text{上年实际平均单位成本}\right)\times\text{计划降低率}\end{aligned}$$

【例 12.7】 接例 12.5，根据表 12.9、表 12.10 的资料，计算神鹿公司 20×0 年度品种结构变动对成本降低额影响，得

$$\begin{aligned}\text{品种结构变动对成本降低额的影响}&=[(130\times200+60\times150)-(130\times191+60\times144)]\\&\quad-[(130\times200+60\times150)\times4.379\,562\%]=1\,530-532.85=-2.85\text{（万元）}\end{aligned}$$

$$\text{品种结构变动对成本降低率的影响}=\frac{\text{品种结构变动对成本降低额的影响}}{\sum\left(\text{实际产量}\times\text{上年实际平均单位成本}\right)}\times100\%$$

根据表 12.9、表 12.10 的资料，计算神鹿公司 20×0 年度品种结构变动对成本降低率影响，得

$$\begin{aligned}\text{品种结构变动对成本降低率的影响}&=\frac{-2.85}{130\times200+60\times150}\times100\%\\&=-0.008\,143\%\end{aligned}$$

（3）产品单位成本因素。可比产品成本的实际降低额和实际降低率是以本年实际成本与上年实际成本对比确定的。因此，当本年实际单位成本比本年计划单位成本下降或上升时，必然会引起可比产品成本降低额和降低率发生变化。产品单位成本的变动与成本降低额和降低率呈反方向变动。

$$\begin{matrix}\text{产品单位成本变动}\\\text{对成本降低额影响}\end{matrix}=\sum\begin{pmatrix}\text{实际}\\\text{产量}\end{pmatrix}\times\begin{matrix}\text{本年计划}\\\text{单位成本}\end{matrix}-\sum\begin{pmatrix}\text{实际}\\\text{产量}\end{pmatrix}\times\begin{matrix}\text{本年实际平}\\\text{均单位成本}\end{matrix}$$

【例 12.8】 接例 12.5，根据表 12.9、表 12.10 的资料，计算神鹿公司 20×0 年度产品单位成本变动对成本降低额的影响，得

$$\begin{aligned}\begin{matrix}\text{产品单位成本变动}\\\text{对成本降低额的影响}\end{matrix}&=[(130\times191+60\times144)-(130\times195+60\times140)]\\&=33\,470-33\,750\\&=-280\text{（万元）}\end{aligned}$$

$$\begin{matrix}\text{产品单位成本变动}\\\text{对成本降低率的影响}\end{matrix}=\frac{\begin{matrix}\text{单位产品成本变动}\\\text{对成本降低额的影响}\end{matrix}}{\sum\begin{pmatrix}\text{实际}\\\text{产量}\end{pmatrix}\times\begin{matrix}\text{本期实际平}\\\text{均单位成本}\end{matrix}}\times100\%$$

根据表 12.9、表 12.10 的资料，计算神鹿公司 20×0 年度产品单位成本变动对成本降低率影响，得

$$\begin{aligned}\begin{matrix}\text{产品单位成本变动}\\\text{对成本降低率的影响}\end{matrix}&=\frac{-280}{(130\times195+60\times140)}\times100\%\\&=-0.829\,63\%\end{aligned}$$

以上计算分析表明，影响神鹿公司 20×0 年度可比产品成本降低计划完成情况的因素中，产量的提高，使成本降低了 32.85 万元；产品单位成本变动使成本上升了 280 万元，需要进一步分析影响单位成本的因素；品种结构变动使成本上升了 2.85 万元，要进一步分析哪个产品促使成本上升。

二、按成本项目反映的商品产品成本表的编制和分析

（一）按成本项目反映的商品产品成本表的结构和作用

1. 按成本项目反映的商品产品成本表的结构

按成本项目反映的商品产品成本表是按成本项目汇总反映企业在报告期内发生的全部生产费用以及商品产品生产成本合计数的报表。

按成本项目反映的商品产品成本表一般分为生产费用和生产成本两部分。其中生产费用部分按照成本项目反映报告期内发生的各种生产费用及其合计数；产品生产成本部分是在生产费用合计数的基础上，加上期初在产品和自制半成品的余额，减去期末在产品和自制半成品的余额，算出产品生产成本的合计数。这些费用和成本，为了方便日后的成本分析，应按上年实际数、本年计划数、本月实际数和本年累计实际数，分栏反映。

【例 12.9】 银象公司 20×0 年 12 月商品产品成本项目情况如表 12.11 所示。

2. 按成本项目反映的商品产品成本表的作用

（1）可以反映报告期内全部产品生产费用的支出情况和各种费用的构成情况，并据以进行

生产费用支出的一般评价。

表 12.11　按成本项目反映的商品产品成本表

编制单位：银象公司　　20×0 年 12 月　　（单位：元）

项　目	上年实际	本年计划	本月实际	本年累计实际
直接材料	1 266 520	1 208 520	133 840	1482 520
直接人工	405 640	401 700	46 860	536 860
制造费用	820 020	784 880	82 780	925 560
生产费用合计	2 492 180	2 395 100	263 480	2 944 940
加：期初在产品、自制半成品余额	167 880	98 800	131 000	130 040
减：期末在产品、自制半成品余额	130 040	142 980	166 280	164 280
生产成本合计	2 530 020	2 350 920	228 200	2 910 700

（2）将表中各期产品生产成本与各该期的产值、销售收入或利润进行对比，计算成本产值率、成本销售收入率或成本利润率，可以考核和分析各期的收益情况。

（3）将本年累计实际数和上年实际数相比较，可以考察和分析企业各项生产费用和产品生产成本的变动情况及原因；将本年实际和本年计划相比较，可以考核和评价费用和成本计划的完成情况和各月费用的控制情况。

商品产品成本表（按成本项目反映）中本月实际和本年累计实际的产品生产总成本合计数，应该与前列商品产品成本表（按产品各类反映）中相应产品生产成本合计数核对相符。

（二）按成本项目反映的商品产品成本表的分析

对按成本项目反映的产品成本表进行分析，就是按成本项目对产品生产总成本进行分析，可以根据按成本项目反映的生产成本表提供的数据以及其他有关资料，综合运用分析方法，从下面两个方面进行分析。

（1）将生产费用合计和产品生产成本合计各专栏数进行比较分析。以产品成本项目资料为依据，直接将本年实际成本与上年实际成本、本年计划成本进行对比，可以看出，本年累计实际的生产费用合计和产品生产成本合计同上年实际和本年计划的差异，以及本年累计的各成本项目费用同上年实际和本年计划的差异。究其原因可能是多方面的，比如产量的增减，品种结构的改变，单位成本的升降都会引起费用总额和产品成本总水平的变动。但对按成本项目反映的商品产品成本表进行对比分析，很难找出产品生产成本变动的原因。因为上年实际成本数是根据上年累计实际数填列的，本年计划成本是根据本年成本计划有关资料填列的，本年累计实际成本是根据本年实际产量计算填列的，当实际产量与计划产量波动较大时，采用对比分析其绝对数意义就不大了。要想对产品生产成本降低和升高的原因进行分析，还需要采用其他分析方法。

（2）对成本项目构成变动进行分析。对产品成本进行成本项目构成分析，先分别计算出各成本专栏每个成本项目在生产费用合计中的比重，然后进行相互比较。

【例 12.10】 银象公司 20×1 年 12 月，以表 12.11 的资料为依据，商品产品成本项目构成分析如表 12.12 所示。

表 12.12 成本项目构成分析表

编制单位：银象公司　　　　　　　　　20×1年12月

成本项目	上年实际		本年计划		本月实际		本年累计实际	
	金额（元）	构成（%）	金额（元）	构成（%）	金额（元）	构成（%）	金额（元）	构成（%）
直接材料	1 266 520	50.82	1 208 520	50.46	133 840	50.80	1482 520	50.34
直接人工	405 640	16.28	401 700	16.77	46 860	17.78	536 860	18.23
制造费用	820 020	32.90	784 880	32.77	82 780	31.42	925 560	31.43
生产费用合计	2 492 180	100.00	2 395 100	100.00	263 480	100.00	2 944 940	100.00

从表 12.12 中可以看出，直接材料成本项目构成中本月实际和本年累计实际与本年计划和上年实际相差不大，直接材料费用构成变动不大可能是由于单位产品材料费用与品种结构的变动不大；直接人工成本项目构成中本月实际和本年累计实际均高于本年计划和上年实际，直接人工费用构成上升可能是受工资的提高等因素的影响；制造费用成本项目构成中本月实际和本年累计均低于本年计划和上年实际，应进一步查明原因。总之，企业可通过对比各成本构成项目比重的变动，分析产品成本升降的具体原因，以便从中发现生产过程和成本管理中可能存在的问题，进一步明确各部门责任，从而为成本考核和成本控制提供依据。

第四节　主要产品单位成本表的编制和分析

一、主要产品单位成本表的结构和编制方法

主要产品单位成本表是反映企业在报告期内各种主要产品单位成本的构成情况和各项主要技术经济指标执行情况的报表。主要产品是指那些产量比重大或成本升降额度较大的产品。利用主要产品单位成本表可以了解主要产品单位成本水平、变动情况及构成情况、主要技术经济指标的执行情况，从而分析各项成本消耗定额的变化情况和单位产品成本升降的原因，以便进一步寻找差距，挖掘潜力，降低成本。

表 12.13 主要产品单位成本表

20×1年9月

产品名称：D产品　本月实际产量：100件　本年累计实际产量：900件

成本项目		单位	历史先进水平（××××年）	上年实际平均	本年计划	本月实际	本年累计实际平均
直接材料		元	430	480	480	560	508
直接人工		元	260	270	250	350	322
制造费用		元	170	230	230	250	180
成本合计		元	860	980	960	1 160	1 010
主要技术指标（用量）	甲材料	千克	33	43	38	45	41
	乙材料	千克	20	22	21	24	20
	工时	小时	30	32.5	31	33	32

主要产品单位成本表是按照每种主要产品分别编制的，是对商品产品成本表的具体说明和补充。该表中按成本项目反映的“上年实际平均”“本年计划”“本月实际”“本年累计平均”的单位成本应与商品产品成本表中相应的单位成本的数字分别相等。

【例 12.11】金海公司 20×1 年 9 月，根据 D 产品成本项目资料及主要技术指标，编制主要产品单位成本表，其格式和内容如表 12.13 所示。

主要产品单位成本表的内容和填列方法如下。

（1）历史先进水平单位成本：应根据历史上该种产品成本最低年度本表的实际平均单位成本填列。

（2）上年实际平均单位成本：应根据上年度本表实际平均单位成本填列。

（3）本年计划单位成本：应根据本年度成本计划填列。

（4）本月实际单位成本：应根据该种产品成本明细账或成本计算单填列。

（5）本年累计实际平均单位成本：应根据该种产品成本明细账所记自年初起至报告期末止完工入库总成本除以本年累计实际产量计算填列。

不可比产品，历史先进水平的单位成本和上年实际平均单位成本这两项不填。

主要产品单位成本表中上年实际平均单位成本、本年计划单位成本、本月实际单位成本和本年累计实际平均单位成本，应与商品产品成本表中该种产品的相应项目相符。

主要产品单位成本表中的有关技术经济指标应根据有关业务核算资料填列。

二、主要产品单位成本表的分析

主要产品单位成本的分析的目的在于揭示各成本项目的变动情况及变动原因，从而寻求降低成本的途径及实施方案。

主要产品单位成本分析主要是在商品产品成本分析的基础上，采用因素替换法，进一步分析各项原因变化对各成本项目的影响。

（一）主要产品单位成本计划完成情况的分析

对主要产品单位成本计划完成情况分析，要依据产品单位成本各项目的实际数与计划数，确定其差异额和差异率以及各成本项目变动对单位成本计划的影响程度。

【例 12.12】 金海公司 20×1 年 9 月，根据 D 产品成本项目资料及主要技术指标，编制单位成本对比计划变动情况分析表，其格式和内容如表 12.14 所示。

表 12.14　单位成本对比计划变动情况分析表

20×1 年 9 月

产品名称：D 产品　　本月实际产量：100 件

本年累计实际产量：900 件　　（金额单位：元）

成本项目	本年计划单位成本	本年累计实际平均单位成本	差异额	差异率（%）
直接材料	480	508	28	5.83
直接人工	250	322	72	28.8
制造费用	230	180	−50	−21.74
合　计	960	1 010	50	5.21

从表 12.14 中可以看出，金海公司 20×1 年 9 月，D 产品单位成本实际比计划超支了 50 元，超支率为 5.21%。主要是直接材料成本、直接人工成本较计划超支所致，而制造费用却比计划降低了。从升降额对单位成本的影响看，直接人工成本超支对单位成本的影响高于直接材料成本，说明企业不仅材料管理仍需要加强，而且在提高劳动生产率方面更需要强化。对制造费用的降低，应结合各个项目的预算变动情况，综合分析评价，找出进一步挖掘的潜力。

（二）影响主要产品单位成本变动的主要因素分析

1. 直接材料成本项目分析

影响直接材料成本项目实际脱离计划的原因主要是材料消耗量和材料单价两个因素。

【例 12.13】金鼎公司 20×1 年 9 月，生产 E 产品消耗的有关材料数量和价格资料如表 12.15 所示。

表 12.15　E 产品直接材料成本对比计划变动情况分析表

编制单位：金鼎公司　　　20×1 年 9 月

材料名称	消耗量（千克）		单价（元/千克）		直接材料成本（元）		
	计划	实际	计划	实际	计划	实际	差异
甲材料	41	42	9	10	369	420	51
乙材料	23	22	13	12	299	264	−35
合　计					668	684	16

由表 12.15 可知，E 产品直接材料成本实际比计划超支 16 元，是受原材料消耗量变动和材料单价变动两个因素的影响。

（1）原材料消耗量变动对直接材料费用的影响计算如下。

$$\text{原材料消耗量变动对直接材料成本的影响}=\left(\text{实际单位产品材料消耗量}-\text{计划单位产品材料消耗量}\right)\times\text{原材料计划单价}$$

甲材料消耗量变动对 E 产品直接材料费用的影响：

$$(42-41)\times 9=9\text{（元）}$$

乙材料消耗量变动对 E 产品直接材料费用的影响：

$$(22-23)\times 13=-13\text{（元）}$$

合计影响数为−4 元。

（2）原材料价格变动对直接材料费用的影响计算如下。

$$\text{原材料价格变动对直接材料成本的影响}=\left(\text{原材料实际单价}-\text{原材料计划单价}\right)\times\text{单位产品原材料实际消耗量}$$

甲材料价格变动对直接材料费用的影响：

$$(10-9)\times 42=42\text{（元）}$$

乙材料价格变动对直接材料费用的影响：

$$(12-13)\times 22=-22\text{（元）}$$

合计影响数为 20 元。

上述分析说明，产品直接材料费用比计划超支 16 元，是材料消耗量与材料价格两个因素共同变动影响的结果。其中，材料消耗量变动使直接材料费用比计划降低了 4 元，材料价格变动使直接材料费用比计划超支了 20 元。

在材料消耗量变动方面，甲材料消耗量高于计划，使直接材料费用超支了 9 元，乙材料消耗量比计划降低，使直接材料费用降低了 13 元。影响材料消耗量变动的原因有产品设计的改进、材料质量的变化、材料加工操作技术的变化、材料利用程度的变化、代用材料的变化、废料回收情况等，应结合各个因素深入分析。

在材料价格变动方面，甲材料单价高于计划，使直接材料费用超支了 42 元，乙材料单价比计划降低，使直接材料费用降低了 22 元。影响材料单价变动的原因有材料买价、运费、材料采购批量、采购部门的管理水平、运输途中的损耗、材料入库前的挑选整理费用等，这些原因既有主观的，也有客观的，应结合具体情况深入分析。

2. 直接人工成本项目分析

影响直接人工成本项目实际脱离计划的原因主要是工时消耗量和人工费用分配率两个因素。

【例 12.14】 金鼎公司 20×1 年 9 月，生产 E 产品消耗的有关工时数量和人工费用分配率资料如表 12.16 所示。

表 12.16　E 产品直接人工成本对比计划变动情况分析表

编制单位：金鼎公司　　　　20×1 年 9 月

E 产品	消耗量（工时）		人工费用分配率（元/小时）		直接人工成本（元）		
	计划	实际	计划	实际	计划	实际	差异
生产工时	52	54	6.45	7.5	335.4	405	69.6

由表 12.16 可知，E 产品直接人工成本实际比计划超支 69.6 元，是受工时消耗量变动和人工费用分配率变动两大因素的影响。

（1）工时消耗量变动对直接人工成本的影响计算如下。

$$\begin{matrix}\text{生产工时变动对直}\\\text{接人工成本的影响}\end{matrix}=\left[\begin{matrix}\text{实际单位产品}\\\text{工时消耗量}\end{matrix}-\begin{matrix}\text{计划单位产品}\\\text{工时消耗量}\end{matrix}\right]\times\begin{matrix}\text{计划人工费用}\\\text{分配率}\end{matrix}$$

$$=(54-52)\times 6.45=12.9\text{（元）}$$

（2）人工费用分配率变动对直接人工成本的影响计算如下。

$$\begin{matrix}\text{人工费用分配率变动对直}\\\text{接人工成本的影响}\end{matrix}=\left[\begin{matrix}\text{实际人工费用}\\\text{分配率}\end{matrix}-\begin{matrix}\text{计划人工费用}\\\text{分配率}\end{matrix}\right]\times\begin{matrix}\text{实际单位产品}\\\text{工时消耗量}\end{matrix}$$

$$=(7.5-6.45)\times 54=56.7\text{（元）}$$

以上分析说明，E 产品直接人工成本比计划超支 69.6 元，是工时消耗量与人工费用分配率两个因素共同变动影响的结果。其中，工时消耗量变动使直接人工成本比计划超支了 12.9 元，人工费用分配率变动使直接人工成本比计划超支了 56.7 元。

单位产品工时消耗量上升意味着劳动生产率有所下降。劳动生产率越高，单位产品的工时就越少，单位产品直接人工成本就越低；反之，劳动生产率越低，单位产品的工时就越多，则单位产品直接人工成本就越高。因而，提高劳动生产率是降低单位产品直接人工成本的重要途径。影响工时消耗量变动的原因有生产组织、机器设备的性能、材料质量与规格、生产工艺的改变、工人技术的熟练程度、劳动纪律和劳动态度等。

人工费用分配率是指生产工人人工费用总额与生产工时的比率。生产工人人工费用总额的变动与企业工资政策、岗位定员、出勤率、企业产品特点、企业工人素质与管理水平等情况有关。生产总工时的变动与出勤率和出勤工时利用率的高低有关，应结合这些因素的变动深入分析，查找变动原因。

3. 制造费用成本项目分析

影响制造费用成本项目实际脱离计划的原因主要是工时消耗量和制造费用分配率两个因素。

【例 12.15】 金鼎公司 20×1 年 9 月，生产 E 产品消耗的有关工时数量和制造费用分配率资料如表 12.17 所示。

表 12.17　E 产品制造费用成本对比计划变动情况分析表

编制单位：金鼎公司　　20×1 年 9 月

E 产品	消耗量（工时）		制造费用分配率（元/小时）		制造费用成本（元）		
	计划	实际	计划	实际	计划	实际	差异
生产工时	42	44	4.5	3.75	189	165	−24

由表 12.17 可知，E 产品制造费用实际比计划节约 24 元，是受工时消耗量和制造费用分配率两个因素变动的影响。

（1）工时消耗量变动对制造费用成本的影响计算如下。

$$\text{生产工时变动对制造费用成本的影响}=\left[\text{实际单位产品工时消耗量}-\text{计划单位产品工时消耗量}\right]\times\text{计划制造费用分配率}$$

$$=(44-42)\times 4.5=9\text{（元）}$$

（2）制造费用分配率变动对制造费用成本的影响计算如下。

$$\text{制造费用分配率变动对制造费用成本的影响}=\left[\text{实际制造费用分配率}-\text{计划制造费用分配率}\right]\times\text{实际单位产品工时消耗量}$$

$$=(3.75-4.5)\times 44=-33\text{（元）}$$

以上分析说明，E产品制造费用实际比计划降低了24元，是工时消耗量与制造费用分配率两个因素共同变动影响的结果。其中，工时消耗量变动使制造费用实际比计划超支了9元，制造费用分配率变动使制造费用实际比计划降低了33元。

（三）主要技术经济指标分析

技术经济指标是指从各种生产资源利用情况和产品质量等方面反映生产技术水平的各种指标的总称，不同企业由于生产技术特点不同，用来考核的技术经济指标也各不相同。

企业各项技术经济指标完成的好坏，直接或间接地影响产品成本。把成本分析深入到技术领域，一方面能克服技术人员不问经济、财会人员不问技术的这种技术与经济的脱离现象，另一方面也能具体查明影响成本升降的各种生产技术因素，促使企业技术部门进行技术攻关，改进不合理工艺及操作技术，从而解决降低成本的根本问题。

对技术经济指标进行分析，主要是从产品数量与质量的变化角度，对与产品成本有关的主要经济技术指标变动情况进行分析，以便从生产、技术领域查明产品成本升降的内在原因，寻找用改善技术经济指标来降低产品成本的途径，目的是为了提高成本管理水平。

第五节　制造费用与期间费用明细表的编制和分析

一、费用明细表的分析概述

费用报表包括制造费用明细表和期间费用明细表（销售费用明细表、管理费用明细表和财务费用明细表），这些费用明细表各有各的用途，对它们分析研究也是各有不同的目的。

（1）根据各费用明细表，按各费用组成项目反映的构成内容进行分析，可以分析各项费用的开支是否合理。

（2）根据各费用明细表，按各费用组成项目反映的上年同期实际数、本年计划数、本月实际数和本年累计实际数，可以进一步分析各项费用计划的执行结果，以及与前期对比的发展趋势。

（3）根据各费用明细表，按各费用项目的构成反映各费用各个项目的变化，可以分析各项费用超支或节约的原因，以及对产品成本和本期利润产生的影响。

对各项费用明细表的分析主要采用对比分析法和结构比率分析法。

（1）对比分析法，视分析的目的，选择表中的某项数字为基数，将本期实际与基数进行对比，确定各个项目本期实际与对比基数的差异。分析时，可以将各项费用的本期实际数与计划数进行对比，分析计划的执行结果；可以将各项费用的本期实际数与上期实际数进行对比，了解其增减变化，分析发展趋势。

（2）结构比率分析法，以各项费用的总额为基数，分别用各项费用的各个项目与总额进行计算，求出所占比重，以找出影响费用总额的重点项目，确定管理的重点环节。

对各种费用明细表的分析，一般分为两个步骤。

（1）将各项费用本年实际发生额同本年计划数相对比，了解计划的执行情况。同时也可将各项费用本年实际发生额同上年同期实际数相对比，以观察各项费用的变化趋势。在进行对比分析时，既要计算其绝对差额，还要计算其相对差额，以便更好地了解各项费用的变化结果及其幅度。

（2）进一步研究各种费用增减变化的原因。由于上述四种费用包括的内容较多，且各项费用的性质和用途不同，因此须将各种费用进行分类分析，以便正确评价费用支出的合理性，寻求降低各种费用支出的不同途径和方法。

二、制造费用明细表的编制与分析

制造费用是指企业生产车间、部门为生产产品和提供劳务而发生的各项间接费用。根据《企业会计准则》的规定，可以计入制造费用核算的包括：生产车间发生的机物料消耗，生产车间管理人员的工资等职工薪酬，生产车间计提的固定资产折旧，生产车间支付的办公费、水电费、劳动保护费，废品损失和停工损失等。

制造费用是计入产品生产成本的费用，该项费用的高低，直接影响产品生产成本。如果基本生产车间生产多种产品，制造费用不能直接计入产品成本，需要采用一定的分配方法在不同的产品之间进行分配，然后计入各产品的生产成本。制造费用按照不同的生产车间、部门和费用项目进行明细核算。

制造费用明细表是反映企业报告期内发生的制造费用及其构成情况的一种成本报表。本表只反映基本生产车间的制造费用，不包括辅助生产车间制造费用。利用制造费用明细表所提供的资料，可以考核制造费用计划的执行情况，分析各项费用的构成情况和增减变动原因，以便进一步采取措施，节约开支，降低费用。该表一般按车间分别编制，然后加以汇总。

1. 制造费用明细表的内容、结构

制造费用明细表由表头和基本内容两部分组成。表头包括报表名称、编制单位、编制期间、计量单位；基本内容包括职工薪酬、折旧费、办公费、机物料消耗等项目的“本年计划”“上年同期实际数”“本月实际”和“本年累计实际数”。制造费用明细表的内容、结构如表 12.18 所示。

2. 制造费用明细表各栏目填列方法

制造费用明细表各栏目填列方法如下。

（1）本年计划栏：根据本年制造费用预算（计划）中的有关项目数字填列。

（2）上年同期实际栏：根据上年同期本表的“本月实际”栏数字填列。如果表内所列费用项目和上年度的费用项目在名称或内容上不相一致的，应对上年的各项数字按照表内规定的项

目进行调整。

表 12.18　制造费用明细表

编制单位：××××　　20××年×月　　（单位：元）

项　目	本年计划	本月实际	上年同期实际	本年累计实际	上年同期累计
职工薪酬					
折旧费					
办公费					
租赁费					
取暖费					
水电费					
机物料消耗					
劳动保护费					
保险费					
设计制图费					
试验检验费					
在产品盘亏和毁损					
其他					
制造费用合计					

（3）本月实际栏：应根据制造费用明细账上本月发生数填列。

（4）上年同期累计栏：根据上年“制造费用明细账”的累计实际发生额填列。

（5）本年实际累计栏：填列自年初起至编报月末止的累计实际数，应根据“制造费用明细账”的本月月末的累计数汇总计算填列，或根据本月实际数加上期本表的本年累计实际数填列。

（6）本表作为年报时，应填列全部“制造费用”账户各个项目的年度发生额。

3. 制造费用明细表分析

制造费用明细表分析所采用的方法主要是对比分析法和结构比率分析法。制造费用明细表分析是通过实际数与基数的对比来揭示实际数与基数之间的差异，借以了解经济活动的成绩和问题。

表 12.19　制造费用明细分析表

编制单位：银鹰公司　20×0 年度　（单位：元）

项　目	本年计划数	本年实际数	降低额	降低率
职工薪酬	124 340	125 248	−908	−0.730%
折旧费	81 140	82 484	−1 344	−1.656%
租赁费	42 192	42 240	−48	−0.114%
办公费	45 840	42 792	3 048	6.649%
水电费	60 780	60 749	31	0.051%
机物料消耗	45 650	42 434	3 216	7.045%
劳动保护费	41 104	49 694	−8 590	−20.898%
保险费	52 000	51 500	500	0.962%
其他	32 428	22 031	10 397	32.62%
制造费用合计	525 474	519 172	6 302	1.199%

【例 12.16】银鹰公司 20×0 年度制造费用明细情况分析如表 12.19 所示。

从表 12.19 中可以看出，银鹰公司 20×0 年度制造费用较计划降低了 6 302 元，降低了 1.199%。从各项费用项目来看，公司各项费用有升有降。其中，人工费、折旧费、租赁费与劳动保护费增长了，劳动保护费增长了 21%；办公费、水电费、机物料消耗、保险费和其他费用下降了，降低幅度最大的是其他费用，降幅高达 32.6%。

4. 制造费用明细表分析中应注意的问题

制造费用明细分析表列示了各项费用的本年计划数、本年实际数、降低额和降低率等资料，在对各项目进行分析时，将本期实际与计划进行对比，找出制造费用的有关差异，并运用结构比率分析法分析影响制造费用的主要因素。需要特别强调的是以下几点。

（1）制造费用发生在生产部门（分厂、车间），各项费用的性质和用途不同，评价各项目费用超支或节约时应该联系费用的性质和用途具体分析。如折旧费、机物料消耗等生产性费用，这些费用的发生是与产品生产相联系的，其高低与产品生产有着密切的联系，因此不能简单地认为某项费用超支就是不合理和不利的。如果本期为满足市场需求增加了产量，就必然要增加机物料的消耗，这是正常的、合理的，不能认为成本管理上存在薄弱环节。再如劳动保护费的增加也是有必要的。也不能简单地将一切节约都看成是合理和有利的。

（2）在分项目进行制造费用分析时，还应特别注意"在产品盘亏和毁损"以及"停工损失"等非生产性的损失项目的分析。这些项目的发生额都是生产管理不良的结果，不良性费用只要发生，就要从管理上查找原因。

（3）在采用结构比率法进行制造费用分析时，可以计算某项费用占制造费用合计数的结构比率，也可将制造费用分为与机器设备使用有关的费用、与机器设备使用无关的费用，以及非生产性损失等几类，分别计算其占制造费用合计数的结构比率。

三、管理费用明细表的编制与分析

管理费用是指企业为组织和管理企业生产经营所发生的管理费用。管理费用与产品生产没有直接关系，因此不计入产品生产成本，而是按发生的期间进行归集，将当期的实际发生数直接计入当期损益。管理费用的高低不影响产品成本，直接影响当期利润。

管理费用明细表就是反映企业在一定时期内发生的管理费用及其构成情况的报表。该表应该按月编制。

管理费用明细表的一般格式参见【例 12.17】。

【例 12.17】 银洋公司 20×0 年度管理费用明细情况分析如表 12.20 所示。

表 12.20　管理费用明细表

编制单位：银洋公司　　20×0 年度　　（金额单位：元）

项　目	本年计划数	本年实际数	降低额	降低率
职工薪酬	546 000	557 290	−11 290	−2.068%
折旧费	449 445	451 943	−2 498	−0.556%
办公费	369 000	366 652	2 348	0.636%
差旅费	364 500	365 382	−882	−0.242%
修理费	312 000	315 325	−3 325	−1.066%
水电费	38 600	40 800	−2 200	−5.699%
机物料消耗	44 900	44 640	260	0.579%
低值易耗品摊销	21 100	21 600	−500	−2.37%
保险费	76 000	76 000	0	0
研究费用	46 100	49 500	−3 400	−7.375%
业务招待费	44 100	45 400	−1 300	−2.948%
聘请中介机构费	43 000	46 000	−3 000	−6.977%
税金（房产税等）	18 000	18 562	−562	−3.122%
其他	8 000	10 082	−2 082	−26.03%
管理费用合计	2 380 745	2 409 176	−28 431	−1.194%

从表 12.20 可以看出，银洋公司管理费用 20×0 年较计划增长了 28 431 元，增长了 1.194%。从各项费用项目来看，只有办公费和机物料消耗下降了，其余费用都增长了，这是导致管理费用总体增长的主要原因。

管理费用明细表分析的基本方法和目的基本上与制造费用相同。在对各项目进行分析时，可以视分析的目的，选择其中某项资料为基数，将本期实际与基数进行对比，找出管理费用的有关差异，并运用结构比率分析法分析影响管理费用的主要因素。需要特别强调的是，管理费用发生在行政管理部门，费用的发生与产品生产无直接联系，费用项目多，大部分费用是固定费用，应编制预算加以控制。在分析时，首先应对费用按性质进行分类，分析哪些费用的发生是正常的，哪些是不正常的，哪些是管理上的原因，哪些不是管理上的原因，有针对性地进行管理和控制。管理费用各项目按性质一般可以分为如下几类。

（1）管理性费用，包括职工薪酬、办公费、差旅费、修理费、业务招待费等。这类费用的高低一般反映企业的管理水平，应从管理上找原因。

（2）发展性费用，包括研究费用等。这类费用的高低与企业的未来发展相关，不能简单地与管理水平挂钩，应将费用支出与带来的效益相比较进行分析。

（3）保护性费用，包括保险费等。这类费用的高低与企业防范生产经营风险和劳动保护条件的改善相关，可以避免未来的损失，因此，也不能简单地与管理水平挂钩，还是应将费用支出与带来的效益相比较进行分析。

四、财务费用明细表的编制与分析

财务费用是指企业为筹集生产经营所需资金等而发生的筹资费用。财务费用与产品生产也没有直接关系，不计入产品生产成本，按发生的期间进行归集，将当期的实际发生数直接计入当期损益。它同管理费用一样，费用的高低不影响产品成本，直接影响当期利润。

财务费用明细表就是反映企业在一定时期内发生的财务费用及其构成情况的报表。该表应该按月编制。

【例 12.18】 金鸡公司 20×0 年 12 月财务费用明细情况分析如表 12.21 所示。

表 12.21　财务费用明细表

编制单位：金鸡公司　　20×0 年 12 月　　（单位：元）

项　　目	本年计划数	上年同期实际数	本月实际数	本年累计实际数
利息支出（减利息收入）	46 400	46 500	5 636	51 620
汇兑损失（减汇兑收益）				
金融机构手续费	9 221	10 348	1 263	9 695
现金折扣（减收到折扣）	4 280	4 660	740	5 450
其他	6 600	6 762	427	5 280
合　　计	66 501	68 270	8 066	72 045

财务费用是为筹集企业生产经营资金而发生的，费用的高低直接取决于企业的负债，特别是银行借款。因此，在分析财务费用时，必须结合企业的借款来进行。首先，应分析借款结构（长短期借款比例）、借款利率、借款期限与生产经营需要是否相符，看能否通过调整借款结构控制财务费用；其次，应分析筹资成本、筹集资金带来的效益，看能否通过改变筹资渠道控制财务费用。

五、销售费用明细表的编制与分析

销售费用是指企业在销售商品和材料、提供劳务的过程中发生的各种费用。销售费用与产品生产也没有直接关系，不计入产品生产成本，按发生的期间进行归集，将当期的实际发生数直接计入当期损益。它的高低也不影响产品成本，直接影响当期利润。

销售费用明细表就是反映企业在一定时期内发生的销售费用及其构成情况的报表。该表应该按月编制。

【例 12.19】 金鹰公司 20×0 年 12 月销售费用明细情况分析如表 12.22 所示。

销售费用明细表分析的基本方法和目的与上述费用的分析方法和目的基本相同，在对各项目进行分析时，可以视分析的目的，选择其中某项资料为基数，将本期实际数与基数进行对比，找出销售费用的有关差异，并运用结构比率分析法分析影响销售费用的主要因素。需要特别强调以下几点。

表 12.22　销售费用明细表

编制单位：金鹰公司　　20×0 年 12 月　（单位：元）

项　目	本年计划数	上年同期实际数	本月实际数	本年累计实际数
职工薪酬	91 900	6 790	8 083	104 166
业务费	54 100	2 060	2 096	56 620
运输费	106 670	8 315	9 247	110 282
装卸费	74 900	6 100	4 816	68 673
包装费	110 400	8 540	8 942	124 351
保险费	20 900	1 843	2 035	51 200
广告费	131 100	9 800	11 100	163 100
差旅费	58 100	4 600	4 473	66 742
租赁费	14 440	1 218	853	12 936
专设销售机构办公费	20 256	1 645	1 886	20 714
折旧费	22 356	1 830	1 694	51 563
展览费	84 570	6 215	6 547	80 182
其他	16 756	2 435	1 696	18 214
合　计	806 448	61 391	63 468	928 743

（1）销售费用发生在销售过程，费用项目较多，大部分费用是变动费用，随着销售量的变化而变化。在分析时，应将销售费用的增减变动同销售量的增减变动结合起来考核，分析这些费用的发生和变动是否合理、正常。

（2）销售费用中有相当一部分费用的效益要在未来反映出来，如展览费、广告费等，对这类费用的分析应当连续几个时期进行，将销售费用与销售收入进行对比。如果销售收入的增长大于销售费用的增长，即使销售费用的绝对数是上升的，也属于正常情况；反之，则应强化费用的控制和管理。

（3）不良性费用，包括预计产品质量保证损失等，这类费用的发生与管理有直接的关系，必须从管理上查找原因。

本章小结

本章主要介绍成本报表的编制及成本分析的内容及方法。

（1）成本报表编制。

（2）成本报表的分析方法。成本分析主要是利用成本资料与其他相关资料，全面了解成本变动情况，系统研究影响成本升降的因素及形成原因，寻求降低成本的潜力，以取得更大的经济效益。成本分析的方法主要有对比分析法、比率分析法和因素分析法。

（3）商品产品成本报表的编制。商品产品成本表分为基本报表和补充资料两部分。依据有关成本资料进行填列。基本报表一般按可比产品和不可比产品分别填列。

（4）商品产品成本报表分析。商品产品成本报表分析包括全部商品产品成本计划完成情况分析和可比产品成本分析。

（5）主要产品单位成本表的编制。主要产品单位成本表通常分为产量、单位成本、主要技术经济指标和补充资料四部分，分别根据有关资料填列。

（6）主要产品单位成本报表分析。主要产品单位成本计划完成情况分析的内容，一般包括：

主要产品单位成本计划完成情况分析；影响单位产品成本主要项目的因素分析；各主要技术经济指标变动对单位产品成本影响的分析。

（7）其他费用明细表的编制与分析。制造费用明细表按费用项目反映制造费用的本年计划数，上年同期实际数和本年累计实际数。本年累计数应根据制造费用明细账中的本年累计发生额填列。管理费用、财务费用、销售费用明细表的编制与制造费用明细表的编制相类似。

习　题

一、单选题

1．成本报表属于（　　）。

A．对内报表　B．对外报表　C．二者兼有　D．由企业自行决定

2．成本报表的种类、格式和内容等，由（　　）。

A．政府有关部门规定　B．国家制定的企业会计制度规定

C．银行等债权人规定　D．企业自行决定

3．下列报表中，不包括在成本报表中的有（　　）。

A．商品产品成本表　B．制造费用明细表

C．期间费用明细表　D．资产负债表

4．制造费用明细表应当反映（　　）的制造费用总额。

A．企业各部门　B．企业各基本生产单位

C．企业各辅助生产单位　D．企业本部

5．对比分析法只适用于（　　）。

A．同质指标的质量对比　B．同质指标的数量对比

C．不同质指标的质量对比　D．不同质指标的数量对比

6．生产的产品数量发生变动（　　）。

A．只影响产品成本降低额　B．只影响产品成本降低率

C．不会影响产品成本降低额和降低率　D．会影响产品成本降低额和降低率

7．因素分析法各因素的排列顺序一般是（　　）。

A．数量指标在前，质量指标在后的原则　B．数量指标在前，也可以在后

C．质量指标在前，数量指标在后的原则　D．质量指标在前，也可以在后

8．成本报表是一种（　　）。

A．内部管理会计报表　B．对外财务会计报告

C．静态报表　D．汇总报表

9．把综合性指标分解为各个因素，研究诸因素变动对综合性指标变动影响程度的方法是（　　）。

A．对比分析法　B．因素分析法　C．趋势分析法　D．比率分析法

10．不属于期间费用明细表的是（　　）。

A．制造费用明细表　　B．管理费用明细表

C．销售费用明细表　　D．财务费用明细表

二、多选题

1．编制和报送成本报表的要求有（　　）。

A．数字真实　B．计算准确　C．内容完整　D.报送及时

2．与对外财务会计报告比较，成本报表的特点有（　　）。

A．为企业内部经营管理的需要而编制

B．报表种类和格式、内容的统一性

C．报表种类和格式、内容可由企业自行决定

D．按照国家统一会计制度的规定编制

3．主要产品单位成本表应当反映该主要产品的（　　）。

A．历史先进水平单位成本　　B．上年实际平均单位成本

C．本年计划单位成本　　D．本年实际平均单位成本

4．影响产品单位成本中直接人工费用变动的因素有（　　）。

A．产品生产工人的数量

B．产品生产工人工资总额

C．产品生产工人劳动生产率（单位产品工时消耗）

D．产品生产工人平均工资（小时工资率）

5．下列报表中，属于成本报表的有（　　）。

A．商品产品成本表　　B．主要产品单位成本表

C．制造费用明细表　　D．期间费用明细表

6．比较分析法中的比较方式主要有（　　）。

A．本期实际数据与本期计划数据比较

B．本期实际数据与前期实际数据比较

C．本期实际数据与前期计划数据比较

D．本期实际数据与本行业实际平均数据或本行业先进企业实际数据比较

7．影响产品单位成本中直接材料费用变动的因素有（　　）。

A．产品生产总量　　B．材料总成本

C．单位产品材料消耗量　　D．单位材料的价格

三、判断题

1．成本报表的种类、指标项目、格式和编制方法等必须符合国家有关部门的统一规定。（　　）

2．由于成本指标的特殊性，成本报表只能定期编制。（　　）

3．不同企业的成本报表可以存在差异。（　　）

4. 制造费用明细表只汇总企业基本生产单位的制造费用，不包括辅助生产单位的制造费用。（　　）

5. 制造费用明细表与期间费用明细表的编制方法类似。（　　）

6. 产品单位成本变动，既会影响成本降低额，又会影响成本降低率。（　　）

7. 产品品种结构变动，只会影响成本降低额，不会影响成本降低率。（　　）

8. 在固定成本总额不变的情况下，增加产品产量，可以降低单位产品成本中的固定成本。（　　）

9. 编制成本报表的目的主要是为了满足企业内部管理的需要。（　　）

10. 成本报表是一种内部管理会计报表，一般不对外报送和公开。（　　）

四、业务计算和分析题

1. 因素分析法与差额分析法的运用。

【资料】红海公司20×1年7月材料费用消耗的有关资料如表12.23所示。

要求：采用因素分析法分析各因素变动对材料费用的影响程度。

2. 练习商品产品成本表（按产品种类）的编制。

【资料】宏盛公司生产A、B、C三种产品。本年实际产量分别为1 250件、500件和500件，实际平均单位成本分别为189元、145元和165元。本年计划单位成本分别为191元、144元和177元。C产品为本年新生产产品，A、B两种产品上年实际平均单位成本分别为200元和150元。20×0年12月份有关产品成本资料如表12.24所示。

表12.23　材料费用消耗表

20×1年7月

项　目	计划	实际	差异
产品产量（件）	100	120	+20
单位产品消耗定额（千克）	20	17	−3
材料单价（元/千克）	20	25	+5
材料费用总额（元）	40 000	51 000	11 000

表12.24　产品成本资料

20×0年12月

产品	计划产量（件）	实际产量（件）	本月实际单位成本（元）
A	100	95	195
B	40	45	140
C	40	46	172

要求：

（1）编制宏盛公司20×0年商品产品成本表；

（2）编制宏盛公司20×0年全部产品成本计划完成情况表，并进行分析说明。

3. 练习商品产品成本表（按成本项目）的编制及降低指标的计算。

【资料】鼎盛公司20×0年12月商品产品成本项目情况如表12.25所示。

要求：根据上列资料，编制商品产品成本项目构成分析表。

4. 练习主要产品单位成本变动情况的分析。

【资料】海洋公司20×0年12月，根据A产品成本项目资料及主要技术指标，编制主要产品单位成本表，其格式和内容如表12.26所示。

表 12.25　按成本项目反映的商品产品成本表

编制单位：鼎盛公司　　　　20×0 年 12 月　　　　（单位：元）

项　　目	上年实际	本年计划	本月实际	本年累计实际
直接材料费用	753 260	724 260	77 920	861 260
直接人工费用	322 820	320 850	34 430	388 430
制造费用	530 010	512 440	52 390	582 780
生产费用合计	1 606 090	1 557 550	164 740	1 832 470
加：在产品、自制半成品期初余额	95 940	61 400	76 500	77 020
减：在产品、自制半成品期末余额	77 020	88 490	94 140	94 140
产品生产成本合计	1 625 010	1 530 460	147 100	1 815 350

表 12.26　主要产品单位成本表

20×0 年 12 月

产品名称：A 产品　　　　本月实际产量：100 件　　　　本年累计实际产量：900 件

成本项目	单位	历史先进水平（××××年）	上年实际平均	本年计划	本年实际	本年累计实际平均
直接材料	元	430	480	480	560	508
直接人工	元	260	270	250	350	322
制造费用	元	170	230	230	250	180
成本合计	元	860	980	960	1 160	1 010
主要技术指标		用量	用量	用量	用量	用量
甲材料	千克	33	43	38	45	41
乙材料	千克	20	22	21	24	20
工　时	小时	30	32.5	31	33	32

要求：

（1）编制单位成本对比计划变动情况分析表，分析 A 产品单位成本变动情况；

（2）分析影响原材料费用变动的因素和各因素变动的影响程度。

第十三章

质量成本核算

知识目标

通过本章的学习，掌握质量成本的概念、内容和分类，质量成本核算的对象，质量成本的职能及质量成本的计算方法，了解质量成本的归集范围和各种生产成本之间的关系。

能力目标

通过本章的学习，应能掌握质量成本核算的基本职能，正确区分质量成本内容分类的范围，了解质量成本计算的方法和程序。

第一节　质量成本的概念、内容和分类

一、质量成本的概念和内容

质量成本的概念仅与不良品有关，即生产、发现、修理或避免各种不良品的成本。生产好的产品的成本不属于质量成本。质量成本是指企业为了保证和提高产品或服务质量而支出的一切费用，以及因未达到产品质量标准，不能满足用户和消费者需要而产生的一切损失，即由于质量低劣而引起的成本。这些成本表明了存在着很大的潜在收益，因而也是企业研究的对象。质量成本与质量职能有关的成本，要专门归集，以便像其他职能成本一样，计算这一职能的成本，并实施控制。

1. 国际观点

约瑟夫·莫西·朱兰（Joseph M. Juran，1904—2008）特别强调，质量成本所造成的惊人损失只有通过转化为金钱衡量才能引起重视。需要强调的是，朱兰所认同的质量成本的概念仅仅是与缺陷产品成本相关联的，也就是因制造、发现、维修和预防缺陷所造成的损失。因此他将质量成本分为四大范畴。

（1）内部失效成本，产品输送给顾客之前发现的缺陷所造成的损失。

（2）外部失效成本，产品输送给顾客之后发现的缺陷所造成的损失。

（3）鉴定成本，为确定产品不符合质量要求的程度所造成的损失，并可用于产品状况评估。

（4）预防成本，为防止缺陷在第一时间发生所造成的费用，或为了将以上的失效和鉴定成本降到最低限度所造成的费用。

朱兰认为，在绝大多数企业中前两种失效所造成的损失占全部质量成本的 50%～80%。因而他建议要明确特定的改进项目，然后逐步改进质量的符合性，继而降低不良质量成本，尤其

是内部和外部的失效成本。

朱兰对于质量成本研究的另一大贡献是提出了质量与成本之间必须要加以权衡的观念。他认为，质量成本可用于质量计划目标的建设，也就是："持续改进质量，直到改进再也无法得到经济上的回报"。所以最低的质量成本将在鉴定和预防活动的投入等于所挽回的失效损失时达到最小值。所以，当预防和鉴定成本低于失效成本时，预防与鉴定活动就应被持续推动，而当二者趋于相等时就应开始维持现有质量水平，而不是继续寻求减少缺陷。为寻求和维持这种最低质量成本，朱兰提出了三种并行的途径，分别是：寻求突破项目、控制改进次序和编制一年一度的质量计划。

2. 国内观点

质量成本由两部分组成，一部分是为确保和保证满意的质量而发生的费用，即预防和鉴定成本，一般将这部分质量成本看作是投入；另一部分是由于没有达到质量要求所造成的损失，即内部和外部损失成本，有时统称为质量损失成本。经过十多年的企业实践和课题研究，我们认为可以将这些费用归纳如下。

（1）预防成本，采用了错误的工艺、材料、工序等造成的错误而产生的成本。这些隐性成本在财务数据中是无法体现出来的。要分析停工原因，是由于管理问题导致的成本，应记入质量成本，为避免或减少不合格产品（如质量故障、不能满足质量要求或无效工作等）而投入的费用。

（2）鉴定成本，为了评定是否存在不合格而投入的费用，诸如试验、检验、检查和评判的费用。

（3）内部损失成本，出现的不合格在交货前被检出而构成的损失，如为消除不合格而重新提供服务、重新加工、返工、重新鉴定或报废等。

（4）外部损失成本，出现的不合格在交货后被检出而构成的损失，如为消除不合格而重新提供服务、重新加工、返工、重新鉴定或报废等。

二、质量成本费用范围归集明细表

进行质量成本归集时，企业须设置质量成本总账账户，然后设置预防成本、鉴定成本、内部损失成本、外部损失成本四个二级账户。各二级账户之下，按其所包括的具体费用项目，分设若干明细账户。在此基础上，按照 GB/T 13339-1991 标准归集有关质量成本数据。具体情况如表 13.1 所示。

表 13.1　质量成本费用范围归集明细表（GB/T 13339-1991）

二级科目	三级科目	定　义	费用开支范围	费用来源
预防成本	1. 质量培训费	为达到质量要求或改进产品质量的目的，提高员工的质量意识和质量管理业务水平进行培训所支付的费用	①授课费（外请师资授课）；②书籍费、文具费、资料费；③外培费（含委外培训费）、补助费、交通费等	企业管理费
	2. 质量管理活动费	为开支质量管理所发生的费用	①质量管理部门办公费；②质量管理咨询诊断费；③质量体系认证费；④外部质量审核费；⑤质量奖励费；⑥多方论证小组活动费；⑦文件、资料印刷费；⑧差旅费等	企业管理费 专用基金 车间经费
	3. 质量改进措施费	为保证改进产品质量所支付的费用	①有关的工艺、技术改进的资源投入费用，如改进产品质量、检测器具添置所发生的费用；②产品创优、质量整顿措施费	企业管理费 车间经费

续表

二级科目	三级科目	定　义	费用开支范围	费用来源
预防成本	4. 质量评审费	对企业内部进行质量体系审核、过程审核、产品审核、APQP阶段性工艺审核。生产件批准多发生的费用（含试制和试生产样品评审成本）	①资料费；②会议费；③办公费；④新产品鉴定、产品试制和评审费等其他有关费用	企业管理费
	5. 工资及福利基金	专职质量管理人员的工资总额及提取的职工福利基金	①技术部、质检部管理人员工资；②技术部、质检部管理人员提取的职工福利基金	企业管理费 车间经费
鉴定成本	1. 检验、试验、鉴定费	对外购协件和产品实施的进货过程、最终检验、试验及对量测设备仪器实施周期性鉴定所发生的费用	①委外鉴定、试验费；②送检人员差旅费；③内部检验、试验的材料费；④破坏性试验、检验材料（产品）成本费；⑤其他有关费用	企业管理费 车间经费
	2. 质量检验部门办公费	质量检验部门为开展日常检验工作所支付的办公费	测量工具试验设备日常维护费用	企业管理费
	3. 工资及福利基金	从事质量检验/试验工作人员的工资及福利基金总额	①检验员、实验员、计量员的工资；②上述人员提取的福利基金	企业管理费 车间经费
	4. 检测/试验设备维修、折旧费	检测/试验设备维护、校正修理费和折旧费	①大修折旧费；②中小修理费；③维护校准费	企业管理费 车间经费
内部质量损失成本	1. 报废损失费	外购外协件、产品（含半成品）的废品损失	①材料费；②人工费（含工费和管理费）；③设备损耗（折旧费）；④能源损耗费	基本生产 辅助生产
	2. 返工、返修费	实施返工返修所发生的费用	①人工费；②材料费；③委外加工费；④能源损耗费；⑤设备折旧费	基本生产
	3. 降级损失费	因产品产量达不到要求，降级处理所损失的费用	合格品价格与降级品价格之间的差额损失费	基本生产
	4. 停工损失费	因质量问题造成停工所损失的费用	停工期间损失的净产值	基本生产 辅助生产
	5. 产品质量事故处理费	因处理内部产品质量事故所支付的费用	①重复检验/试验费；②筛选费（含工费、设备费、能源消耗费等）	企业管理费 车间经费
外部质量损失费	1. 索赔费	因交付产品质量未达到顾客要求，对顾客进行理赔支付的费用	①支付的赔偿金（含罚金）；②索赔处理费（含额外的包装、运输、管理费等）；③差旅费	企业管理费
	2. 退货损失费	因产品质量达不到顾客要求导致顾客退货、换货支付的费用	①包装损失费；②运输费；③退回产品的净损失（返工、返修、报废损失费）	企业管理费
	3. 让步接收（或折价）损失费	因产品未全部满足顾客要求，顾客按让步接收处置损失的费用	产品销售价格与让步接收后的售价的差价损失	销售
	4. 事故处理费	因产品未达到顾客要求，派人去顾客处实施返工/返修损失的费用	①差旅；②人工费（工费和管理费）；③更换零部件成本；④检验/试验费；⑤运输费	企业管理费
外部质量保证成本	1. 质量保证措施费	应用户特殊要求而增加的质量管理费用	如有特殊要求可增设外部质量保证成本	企业管理费
	2. 产品质量证实试验费	为用户提供产品质量受控依据进行质量证实试验支付的费用		企业管理费
	3. 评定费	应用户特殊要求进行产品质量认证支付的费用		企业管理费

质量成本分为显见质量成本和隐含质量成本。

显见质量成本是根据国家现行成本核算制度规定并列入成本开支范围的质量费用，以及由于专用基金开支的质量费用。

隐含质量成本是未列入国家现行成本核算制度规定的成本开支范围，也未列入专用基金，通常不是实际支出的费用，而是反映实际收益的减少，如产品降级、降价、停工损失。

第二节　质量成本的核算方法

一、质量成本的核算方法

目前，国内外企业对质量成本核算主要采用统计核算法、会计核算法，以及会计与统计相结合的核算方法。

统计核算方法是指采用货币、实物量、工时等多种计量单位，运用一系列的统计指标和统计图表，运用统计调查的方法取得资料，并通过对统计数据进行分组、整理，获得所要求的各种信息，以揭示质量经济型的基本规律为目的，不注重质量成本数据的完整性及准确性（只需要相对准确）的一种核算方法。

会计核算方法是指采用货币作为统一度量，采用设置账户、复试记账、填制凭证、登记账簿、成本计算和分析、编制会计报表等一系列专门方法，对质量成本全过程进行连续、系统、全面和综合的记录和反映；严格地以审核无误的凭证为依据，质量成本资料必须准确、完整，整个核算过程与现行成本核算相类似的一种核算方法。

会计和统计相结合的核算方法即根据质量成本数据的来源不同，而采取灵活的处理方法的一种核算方法。其特点是：采用货币、实物量、工时等多种计量手段；采取统计调查、会计记账等方法收集数据；方式灵活机动，资料力求完整。

质量成本既然是一种专项成本，就具有现行财务成本的一些特征，但它更是一种经营管理成本，其出发点和归宿点都是为质量经营管理服务。因此，其应不拘泥于现行财务成本核算的规章制度约束，而应体现自己的特殊性。所以，质量成本核算方法的理想选择是以会计核算为主、统计核算和业务核算为辅。其基本特征是：以货币计量为主，适当辅之以实物计量、工时计量及其他指标，如合格品率、社会贡献率等。其主要通过会计专门方法来获取质量成本资料，但在具体运用这些专门方法时，可根据具体情况灵活处理，如对有些数据的收集不必设置原始凭证，也不必进行复式记账，账簿记录也可大大简化，质量成本的归集和分配应灵活多样。对通过统计手段、业务手段获取的资料，原则上只要求基本准确，也不要求以原始凭证作为获取信息的必备依据。

表 13.2　质量成本的账户设置

一级账户	二级账户	三级账户
质量成本	预防成本	质量培训费
		质量培训改进措施费
		……
	鉴定成本	进货检验费
		产品质量认证费
		……
	内部故障成本	不合格品损失费
		停工损失费
		……
	外部故障成本	退货损失费
		折价损失费
		……

1. 我国质量成本的账户设置

我国的质量成本一般分为三级科目：一级科目是质量成本；二级科目是预防成本、鉴定成本、内部故障（损失）成本、外部故障（损失）成本。

三级科目如表13.2所示，国家标准GB/T13339-1991《质量成本管理导则》中推荐的科目，企业可依据各行业实际情况及质量费用的用途、目的、性质进行增删。质量成本账户设置框架参考表13.1。

2. 国内质量成本项目名称

表13.3列举了我国国内五种行业企业质量成本项目具体设置情况，具有一定的代表性。

表13.3 国内质量成本项目名称对比表

	有色冶金企业	电缆企业	机械企业	机械部门行业	航空仪表企业
预防成本	1. 培训费 2. 质量工作费 3. 产品评审费 4. 质量情报费 5. 质量公关费 6. 质量奖励费 7. 改进包装费 8. 技术服务费	1. 质量培训费 2. 质量管理办公及业务活动费 3. 新产品评审费 4. 质量管理人员工资等费用 5. 固定资产折旧及大修理费用 6. 工序能力研究费 7. 质量奖励费 8. 提高和改进措施费	1. 培训费 2. 质量工作费 3. 产品评审费 4. 质量奖励费 5. 工资及附加费 6. 质量改进措施费	1. 质量培训费 2. 质量审核费 3. 新产品评审费 4. 质量改进费 5. 工序能力研究费 6. 其他	1. 质量培训费 2. 质量管理人员工资 3. 新产品评审活动费 4. 质量管理资料费 5. 质量管理会议费 6. 质量奖励费 7. 质量改进措施费 8. 质量宣传教育费 9. 差旅费（因质量）
鉴定成本	1. 原材料检验费 2. 工序检验费 3. 半成品检验费 4. 产品检验费 5. 存货复检费 6. 检测手段维修费	1. 进货检验和试验费 2. 新产品质量鉴定费 3. 半成品及产品检验和试验费 4. 检验及试验办公费 5. 检测房屋设备折旧及大修理费 6. 检测设备及仪器维修费 7. 检验试验人员工资奖励费用	1. 检测试验费 2. 零件工序检验费 3. 特殊检验费 4. 产品检验费 5. 目标鉴定费 6. 检测设备评检费 7. 工资费用	1. 进货检验费 2. 工序检验费 3. 材料及样品试验费 4. 出厂检验费 5. 设备精度检验费	1. 原材料入厂检验费 2. 工序检验费 3. 元器件入厂检验费 4. 产品验收检定费 5. 元器件筛选费 6. 设备仪器管理费
内部损失成本	1. 中间废品 2. 最终废品 3. 残料 4. 二级品折价及损失 5. 返工费用 6. 停工损失 7. 事故处理费	1. 材料报废及处理损失 2. 半成品、在制品、产成品报废损失 3. 超工艺损耗损失 4. 降级和处理损失 5. 返修和复试损失 6. 停工损失 7. 分析、处理费	1. 返修复检费 2. 废品损失 3. 车间“三包”损失 4. 产品降级损失 5. 工作失误损失 6. 停工损失 7. 事故分析、处理费	1. 返修复检费 2. 废品损失费 3. 筛选损失费 4. 降级损失费 5. 停工损失费	1. 产品提交失败损失 2. 综合废品损失 3. 产品定检失败损失 4. 产品折价损失 5. 其他
外部损失成本	1. 索赔处理费 2. 退货损失 3. 折价损失 4. 返修损失费	1. 保修费用 2. 退货损失费 3. 折价损失及索赔费 4. 申诉费用	1. 索赔损失 2. 退货损失 3. 折价损失 4. 保修损失 5. 用户建议费	1. 索赔费 2. 退货损失费 3. 折价损失费 4. 保修费	1. 索赔损失 2. 退费损失 3. 保修费用 4. 事故处理费 5. 其他

3. 国内质量成本分析的案例

某轮胎制造商某年度质量成本如表13.4所示，其对年度质量成本进行了统计分析，得出以下结论：

（1）年质量损失约达 900 000 元；

（2）大部分（79.1%）的质量成本集中在质量失败成本（失败成本包括的项目如表 13.4 所示）；

（3）质量失败成本大约是鉴定成本的 5 倍；

（4）预防成本只占总成本的小部分（4.29%）；

（5）有些不良质量成本不易量化，如“顾客不满意”。

经验证明：企业有必要将总质量成本与高层管理者所熟悉的数字相联系，这样有助于理解和重视。对高层管理者有“重大打击”的有关数字如下：

（1）质量成本占总销售额的百分比；

（2）质量成本与利润相比较；

（3）上市股票每股的质量成本；

（4）质量成本占销售成本的百分比；

（5）质量成本占制造成本的百分比；

（6）质量成本对盈亏平衡点的影响。

表 13.4 某轮胎制造商某年度质量成本表

质量失败成本——损失	具体损失（单位：元）	损失比（%）
（1）库存不良品	3 276	0.37
（2）产品的修补	73 229	8.31
（3）废品的收集	2 288	0.26
（4）废品的浪费	187 428	21.36
（5）顾客的诉怨处理	408 200	46.31
（6）降级的产品	22 838	2.59
（7）顾客不满意	不计	
（8）顾客政策的调整	不计	
合　计	697 259	79.10%
鉴定成本		
（1）进料检验	32 655	2.68
（2）检验 1	32 582	3.7
（3）检验 2	25 200	2.86
（4）现场查核的检验	65 910	7.37
合　计	146 347	16.61%
预防成本		
（1）当地工厂质量控制工程	7 848	0.89
（2）公司的质量控制工程	30 000	3.4
合　计	37 847	4.29%
总　计	882 454	100.00%

4. 质量损失的核算

质量损失的账户设置，一般应设置“质量损失”总账，下设“产品质量损失”“工作质量损失”两个二级账户，明细科目的设置可根据各企业质量损失的大小、质量损失各具体项目的构成情况，择其要者设置，这样有利于对最重要的质量损失项目进行收集和控制，具体设置如表 13.5 所示。

5. 质量成本核算的账务处理

质量成本科目虽然只是一个过渡性科目，用于对质量成本进行归集及核算，但是已经作为一个统一的增设规定，为质量成本核算及报表统一口径做保证。

（1）会计处理主要原则是：所有有关质量成本的费用都必须进行质量成本核算。费用先计入质量成本相关明细科目，再从质量成本科目中转出，结转至相关成本类或损益类科目中，月末质量成本每一明细科目上都没有余额。

表 13.5 质量损失的账户设置

一级账户	二级别账户	三级账户
质量损失	产品质量损失	不良设计损失
		最优设计损失
		……
	工作质量损失	报废损失
		退货换货损失

（2）每月结转各单位工资时，涉及质管处和计检处的工资性支出。

借：管理费用——工资及福利费

质量成本——预防成本——工资及福利费

质量成本——鉴定费用——工资及福利费

贷：应付工资

再将质量成本明细科目的相关费用转出。

借：管理费用——工资及福利费

贷：质量成本——预防成本——工资及福利费

质量成本——鉴定费用——工资及福利费

其他所有属于计检处、质量部门的费用性科目都必须经过质量成本明细科目的归集范围分类，进行这样的账务处理，如废品损失的核算如下。

借：质量成本——内部损失——废品损失

贷：生产成本——基本生产成本——原材料

生产成本——基本生产成本——工资及福利费

再将质量成本明细科目的相关费用转出。

借：生产成本——基本生产成本——原材料

生产成本——基本生产成本——工资及福利费

贷：质量成本——内部损失——废品损失

涉及现金和银行存款支付的质量成本，做如下账务处理，如工厂质量培训费，发生现金直接支付时，账务处理如下。

借：质量成本——预防成本——质量培训费

贷：现金等

再将质量成本的相关费用转出。

借：其他应付款——职工教育经费

贷：质量成本——预防成本——质量培训费

即先对此项支付做质量成本科目的归集，再将此明细科目结转至原账务处理的相关成本类或损益类科目。如直接涉及损益的质量处置费和三包索赔的账务处理如下：

借：质量成本——外部损失成本——折价损失费

质量成本——外部损失成本——索赔费

贷：应收账款 （或现金类）

再将质量成本的相关费用转出。

借：营业费用

贷：质量成本——外部损失成本——折价损失费

质量成本——外部损失成本——索赔费

二、国外质量成本项目的设置情况

为了便于大家参考，根据国外的实践经验，在表13.6中列举了国外几种具有代表性的质量成本项目设置情况供参考。

表13.6 国外质量成本项目名称对比表

	美国（菲根堡姆）	美国（丹尼尔·M. 伦德瓦尔）	瑞典（兰纳特·桑德霍姆）	法国（让·玛丽·戈格）	日本（市川龙三氏）
预防成本	1. 质量计划工作费用 2. 新产品的评定费用 3. 培训费用 4. 工序控制费用	1. 质量计划工作费用 2. 新产品评审费用 3. 工序控制费用	1. 质量方面的行政管理费 2. 新产品评审费 3. 质量管理培训费	1. 审查设计 2. 计划和管理费 3. 质量管理费用 4. 质量调查	1. 质量管理计划 2. 质量管理技术 3. 质量管理教育 4. 质量管理事务

续表

	美国（菲根堡姆）	美国（丹尼尔·M. 伦德瓦尔）	瑞典（兰纳特·桑德霍姆）	法国（让·玛丽·戈格）	日本（市川龙三氏）
预防成本	5. 收集和分析质量数据的费用 6. 质量报告费	4. 收集和分析质量数据的费用 5. 汇报质量的费用 6. 质量改进计划执行费用	4. 工序控制费 5. 数据收集分析费 6. 推进质量管理费 7. 供应商评价费	5. 采购质量计划	
鉴定成本	1. 进货检验费 2. 零件检验与试验费 3. 产品检验与试验费 4. 检测手段维护保养费 5. 检验材料的消耗或劳务费 6. 检测设备的保管费	1. 来料检验 2. 检验和试验费用 3. 保证试验设备精确性的费用 4. 耗用的材料和劳务 5. 存货估价费用	1. 来料检验 2. 工序检验 3. 检测手段维护标准费 4. 产品检验费 5. 质量审核费 6. 特殊检验费	1. 进货检验 2. 制造过程中的检验和试验 3. 维护和校准 4. 确定试制产品的合格性	1. 验收检验 2. 工序检验 3. 产品检验 4. 实验 5. 再审 6. PM（维护保养）
内部损失成本	1. 废品损失 2. 返工损失 3. 复检费用 4. 停工损失 5. 降低产量损失 6. 处理费用	1. 费用损失 2. 返工损失 3. 复检费用 4. 停工损失 5. 产量损失 6. 处理费用	1. 费用损失 2. 返工损失 3. 复检费用 4. 降级损失 5. 减产损失 6. 处理费用 7. 废品分析费用	1. 废品 2. 修理 3. 拒收进货 4. 不合格品的处理	1. 出厂前的不良品（报废、修整、外协中不良设计变更） 2. 无偿服务 3. 不良品对策
外部损失成本	1. 处理用户申诉费 2. 退货损失 3. 保修费 4. 折价损失 5. 违反产品责任法所造成的损失	1. 申诉管理费 2. 退货损失 3. 保修费用 4. 折旧费用	1. 受理顾客诉讼费 2. 退货 3. 保修费用 4. 折扣损失		

三、质量成本核算的基础工作

质量成本核算的基础工作包括建立健全各种原始记录，建立健全计量和计价制度，建立健全质量成本核算责任制等。

（1）质量成本核算的各种原始记录包括台账、表格、卡片、表格等，企业应根据不同的核算要求，设计不同格式的原始凭证，以便及时登记、收集与质量成本有关的数据。

（2）质量成本的计量和计价制度。质量成本的范围从设计到售后服务的各个环节，且很多与产品成本混杂在一起，需要进行仔细的分离，有些属于隐含的、潜在的支出，更需要通过建立一整套完善的计量、计价制度，才能相对完整地收集质量成本数据。这一切有赖于配置灵敏、准确的计量、检测器具，并保持良好的工作状态，建立必要的计量制度，同时，还应根据企业实际及市场行情，制订不同的计价标准，为质量成本充分运用货币手段打下基础。

（3）建立健全质量成本核算责任制。质量成本各项数据的记录、收集、计算、考核、分析、控制、改进、奖惩只有与责任单位紧密联系起来，才能落到实处，取得成效。质量成本核算责

学习参考
不良质量成本统计示例

任制的主要内容包括：质量成本各项内容的责任分解，在充分利用现有财会人员的基础上，培训、充实各级质量成本核算员，并明确职责分工；建立质量成本数据分离、记录、审核、汇集、计算、传递、报告的工作程序和规章，确保质量成本核算的及时、准确。

本章小结

质量成本的概念仅与不良品有关，即生产、发现、修理或避免各种不良品的成本。生产好的产品的成本不属于质量成本。质量成本是指企业为了保证和提高产品或服务质量而支出的一切费用，以及因未达到产品质量标准，不能满足用户和消费者需要而产生的一切损失，即由于质量低劣而引起的成本。这些成本表明存在着很大的潜在收益领域，因而也是企业研究的对象。质量成本是与质量职能有关的成本，要专门归集，以便像其他职能成本一样，计算这一职能的成本，并实施控制。

质量成本的主要特点：①它是一种经营管理成本，其出发点和归宿点都是为质量经营管理服务，因此，其应不拘泥于现行财务成本核算的规章制度约束，而应体现自己的特殊性；②以货币计量为主，适当辅之以实物计量、工时计量及其他指标，如合格品率、社会贡献率等；③对通过统计手段、业务手段获取的资料，原则上只要求基本准确。

质量成本的计算程序如下。

（1）根据国家标准 GB/T13339-1991《质量成本管理导则》中推荐的科目，设置账户。一般分为三级科目：一级科目质量成本；二级科目预防成本、鉴定成本、内部故障（损失）成本、外部故障（损失）成本；三级科目如表 13.2 所示。

（2）按产品质量成本类别设置产品成本明细账。

（3）根据各项质量成本发生的费用，按类别归集、计算。

（4）根据质量成本明细账所归集的各项生产费用，进行质量成本账务处理。

习 题

一、单选题

1．质量成本按其（　　）可以划分为显性质量成本和隐含质量成本两种。

A．发生的性质　B．表现形式　C．成本控制角度　D．考核方式

2．（　　）是因质量达不到既定要求、控制失效而造成的损失。

A．预防成本　B．鉴定成本　C．显性质量成本　D．隐性质量成本

3．由于质量缺陷而导致的销售下降、降价而放弃的收益等属于（　　）。

A．可控成本　B．显性成本

C．结果成本　D．直接质量不良成本

4．现代质量成本管理的最优水平存在于（　　）。

A．质量总成本最低之处　　B．产品质量最佳之处

C．经济效益最好之处　　D．所生产产品达到目标价值之处

5．产品制造周期指标是反映（　　）。

A．客户满意度的财务指标　　B．客户满意度的非财务指标

C．企业内部绩效的财务指标　　D．企业内部绩效的非财务指标

6．显性成本和隐性成本是从（　　）角度进行的分类。

A．成本控制　　B．成本发生　　C．全面质量管理　　D．价值补偿

7．随着产品质量的提高（　　）。

A．预防成本与鉴定成本出现下降趋势，内部缺陷成本与外部缺陷成本也呈下降趋势

B．预防成本与鉴定成本出现向上趋势，内部缺陷成本与外部缺陷成本则呈下降趋势

C．预防成本与鉴定成本出现向上趋势，内部缺陷成本与外部缺陷成本也呈上升趋势

D．预防成本与鉴定成本出现下降趋势，内部缺陷成本与外部缺陷成本则呈上升趋势

8．在以质量为竞争手段时，列示（　　）成本占销售收入的比率则更具有现实意义。

A．质量　　B．内部缺陷

C．外部缺陷　　D．机会成本

9．将期内质量改进项目的进展程度以图表的形式加以表达的报告是（　　）。

A．短期质量成本报告　　B．多期趋势质量成本报告

C．中期质量报告　　D．长期质量成本报告

10．下列有关质量业绩财务指标的表述中不正确的是（　　）。

A．是权衡预防成本和缺陷成本的通用标准

B．是反映企业质量状况的简要的指标

C．是反映企业质量状况总括性的指标

D．有助于将注意力集中在需要改进的问题领域

二、多选题

1．现代质量成本具有的特征是（　　）。

A．广泛性　　B．动态性

C．多样性　　D．收益性

E．潜在性

2．工作质量指标一般包括（　　）等。

A．合格率　　B．废品率

C．返修率　　D．质量稳定提高率

E．等级品率

3．从成本控制角度考察，质量成本可分为可控成本和结果成本。可控成本包括（　　）。

A．预防成本　　B．内部缺陷成本

C．外部缺陷成本　　D．鉴定成本

E．显性质量成本

4．客户满意度的非财务指标包括（　　）。
A．合格产品占总产品的比例　　B．客户投诉次数
C．每条生产线的不良产品数量　　D．准时交货的比例
E．销售给客户的不良产品数量占销售产品总数量的百分比
5．下列说法中，正确的有（　　）。
A．产品质量和产品成本之间存在着依存关系
B．传统质量成本管理的目标是寻求可接受的质量水平
C．预防成本与鉴定成本随着产品质量的提高而迅速下降
D．控制成本的提高，将导致结果成本的下降
E．现代质量成本管理强调通过减少缺陷产品的数量，以便降低其质量总成本
6．下列各项中，属于质量成本的是（　　）。
A．由于一项质量诉讼导致销售额的下降
B．由于车床故障导致公司产品毁坏而发生的修理费
C．支付给废品率最低生产小组的奖金
D．支付给售后服务人员的工资
E．质量评审费用
7．下列各项中，属于外部缺陷成本的有（　　）。
A．由于所生产的产品需要返工而发生的额外运输费
B．缺陷产品的退回成本
C．产品保修费用
D．商誉的损失
E．产品降级损失
8．下列各项中，属于反映企业内部质量业绩状况的指标有（　　）。
A．不良产品数量占销售产品总数量的百分比
B．合格产品占总产品的比例
C．预防成本
D．每条生产线的缺陷产品数量
E．鉴定成本
9．质量业绩考核通常有（　　）。
A．客户满意度　　B．企业内部绩效
C．外部缺陷成本　　D．内部缺陷成本
E．预防成本
10．质量成本报告一般有（　　）。
A．短期质量成本报告　　B．多期趋势质量成本报告
C．不定期质量报告　　D．中期质量成本报告
E．长期质量报告

三、判断题

1．为了全面地反映和考核质量成本的发生情况，在进行会计计量时，还应考虑由于质量缺陷而发生的机会成本。（　）

2．质量成本随着地域、时期、使用对象、社会环境、市场竞争的变化而赋予不同的内容和要求。（　）

3．进行质量成本的核算是实施全面质量管理的一个重要前提。（　）

4．由于隐含成本是不可计量的，为了满足分析决策之需，可采用适当的方法做相应的估计。（　）

5．质量成本水平与可控成本呈反方向的变化，与结果成本呈同方向的变化。（　）

6．鉴定成本是为了防止产生不合格品与质量故障而发生的各项费用。（　）

7．质量成本效益分析的目的就是结合企业的具体条件，寻求质量成本的最佳值。（　）

8．列示质量成本占销售收入的比率，或列示质量成本占销售成本的比率，能帮助管理人员判断质量相关支出的合理性。（　）

9．由于现代质量成本管理的目标是追求零缺陷，因而不应该存在缺陷成本。质量成本报告只是增值与非增值成本之间差异的报告。（　）

10．在所有的质量成本中，内部缺陷成本是最具有破坏性的，而且最难计量。（　）

四、业务题

目的：进一步熟悉质量成本的内容，并进行分析。

【资料】20×4 年初，甲公司计划开始进行一个质量改进项目。年末，短期质量成本报告所反映的废品和返工品都有所减少。公司的管理当局要求估算该质量改进项目产生的财务影响。为了进行这个估算，收集了下列关于当年和上年的财务数据（见表 13.7）。

表 13.7　甲公司当年和上年的财务数据

项　目	上年（20×3 年）	本年（20×4 年）
销售收入	20 000 000	20 000 000
废品	600 000	400 000
返工	800 000	500 000
产品检验	200 000	220 000
产品保修	1 500 000	1 200 000
质量培训	80 000	100 000
材料检验	50 000	30 000

要求：

（1）对上述的各项成本进行分类；

（2）计算每年质量成本占销售收入的百分比；

（3）估算到目前为止，由于质量改进已经增加了多少利润？假定预计质量成本能够降到销售收入的 5%，通过质量改进还可增加多少利润（假定销售收入保持不变）？

21世纪高职高专财经类规划教材

21SHIJI GAOZHIGAOZHUAN CAIJINGLEI GUIHUA JIAOCAI

成本会计

（第3版）（下册）

Chengben Kuaiji

21SHIJI GAOZHIGAOZHUAN CAIJINGLEI GUIHUA JIAOCAI

徐晓敏 赵文静 ◎ 主编

韩凯 蒋洪平 杨建 邱枫 ◎ 副主编

人民邮电出版社

北京

实训要求

一、实训目的

（1）根据我国《企业会计准则》和会计制度的相关内容及条款，能在工业（制造）企业进行企业成本会计实际操作；

（2）掌握工业（制造）企业成本会计核算的基本原理、程序及产品成本计算分配的基本方法；

（3）明确成本会计的概念、原理、特征、作用、对象以及产品成本计算的方法和程序，掌握成本费用的归集和分配计算，能编制会计分录及各种产品成本分配表、明细表及报表；

（4）根据实训中的模拟企业之会计核算期间（月）内的经济活动，运用本期内的会计活动数据，进行分析、计算，进而编制填写各种产品成本凭证、报表、分配表、明细表等，最终编制工业（制造）企业产品成本报表。

二、实训操作要点

实际做账前，先对模拟企业的经济、制造及财务状况进行学习；列示经济业务会计分录，汇总各成本及费用明细账和编制分配表及成本计算单。

根据已知的各种成本费用明细账、分配表和产品产量表等进行各项成本费用计算和分配，并进行必要的结转，列示相关各项成本和费用的会计分录。

本书中留有计算结果和会计分录的空白，可以把答案直接写在空白处，也可以按照成本核算程序把答案填在正式账本和记账凭证上。

三、注意事项

每天按时出勤，做好实训日志，不迟到，不早退，不缺勤。

在实训期间，要服从老师的安排，自觉按时完成当天的实训作业，不准抄袭他人的作业。

实训结束后，要写出相应的实训报告。

第一部分

单项实训

单项实训一　要素费用的核算

实训目的和要求

实训目的：通过实践使学生熟悉要素费用汇集和分配的程序，掌握费用计入产品成本的方法。

实训要求：在本次实践中要求学生能根据企业的实际情况开设主要的成本费用账户，能运用所学的理论知识进行费用汇集和分配，会编制费用分配表，并根据费用分配表编制记账凭证，登记有关成本费用的总账和明细账。

实训操作步骤

产品成本的生产要素是成本核算的基础，要正确归集和计算各生产要素的费用，按以下步骤进行操作。

（1）设置“基本生产成本”“辅助生产成本”“制造费用”“管理费用”总账和生产成本明细账、辅助生产成本明细账和制造费用明细账。

（2）登记“基本生产成本”总账和明细账的期初余额和相关内容。

（3）汇总各种汇总表的合计行和合计栏。

（4）编制各要素费用分配表，分配各项费用。

（5）编制记账凭证，并登记有关成本费用的总账和明细账。

项目一

材料费用的归集与分配操作步骤如下。

（1）根据领料单汇总材料费用，并计算不同产品共同耗用的原材料费用。

（2）根据计算、分析结果填制材料费用分配表。

（3）编制材料费用分配记账凭证。

（4）登记有关成本费用总账和明细账。

（一）实训资料与要求

某企业20×0年7月生产甲、乙两种产品，有关资料如下。本月产量甲产品为600件，单位产品消耗C材料定额为10千克；乙产品的实际产量为500件，单位产品C材料消耗定额为8千克。

要求：分配材料费用并运用定额消耗量比例分配计算甲、乙产品共同耗用的原材料费用。

（二）任务 1

根据单据 B1.1～单据 B1.5 所示的领料单，编制领料汇总表（表 B1.1），并计算甲、乙产品共同耗用的 C 原材料费用。

单据 B1.1

领　料　单

领用单位：一车间　　20×0 年 7 月 1 日　　1 号仓库　　编号：053

用 途	生产甲产品			产品批量			订单号	
材料类别	材料编号	材料名称	规格	计量单位	数 量		单 价	金 额
					请 领	实 发		
	0001	A		千克	8	8	30 000	240 000
合 计			贰拾肆万元整					240 000
备注								

二 财务存

核算：（印）刘宁　主管：（印）马强　发料：（印）张华　　主管：（印）王红　领料：（印）林方

单据 B1.2

领　料　单

领用单位：一车间　　20×0 年 7 月 5 日　　1 号仓库　　编号：053

用 途	生产乙产品			产品批量			订单号	
材料类别	材料编号	材料名称	规格	计量单位	数 量		单 价	金 额
					请 领	实 发		
	0002	B		千克	10	10	3 000	30 000
合 计			叁万元整					30 000
备注								

二 财务存

核算：（印）刘宁　主管：（印）马强　发料：（印）张华　　主管：（印）王红　领料：（印）林方

单据 B1.3

领　料　单

领用单位：一车间　　20×0 年 7 月 10 日　　1 号仓库　　编号：053

用 途	甲乙产品共同耗用			产品批量			订单号	
材料类别	材料编号	材料名称	规格	计量单位	数 量		单 价	金 额
					请 领	实 发		
	0003	C		千克	10	10	2 000	20 000
合 计			贰万元整					20 000
备注	甲乙产品共同耗用							

二 财务存

核算：（印）刘宁　主管：（印）马强　发料：（印）张华　　主管：（印）王红　领料：（印）林方

单据 B1.4

领　料　单

领用单位：运输车间　　20×0年7月15日　　1号仓库　　编号：053

用途	修理耗用			产品批量			订单号	
材料类别	材料编号	材料名称	规格	计量单位	数量		单价	金额
					请领	实发		
	0001	A		千克	1.2	1.2	30 000	36 000
合计			叁万陆仟元整					36 000
备注								

二 财务存

核算：（印）刘宁　主管：（印）马强　发料：（印）张华　　主管：（印）王红　领料：（印）林方

单据 B1.5

领　料　单

领用单位：一车间　　20×0年7月20日　　1号仓库　　编号：053

用途	修理耗用			产品批量			订单号	
材料类别	材料编号	材料名称	规格	计量单位	数量		单价	金额
					请领	实发		
	0004	D		千克	20	20	600	12 000
合计			壹万贰仟元整					12 000
备注								

二 财务存

核算：（印）刘宁　主管：（印）马强　发料：（印）张华　　主管：（印）王红　领料：（印）林艺

表 B1.1　领料汇总表

20×0年7月30日

领料部门	用　途	材料品种	数量（千克）	单价（元）	金额（元）
基本生产车间	甲产品直接耗用	A材料			
	乙产品直接耗用	B材料			
	甲、乙产品共同耗用	C材料			
	一般耗用	D材料			
辅助生产车间		A材料			
合　计					

编制：　　　　审核：

（三）任务2

根据表 B1.1 编制材料费用分配汇总表（表 B1.2）。

表 B1.2　材料费用分配汇总表

20×0 年 7 月

类别＼材料		直接计入材料（元）	分配计入材料			材料费用合计（元）
			分配标准（定额耗用量）	分配率	分配金额（元）	
基本生产车间生产耗用	甲产品		6 000 千克			
	乙产品		4 000 千克			
	小　　计		10 000 千克			
基本生产车间一般耗用						
辅助生产车间耗用						
合　　计						

（四）任务 3

根据表 B1.2 材料费用分配汇总表，填制记账凭证（单据 B1.6）。

单据 B1.6

记　账　凭　证

年　月　日　　　　　　　　____字第___号

摘　　要	会计科目		借方金额										记账符号	贷方金额										记账符号
	总账科目	明细科目	千	百	十	万	千	百	十	元	角	分		千	百	十	万	千	百	十	元	角	分	
附单据　　张	合　　　计																							

会计主管　　　记账　　　稽核　　　制单　　　出纳　　　交领款人

（五）任务 4

根据单据 B1.6，登记有关成本费用明细账（账簿 B1.1～账簿 B1.3）。

账簿 B1.1

基本生产成本明细账

产品名称：甲　　　　　　生产车间：一车间　　　　　　（单位：元）

20×0 年		凭证		摘　　要	成本项目			合计
月	日	字	号		直接材料	直接人工	制造费用	
7	1			期初余额	50 000	5 000	9 000	64 000

账簿 B1.2

辅助生产成本明细账

辅助生产车间：运输车间　　　　产品名称：修理劳务　　　　（单位：元）

20×0年		凭证		摘要	成本项目			合计
月	日	字	号		直接材料	直接人工	制造费用	

账簿 B1.3

制造费用明细账

车间名称：一车间　　　　（单位：元）

20×0年		摘要	借方合计	借方项目						
月	日			机物料消耗	工资	福利费	折旧费	水电费	修理费	其他费用

说明：上述材料费用分配表是按照实际成本进行核算的，如果原材料费用按照计划成本进行核算还需要分配材料成本差异。

项目二

工资费用的归集与分配实训操作步骤如下。

（1）计算有关工资数据并分析数据。

（2）审核并填制原始凭证。

（3）填制并审核记账凭证。

（4）登记有关成本费用明细账及总账。

（一）任务1

某生产小组集体完成若干生产任务，按一般计件工资的计算方法算出并取得集体工资5 000元。该小组由3个不同等级的工人组成，每人的姓名、等级、日工资率、出勤天数资料如表B1.3所示。根据表B1.3工人工资计算情况表计算工人工资，以日工资率和出勤天数的乘积作为分配标准计算每个工人应得的工资，将计算结果填入工资分配表内（表B1.4）。

表 B1.3　工人工资计算情况表

工人姓名	等级	日工资率	出勤天数
黎明	6	20	25
赵豪	5	18	23
张灰	4	16	22
合 计			70

表 B1.4　工资分配表

20×0 年 7 月

姓名	等级	日工资率 (1)	出勤天数 (2)	分配标准 (3)=(1)×(2)	分配率 (4)	分配额 (5)=(4)×(3)
黎明						
赵豪						
张灰						
合 计						

财务主管：王一萍　　复核：张兰　　制表人：马俊辉

根据表 B1.4 的计算结果编制记账凭证（单据 B1.7 和单据 B1.8）。

单据 B1.7

记　账　凭　证

年　月　日　　　　____字第__号

摘　要	会计科目		借方金额										记账符号	贷方金额										记账符号
	总账科目	明细科目	千	百	十	万	千	百	十	元	角	分		千	百	十	万	千	百	十	元	角	分	
附单据　张	合　计																							

会计主管　　记账　　稽核　　制单　　出纳　　交领款人

单据 B1.8

记　账　凭　证

年　月　日　　　　____字第__号

摘　要	会计科目		借方金额										记账符号	贷方金额										记账符号
	总账科目	明细科目	千	百	十	万	千	百	十	元	角	分		千	百	十	万	千	百	十	元	角	分	
附单据　张	合　计																							

会计主管　　记账　　稽核　　制单　　出纳　　交领款人

（二）任务2

企业基本生产车间生产甲、乙、丙三种产品，表B1.5为该企业本月的工资原始记录。本月发生的生产工人的计时工资共计 58 000 元，甲产品完工 1 000件，乙产品完工400件，丙产品完工450件，单位产品工时定额为，甲产品 1 小时，乙产品 2.5 小时，丙产品 2 小时。试计算分配甲、乙、丙三种产品各自应负担的工资费用，并编制工资费用分配表（表B1.6）。

表B1.5　工资原始记录表　（单位：元）

项　目	基本工资	岗位工资	待扣款项
生产工人			5 000
车间管理人员	1 000	2 000	300
管理部门	6 000	10 000	1 600
销售部门	3 000	7 000	1 000
合　计	10 000	19 000	7 900

根据表B1.5工资原始记录及表B1.6工资分配表，编制工资结算汇总表（表B1.7）。

表B1.6　工资费用分配表

工时 / 产品	生产定额工时（小时）	分配率	分配金额（元）
甲产品			
乙产品			
丙产品			
合　计			

财务主管：王一萍　复核：张兰　制表人：马俊辉

表B1.7　工资结算汇总表

20×0年7月　（单位：元）

项　目	基本工资	岗位工资	应付职工工资	待扣款项	实发工资
生产工人					
车间管理人员					
管理部门					
销售部门					
合　计					

财务主管：王一萍　复核：张兰　制表人：马俊辉

（三）任务3

表B1.7工资结算汇总表显示，本月应付工资 87 000 元，其中产品生产工人薪酬 58 000 元，车间管理人员薪酬 3 000 元，厂部管理人员薪酬 16 000 元，销售人员薪酬 10 000 元。根据表B1.6工资费用分配表和表B1.7工资结算汇总表编制记账凭证（单据B1.9）。

单据B1.9

记　账　凭　证

年　月　日　　　　＿＿字第＿＿号

<table>
<tr><td rowspan="2">摘　要</td><td colspan="2">会计科目</td><td colspan="10">借方金额</td><td rowspan="2">记账符号</td><td colspan="10">贷方金额</td><td rowspan="2">记账符号</td></tr>
<tr><td>总账科目</td><td>明细科目</td><td>千</td><td>百</td><td>十</td><td>万</td><td>千</td><td>百</td><td>十</td><td>元</td><td>角</td><td>分</td><td>千</td><td>百</td><td>十</td><td>万</td><td>千</td><td>百</td><td>十</td><td>元</td><td>角</td><td>分</td></tr>
<tr><td></td><td></td><td></td><td></td><td></td><td></td><td></td><td></td><td></td><td></td><td></td><td></td><td></td><td></td><td></td><td></td><td></td><td></td><td></td><td></td><td></td><td></td><td></td><td></td><td></td></tr>
<tr><td></td><td></td><td></td><td></td><td></td><td></td><td></td><td></td><td></td><td></td><td></td><td></td><td></td><td></td><td></td><td></td><td></td><td></td><td></td><td></td><td></td><td></td><td></td><td></td><td></td></tr>
<tr><td></td><td></td><td></td><td></td><td></td><td></td><td></td><td></td><td></td><td></td><td></td><td></td><td></td><td></td><td></td><td></td><td></td><td></td><td></td><td></td><td></td><td></td><td></td><td></td><td></td></tr>
<tr><td></td><td></td><td></td><td></td><td></td><td></td><td></td><td></td><td></td><td></td><td></td><td></td><td></td><td></td><td></td><td></td><td></td><td></td><td></td><td></td><td></td><td></td><td></td><td></td><td></td></tr>
<tr><td></td><td></td><td></td><td></td><td></td><td></td><td></td><td></td><td></td><td></td><td></td><td></td><td></td><td></td><td></td><td></td><td></td><td></td><td></td><td></td><td></td><td></td><td></td><td></td><td></td></tr>
<tr><td></td><td></td><td></td><td></td><td></td><td></td><td></td><td></td><td></td><td></td><td></td><td></td><td></td><td></td><td></td><td></td><td></td><td></td><td></td><td></td><td></td><td></td><td></td><td></td><td></td></tr>
<tr><td></td><td></td><td></td><td></td><td></td><td></td><td></td><td></td><td></td><td></td><td></td><td></td><td></td><td></td><td></td><td></td><td></td><td></td><td></td><td></td><td></td><td></td><td></td><td></td><td></td></tr>
<tr><td>附单据　张</td><td colspan="2">合　计</td><td></td><td></td><td></td><td></td><td></td><td></td><td></td><td></td><td></td><td></td><td></td><td></td><td></td><td></td><td></td><td></td><td></td><td></td><td></td><td></td><td></td><td></td></tr>
</table>

会计主管　记账　稽核　制单　出纳　交领款人

（四）任务 4

根据表 B1.5～表 B1.7 和单据 B1.8 的内容，填制基本生产成本明细账（账簿 B1.4）和制造费用明细账（账簿 B1.5）。

账簿 B1.4

基本生产成本明细账

产品名称：甲　　生产车间：基本生产车间　　（单位：元）

20×0 年		凭证		摘　要	成本项目			合计
月	日	字	号		直接材料	直接人工	制造费用	

账簿 B1.5

制造费用明细账

车间名称：基本生产车间　　（单位：元）

20×0 年		摘　要	借方合计	借 方 项 目					
月	日			机物料消耗	工　资	福利费	折旧费	水电费	其他费用

项目三

本实训目的是使读者掌握折旧费用的分配与核算。

20×1 年 1 月，精工制造有限公司折旧费用如表 B1.8 所示。根据表 B1.8 折旧费用分配表编制记账凭证（单据 B1.10）。

表 B1.8　折旧费用分配表　　（单位：元）

使用车间部门	折旧费用					
	房屋建筑物	机械设备	专用设备	运输设备	管理设备	合　计
基本生产车间	2 000	5 000		3 000	4 000	14 000
供电车间	1 000	3 000	4 000		1 000	9 000
供水车间	1 500	2 000	6 500		1 200	11 200
专设销售机构	1 300			8 000	2 400	11 700
管理部门	4 000			5 000	2 000	11 000
合　计	9 800	10 000	10 500	16 000	10 600	56 900

单据 B1.10

记 账 凭 证

年 月 日 ____字第___号

摘 要	会计科目		借方金额										记账符号	贷方金额										记账符号
	总账科目	明细科目	千	百	十	万	千	百	十	元	角	分		千	百	十	万	千	百	十	元	角	分	
附单据 张	合 计																							

会计主管 记账 稽核 制单 出纳 交领款人

单项实训二 辅助生产费用的归集和分配的计算

实训目的和要求

实训目的：通过实践使学生熟悉辅助生产费用的归集和分配程序，掌握费用计入产品成本的方法。

实训要求：在本次实践中要求学生能根据企业的实际情况开设辅助生产费用账户，能运用所学的理论知识进行辅助生产费用的汇集和分配，会编制辅助生产费用分配表，并根据辅助生产费用分配表编制记账凭证，登记有关成本费用的账簿。

实训操作步骤

辅助生产费用归集和分配操作步骤如下。

（1）根据供应对象和数量，计算分配不同产品共同耗用的费用。

（2）根据计算、分析结果填制各种方法的辅助生产费用分配表。

（3）编制辅助生产费用记账凭证。

项目一

（一）实训资料

某企业设有供电、供水两个辅助生产车间，本月各车间直接发生的费用为供电车间 48 000 元，供水车间 27 000 元。其供应对象和数量的有关资料如表 B2.1 所示。

表 B2.1 供应对象和数量

供应对象	供电量（度）	供水量（吨）
供电车间		6 000
供水车间	12 000	
基本生产车间		
A 产品耗用	42 000	13 200
管理耗用	7 800	2 800
行政管理部门	10 200	2 000
合 计	72 000	24 000

（二）任务 1

根据上列资料，分别采用直接分配法、交互分配法、计划成本分配法（电和水的计划单位成本分别为 0.75 元/度和 1.20 元/吨）和代数分配法，编制辅助生产费用分配表（表 B2.2～表 B2.5）。

表 B2.2 辅助生产费用分配表（直接分配法）

辅助生产车间名称			供电	供水	金额合计（元）
待分配费用					
供应辅助生产车间以外单位的劳务总量					
费用分配率					
基本生产车间耗用	A 产品耗用	数量			
		金额（元）			
	管理耗用	数量			
		金额（元）			
行政管理部门耗用		数量			
		金额（元）			
分配总额合计					

表 B2.3 辅助生产费用分配表（交互分配法）

项目			交互分配			对外分配		
辅助生产车间名称			供电	供水	合计	供电	供水	合计
待分配费用								
劳务供应量								
费用分配率（单位成本）								
辅助生产车间耗用	供电车间	数量						
		金额（元）						
	供水车间	数量						
		金额（元）						
基本生产车间耗用	A 产品耗用	数量						
		金额（元）						
	管理耗用	数量						
		金额（元）						
行政管理部门耗用		数量						
		金额（元）						
分配金额合计（元）								

表 B2.4 辅助生产费用分配表（计划成本分配法）

项目		供电车间		供水车间		金额合计（元）
		数量	金额	数量	金额	
待分配的费用和数量						
计划单位成本			0.75		1.20	
辅助生产车间	供电车间			6 000		
	供水车间	12 000				
基本生产车间	A产品耗用	42 000		13 200		
	管理耗用	7 800		2 800		
行政管理部门		10 200		2 000		
按计划单位成本分配合计		72 000		24 000		
辅助生产实际成本						
辅助生产成本差异						

表 B2.5 辅助生产费用分配表（代数分配法）

辅助生产车间名称			供电	供水	金额合计（元）
待分配费用					
劳务供应总量					
实际单位成本					
辅助生产车间耗用	供电车间	数量			
		金额（元）			
	供水车间	数量			
		金额（元）			
基本生产车间耗用	A产品耗用	数量			
		金额（元）			
	管理耗用	数量			
		金额（元）			
行政管理部门耗用		数量			
		金额（元）			
分配金额合计					

（三）任务2

根据表B2.2～表B2.5的内容编制记账凭证（单据B2.1和单据B2.2）。

单据 B2.1

记 账 凭 证

年 月 日

____字第___号

摘要	会计科目		借方金额										记账符号	贷方金额										记账符号
	总账科目	明细科目	千	百	十	万	千	百	十	元	角	分		千	百	十	万	千	百	十	元	角	分	
附单据 张	合 计																							

会计主管 记账 稽核 制单 出纳 交领款人

单据 B2.2

记 账 凭 证

年 月 日 ____字第___号

摘　　要	会计科目		借方金额										记账符号	贷方金额										记账符号
	总账科目	明细科目	千	百	十	万	千	百	十	元	角	分		千	百	十	万	千	百	十	元	角	分	
附单据　　张	合　　计																							

会计主管　　记账　　稽核　　制单　　出纳　　交领款人

项目二

（一）实训资料

某企业有供水和供电两个辅助生产车间，主要为本企业基本生产车间和行政管理部门等部门服务，供水车间本月发生费用为 4 085 元，供电车间本月发生费用为 9 020 元。该企业用交互分配法来分配辅助生产费用。

表 B2.6　各辅助生产车间供应劳务数量资料

收　益　单　位	耗水（m^3）	耗电（度）
基本生产——甲产品		20 600
基本生产车间	41 000	16 000
辅助生产车间——供电	20 000	
辅助生产车间——供水		6 000
行政管理部门	16 000	2 400
专设销售机构	5 600	1 000
合　　计	82 600	46 000

（二）任务 1

汇总各辅助生产车间供应劳务数量（表 B2.6），并计算相关费用分配率。

（三）任务 2

填制辅助生产费用分配表（表 B2.7）。

（四）任务 3

根据表 B2.7 辅助生产费用分配表编制记账凭证（单据 B2.3 和单据 B2.4）。

（五）任务 4

根据以上资料登记有关成本费用明细账（账簿 B2.1 ~ 账簿 B2.3）

表 B2.7　辅助生产费用分配表（交互分配法）

20×0 年 12 月

项　目		供水车间			供电车间			合计
		数量	分配率	分配金额	数量	分配率	分配金额	
待分配辅助费用								
交互分配	供水车间							
	供电车间							
对外分配辅助费用								
对外分配	基本生产							
	基本车间							
	管理部门							
	销售部门							
	合　计							

单据 B2.3

记　账　凭　证

年　月　日　　　　____字第___号

摘　要	会计科目		借方金额										记账符号	贷方金额										记账符号
	总账科目	明细科目	千	百	十	万	千	百	十	元	角	分		千	百	十	万	千	百	十	元	角	分	
附单据　张	合　计																							

会计主管　　记账　　稽核　　制单　　出纳　　交领款人

单据 B2.4

记　账　凭　证

年　月　日　　　　____字第___号

摘　要	会计科目		借方金额										记账符号	贷方金额										记账符号
	总账科目	明细科目	千	百	十	万	千	百	十	元	角	分		千	百	十	万	千	百	十	元	角	分	
附单据　张	合　计																							

会计主管　　记账　　稽核　　制单　　出纳　　交领款人

账簿 B2.1

基本生产成本明细账

产品名称：甲　　　　　　　　　　生产车间：一车间

20×0年		凭证号	摘　要	成本项目			合　计
月	日			直接材料	直接人工	制造费用及辅助费用	
12			略				
12	31		分配辅助生产费用				

账簿 B2.2

制造费用明细账

车间名称：一车间

20×0年		摘　要	借方合计	借方项目						
月	日			物料消耗	工资	福利费	折旧费	水电费	修理费	其他费用
		略								
12	31	分配辅助生产费用								

账簿 B2.3

辅助生产成本明细账

辅助生产车间：供水车间

200×年		凭证号	摘　要	成本项目			合　计
月	日			直接材料	直接人工	制造费用	
			略	略	略	略	略
			小计				
12	31		分配转出				

单项实训三　制造费用的归集和分配的计算

实训目的和要求

实训目的：通过实践使学生熟悉制造费用的归集和分配的程序，掌握制造费用计入产品成本的方法。

实训要求：在本次实践中要求学生能根据企业的实际情况，按不同的车间、部门设立明细账，账内按照费用项目设立专栏或专行，分别反映各车间、部门各项制造费用的发生情况。能运用所学的理论知识进行制造费用的归集和分配，编制制造费用分配表，编制记账凭证，登记有关成本费用的账簿。

实训操作步骤

制造费用的归集和分配操作步骤如下。

（1）设置“制造费用分配计算单”“制造费用分配表”和“制造费用明细账”。

（2）登记“制造费用明细账”的期初余额和相关内容。

（3）汇总各种汇总表的合计行和合计栏。

（4）编制制造费用分配表，分配各项费用。

（5）编制记账凭证，并登记有关成本费用的总账和明细账。

制造费用的分配方法有生产工人工时比例法、生产工人工资比例法、机器工时比例法、按年度计划分配率分配法等几种。

项目一

（一）实训资料

某企业设有两个基本生产车间，第一车间生产甲、乙两种产品，制造费用在这两种产品之间按生产工时进行分配，第二车间只生产丙产品，制造费用全部计入这种产品成本。第一车间甲产品生产工人工时为14 000小时，乙产品生产工人工时为10 370小时。本月发生费用如下：

耗用原材料（机物料消耗），一车间3 400元，二车间2 450元；

耗用低值易耗品（一次性摊销），一车间1 700元；

车间管理人员工资，一车间600元，二车间500元；

计提职工福利费，一车间84元，二车间70元；

支付办公费用，一车间316元，二车间254元；

支付水电费，一车间235元，二车间145元；

其他费用，一车间430元，二车间360元；

计提折旧，一车间3 400元，二车间2 600元。

以上办公费、水电费和其他费用均以银行存款转账结算。

（二）实训任务

（1）根据以上资料归集制造费用，填制制造费用分配计算单（表B3.1）。

表B3.1 制造费用分配计算单

车间：一车间

本月制造费用合计（元）		
分配标准（生产工人工时）（小时）	甲产品	
	乙产品	
制造费用分配率（元/小时）		
各产品分配的制造费用（元）	甲产品	
	乙产品	

制单人：

（2）根据表 B3.1 制造费用分配计算单，计算制造费用分配率及应分配转出的制造费用，编制制造费用分配表（表 B3.2）。

（3）根据表 B3.2 制造费用分配表，编制记账凭证（单据 B3.1）。

（4）根据单据 B3.1 记账凭证，登记制造费用明细账（账簿 B3.1）。

表 B3.2　制造费用分配表

车间：一车间　　　　　　　　　　年　月　日

应借账户		成本或费用项目	分配标准（小时）	分配率（元/小时）	分配金额（元）
总账账户	明细账户				
基本生产成本	甲产品	制造费用			
	乙产品				
合　计					

会计主管　　　　　　复核　　　　　　制单

单据 B3.1

记　账　凭　证

年　月　日　　　　　　　　　　____字第__号

摘　要	会计科目		借方金额										记账符号	贷方金额										记账符号
	总账科目	明细科目	千	百	十	万	千	百	十	元	角	分		千	百	十	万	千	百	十	元	角	分	
附单据　张	合　计																							

会计主管　　　　记账　　　　稽核　　　　制单　　　　出纳　　　　交领款人

账簿 B3.1

制造费用明细账

生产单位：

月	日	凭证		摘　要	职工薪酬	办公费	机物料	水电费	折旧费	运输费	低值易耗品摊销	劳动保护费	其他支出	小计	转出	余额
		字	号													
		（略）		分配材料费用												
				职工薪酬												
				提取折旧												
				分配其他费用												
				待摊费用												
				分配辅助生产费用												
				月　计												
				本月转出												

项目二

实训资料

某企业20×0年3月，一车间制造费用10 000元，二车间制造费用8 040元。假设一车间生产C、D两种产品，C产品生产工人工时5 500小时，D产品生产工人工时4 500小时；二车间只生产一种产品E产品。该企业采用生产工人工时比例法对制造费用进行分配。

岗位一任务：计算制造费用分配率及应分配转出的制造费用（表B3.3）。

注意：二车间只生产E一种产品，其制造费用直接计入该产品的成本，无需分配。

岗位二任务：编制制造费用分配表（表B3.4）。

岗位三任务：根据表B3.4制造费用分配表编制记账凭证（单据B3.2）。

注意：月末应将制造费用借方归集的发生额直接或分配转入“基本生产成本”。

岗位四任务：登记有关成本费用明细账（账簿B3.2～账簿B3.4）。

表B3.3　制造费用分配计算单

车间：一车间　　　　20×0年3月

本月制造费用合计	
分配标准（生产工人工时）	
制造费用分配率	
各产品分配的制造费用	

制单人：

表B3.4　制造费用分配表

车间：一车间　　　　20×0年3月31日

应借账户		成本或费用项目	分配标准（元）	分配率（%）	分配金额（元）
总账账户	明细账户				
基本生产成本	C产品	制造费用			
	D产品				
合计					

会计主管：　　　　复核：　　　　制单：

单据B3.2

记　账　凭　证

年　月　日　　　　＿＿字第＿＿号

摘　要	会计科目		借方金额										记账符号	贷方金额										记账符号
	总账科目	明细科目	千	百	十	万	千	百	十	元	角	分		千	百	十	万	千	百	十	元	角	分	
分配制造费用	基本生产成本	C产品																						
		D产品																						
		E产品																						
	制造费用	一车间																						
		二车间																						
附单据　张	合　计																							

会计主管　　记账　　稽核　　制单　　出纳　　交领款人

账簿 B3.2

制造费用明细账

车间名称：一车间

20×0年		摘要	借方合计	借方项目						
月	日			物料消耗	工资	福利费	折旧费	水电费	修理费	其他费用
		略								
3	31	小计								
3	31	分配转出								

账簿 B3.3

制造费用明细账

车间名称：二车间

20×0年		摘　要	借方合计	借方项目						
月	日			物料消耗	工资	福利费	折旧费	水电费	修理费	其他费用
		略								
3	31	小计								
3	31	分配转出								

账簿 B3.4

基本生产成本明细账

生产车间：一车间　　　　产品名称：C

20×0年		凭证号	摘　要	成本项目			合计
月	日			直接材料	直接人工	制造费用及辅助费用	
3			略				
3	31		分配制造费用				

单项实训四　废品损失和停工损失的归集和分配的计算

实训目的和要求

实训目的：通过实践使学生熟悉废品损失和停工损失的归集和分配的程序，掌握废品损失和停工损失计入产品成本的方法。

实训要求：在本次实践中要求学生能根据企业的实际情况，按不同的车间、部门设立明细账，账内按照费用项目设立专栏或专行，分别反映各车间、部门各项废品损失和停工损失的发生情况。能运用所学的理论知识进行废品损失和停工损失的归集和分配，编制废品损失和停工损失分配表，编制记账凭证，登记有关成本费用的账簿。

实训操作步骤

废品损失的归集和核算的操作步骤如下。

（1）根据废品通知单计算废品损失。

（2）根据计算、分析结果填制废品损失计算表。

（3）编制废品成本计算表。

（4）进行停工损失的账务处理。

（5）根据废品损失计算表编制记账凭证。

项目一

（一）实训资料

企业某车间本月生产A产品200件，生产过程中发现其中8件为不可修复废品。该产品成本明细账所记合格品和废品共同发生的生产费用为原材料费用250 000元，工资及福利费40 000元，制造费用54 000元，合计为344 000元。废品的残值估价为850元。合格品与废品的生产工时总共为4 000小时，其中废品的生产工时为150小时。该产品所耗的原材料于产品开工时一次性投入。

（二）任务1

根据上述资料，编制废品通知单（表B4.1）和不可修复废品损失计算表（表B4.2）。

表B4.1　废品通知单

年　月　日

生产车间：　　　　　　　　　　生产班组：　　　　　　　　　　生产批号：

废品名称	计量单位	废品数量				责任单位或责任人	备　注
		工废	料废	可修复	不可修复		

废品产生的原因及处理：

检验员：　　　　车间负责人：　　　　责任单位负责人或责任人：

表B4.2　不可修复废品损失计算表

车间：　　　　　　　　产品：A　　　　年　　月　　　　　　（金额单位：元）

项　目	数量（件）	原材料	生产工时（小时）	工资及福利费	制造费用	合 计
费用定额						
废品生产成本						
减：残料价值						
废品报废损失						

（三）任务 2

根据表 B4.2 不可修复废品损失计算表，编制记账凭证（单据 B4.1 ~ 单据 B4.3）。

单据 B4.1

记　账　凭　证

年　月　日　　　　　　____字第__号

<table>
<tr><td rowspan="2">摘　要</td><td colspan="2">会计科目</td><td colspan="10">借方金额</td><td rowspan="2">记账符号</td><td colspan="10">贷方金额</td><td rowspan="2">记账符号</td></tr>
<tr><td>总账科目</td><td>明细科目</td><td>千</td><td>百</td><td>十</td><td>万</td><td>千</td><td>百</td><td>十</td><td>元</td><td>角</td><td>分</td><td>千</td><td>百</td><td>十</td><td>万</td><td>千</td><td>百</td><td>十</td><td>元</td><td>角</td><td>分</td></tr>
<tr><td></td><td></td><td></td><td></td><td></td><td></td><td></td><td></td><td></td><td></td><td></td><td></td><td></td><td></td><td></td><td></td><td></td><td></td><td></td><td></td><td></td><td></td><td></td><td></td><td></td></tr>
<tr><td></td><td></td><td></td><td></td><td></td><td></td><td></td><td></td><td></td><td></td><td></td><td></td><td></td><td></td><td></td><td></td><td></td><td></td><td></td><td></td><td></td><td></td><td></td><td></td><td></td></tr>
<tr><td></td><td></td><td></td><td></td><td></td><td></td><td></td><td></td><td></td><td></td><td></td><td></td><td></td><td></td><td></td><td></td><td></td><td></td><td></td><td></td><td></td><td></td><td></td><td></td><td></td></tr>
<tr><td></td><td></td><td></td><td></td><td></td><td></td><td></td><td></td><td></td><td></td><td></td><td></td><td></td><td></td><td></td><td></td><td></td><td></td><td></td><td></td><td></td><td></td><td></td><td></td><td></td></tr>
<tr><td></td><td></td><td></td><td></td><td></td><td></td><td></td><td></td><td></td><td></td><td></td><td></td><td></td><td></td><td></td><td></td><td></td><td></td><td></td><td></td><td></td><td></td><td></td><td></td><td></td></tr>
<tr><td></td><td></td><td></td><td></td><td></td><td></td><td></td><td></td><td></td><td></td><td></td><td></td><td></td><td></td><td></td><td></td><td></td><td></td><td></td><td></td><td></td><td></td><td></td><td></td><td></td></tr>
<tr><td></td><td></td><td></td><td></td><td></td><td></td><td></td><td></td><td></td><td></td><td></td><td></td><td></td><td></td><td></td><td></td><td></td><td></td><td></td><td></td><td></td><td></td><td></td><td></td><td></td></tr>
<tr><td>附单据　张</td><td colspan="2">合　计</td><td></td><td></td><td></td><td></td><td></td><td></td><td></td><td></td><td></td><td></td><td></td><td></td><td></td><td></td><td></td><td></td><td></td><td></td><td></td><td></td><td></td><td></td></tr>
</table>

会计主管　　记账　　稽核　　制单　　出纳　　交领款人

单据 B4.2

记　账　凭　证

年　月　日　　　　　　____字第__号

<table>
<tr><td rowspan="2">摘　要</td><td colspan="2">会计科目</td><td colspan="10">借方金额</td><td rowspan="2">记账符号</td><td colspan="10">贷方金额</td><td rowspan="2">记账符号</td></tr>
<tr><td>总账科目</td><td>明细科目</td><td>千</td><td>百</td><td>十</td><td>万</td><td>千</td><td>百</td><td>十</td><td>元</td><td>角</td><td>分</td><td>千</td><td>百</td><td>十</td><td>万</td><td>千</td><td>百</td><td>十</td><td>元</td><td>角</td><td>分</td></tr>
<tr><td></td><td></td><td></td><td></td><td></td><td></td><td></td><td></td><td></td><td></td><td></td><td></td><td></td><td></td><td></td><td></td><td></td><td></td><td></td><td></td><td></td><td></td><td></td><td></td><td></td></tr>
<tr><td></td><td></td><td></td><td></td><td></td><td></td><td></td><td></td><td></td><td></td><td></td><td></td><td></td><td></td><td></td><td></td><td></td><td></td><td></td><td></td><td></td><td></td><td></td><td></td><td></td></tr>
<tr><td></td><td></td><td></td><td></td><td></td><td></td><td></td><td></td><td></td><td></td><td></td><td></td><td></td><td></td><td></td><td></td><td></td><td></td><td></td><td></td><td></td><td></td><td></td><td></td><td></td></tr>
<tr><td></td><td></td><td></td><td></td><td></td><td></td><td></td><td></td><td></td><td></td><td></td><td></td><td></td><td></td><td></td><td></td><td></td><td></td><td></td><td></td><td></td><td></td><td></td><td></td><td></td></tr>
<tr><td></td><td></td><td></td><td></td><td></td><td></td><td></td><td></td><td></td><td></td><td></td><td></td><td></td><td></td><td></td><td></td><td></td><td></td><td></td><td></td><td></td><td></td><td></td><td></td><td></td></tr>
<tr><td></td><td></td><td></td><td></td><td></td><td></td><td></td><td></td><td></td><td></td><td></td><td></td><td></td><td></td><td></td><td></td><td></td><td></td><td></td><td></td><td></td><td></td><td></td><td></td><td></td></tr>
<tr><td></td><td></td><td></td><td></td><td></td><td></td><td></td><td></td><td></td><td></td><td></td><td></td><td></td><td></td><td></td><td></td><td></td><td></td><td></td><td></td><td></td><td></td><td></td><td></td><td></td></tr>
<tr><td>附单据　张</td><td colspan="2">合　计</td><td></td><td></td><td></td><td></td><td></td><td></td><td></td><td></td><td></td><td></td><td></td><td></td><td></td><td></td><td></td><td></td><td></td><td></td><td></td><td></td><td></td><td></td></tr>
</table>

会计主管　　记账　　稽核　　制单　　出纳　　交领款人

单据 B4.3

记 账 凭 证

年 月 日 ____字第___号

摘要	会计科目		借方金额										记账符号	贷方金额										记账符号
	总账科目	明细科目	千	百	十	万	千	百	十	元	角	分		千	百	十	万	千	百	十	元	角	分	
附单据 张	合 计																							

会计主管 记账 稽核 制单 出纳 交领款人

项目二

（一）实训资料

某企业在 B 产品生产过程中产生不可修复废品 20 件。B 产品的原材料在生产开始时一次性投入，单位产品的原材料费用定额为 86 元，废品所耗工时为 80 小时。每小时的费用定额为工资及福利费 6.50 元，制造费用 9.20 元。废品残料价值估计为 350 元。

（二）任务 1

根据以上资料，编制不可修复废品损失计算表（表 B4.3）。

（三）任务 2

根据表 B4.3，编制记账凭证（单据 B4.4）。

表 B4.3 不可修复废品损失计算表

车间： 产品：B 年 月 日 （金额单位：元）

项 目	数量（件）	原材料	工资及福利费	制造费用	合 计
费用定额					
废品生产成本					
减：残料价值					
废品报废损失					

单据 B4.4

记 账 凭 证

年 月 日 ____字第__号

摘要	会计科目		借方金额										记账符号	贷方金额										记账符号
	总账科目	明细科目	千	百	十	万	千	百	十	元	角	分		千	百	十	万	千	百	十	元	角	分	
附单据 张	合 计																							

会计主管 记账 稽核 制单 出纳 交领款人

项目三

（一）实训资料

某企业生产甲产品 1 000 件，其中 100 件为不可修复废品，废品残值 20 元，无赔偿。这种产品的成本资料如下：

直接材料（一次性投料）	5 100 元	直接人工	2 280 元
制造费用	1 500 元	合 计	8 880 元

（二）任务 1

设 100 件不可修复废品是在生产的最终阶段发生的，按成本项目分别计算应负担的废品成本，公式为

$$\text{废品应负担的材料费用分配率}=\frac{\text{材料费用总额}}{\text{合格品数量+废品数量}}$$

$$\text{废品应负担的材料成本总额}=\text{分配数量}\times\text{材料费用分配率}$$

$$\text{废品应负担的人工费用分配率}=\frac{\text{人工费用总额}}{\text{合格品工时}+\text{废品工时}}$$

$$\text{废品应负担的人工费用总额}=\text{废品工时}\times\text{人工费用分配率}$$

$$\text{废品应负担的制造费用分配率}=\frac{\text{制造费用总额}}{\text{合格品工时}+\text{废品工时}}$$

$$\text{废品应负担的制造费用总额}=\text{废品工时}\times\text{制造费用分配率}$$

$$\text{废品应负担的其他费用分配率}=\frac{\text{其他费用总额}}{\text{合格品工时}+\text{废品工时}}$$

$$\text{废品应负担的其他费用总额}=\text{废品工时}\times\text{其他费用分配率}$$

$$\text{废品应负担的废品成本}=\text{废品的材料成本总额+废品的人工费用总额+废品的制造费用总额+废品的其他费用总额}$$

根据上列资料，编制废品成本计算表（表B4.4），根据该表编制记账凭证（单据B4.5）。

表B4.4　废品成本计算表

车间名称：甲车间　　　　　　　　20×1年×月

项　目	产量（件）	直接材料（元）	直接人工（元）	制造费用（元）	合计（元）
费用总额					
费用分配率					
废品成本					

废品损失=

单据B4.5

记　账　凭　证

年　　月　　日　　　　　　　　　　　　　　　　　　　　____字第___号

摘　要	会计科目		借方金额										记账符号	贷方金额										记账符号
	总账科目	明细科目	千	百	十	万	千	百	十	元	角	分		千	百	十	万	千	百	十	元	角	分	
附单据　　张	合　　计																							

会计主管　　　　记账　　　　稽核　　　　制单　　　　出纳　　　　交领款人

（三）任务2

假设100件不可修复废品是在加工60%时发生的，按成本项目分别计算应负担的废品成本为

废品应负担的材料费用=

废品应负担的工资费用=

废品应负担的制造费用=

废品应负担的废品成本=

废品损失=

根据上列资料，编制废品成本计算表（表B4.5），根据该表编制记账凭证（单据B4.6）。

表B4.5　废品成本计算表

车间名称：甲车间　　　　　　　　20×1年×月

项　目	产量（件）	直接材料（元）	直接人工（元）	制造费用（元）	合计（元）
费用总额					
费用分配率					
废品成本					

单据 B4.6

记 账 凭 证

年 月 日 ____字第__号

摘要	会计科目		借方金额										记账符号	贷方金额										记账符号
	总账科目	明细科目	千	百	十	万	千	百	十	元	角	分		千	百	十	万	千	百	十	元	角	分	
附单据 张	合计																							

会计主管 记账 稽核 制单 出纳 交领款人

项目四

（一）实训资料

红星厂二车间第三组机床 20×1 年 8 月停工 25 小时，该车间生产工人工资分配率为 50 元/小时，应收保险公司赔偿款 1 000 元，假定停工损失是由非常灾害造成的。

（二）任务 1

根据上述资料编制停工单（单据 B4.7）。

单据 B4.7

停 工 单

生产车间： 年 月 日 生产班组：

停工范围		停工时间			责任人	备注
机床	工人	开始	结束	延续		
停工原因：						

车间负责人： 责任单位负责人或责任人： 制表人：

（三）任务2

计算停工损失成本。

停工应负担的工资费用=

停工应负担的赔偿款=

停工应负担的成本=

根据单据B4.7停工单，编制停工损失成本计算表（表B4.6），根据该表编制记账凭证（单据B4.8）。

表B4.6　停工损失成本计算表

车间名称：甲车间　　　　20×1年8月

项　目	工资费用	赔偿款	停工净损失	合　计
停工损失总额（元）				
分配率（元/件）				
停工损失成本（元）				

单据B4.8

记　账　凭　证

年　月　日　　　　＿＿字第＿＿号

摘　要	会计科目		借方金额										记账符号	贷方金额										记账符号
	总账科目	明细科目	千	百	十	万	千	百	十	元	角	分		千	百	十	万	千	百	十	元	角	分	
附单据　张	合　计																							

会计主管　　记账　　稽核　　制单　　出纳　　交领款人

单项实训五　生产费用在完工产品和在产品之间分配的核算

实训目的和要求

实训目的：通过实践使学生熟悉生产费用在完工产品和在产品之间分配的程序，掌握生产费用在完工产品和在产品之间分配的核算方法。

实训要求：在本次实践中要求学生能根据企业在产品数量的多少、各月在产品数量变化的大小、各项费用比重的大小以及定额管理基础的好坏等具体条件，选择既合理又简便的计算方法。能运用所学的理论知识进行生产费用在完工产品和在产品之间分配，编制产品成本计算单，编制产成品成本汇总表，编制记账凭证，登记有关成本费用的账簿。

实训操作步骤

生产费用的归集和核算的操作步骤如下。

（1）按照规定的分配方法计算在产品的产量、费用分配率。

（2）根据计算、分析结果，复核并填制产品成本计算单，编制产成品成本汇总表。

（3）编制记账凭证。

（4）月末一般要在完工产品与月末在产品之间分配生产费用。

常用的计算方法有下列几种：①不计算在产品成本法。②在产品按原材料费用计价法。③在产品按完工产品成本计算法。④在产品按定额成本计价法。⑤约当产量法。

项目一

（一）实训资料

某企业生产甲产品，需要经过三道工序加工制成，原材料于每个工序一开始时投入。20×1年12月完工产品数量为1 000件，月末在产品数量为400件，完工率为60%。20×1年12月有关生产情况资料如表B5.1和表B5.2所示。

表B5.1　生产费用情况表

20×1年12月　　　　（单位：元）

项　　目	直接材料	直接人工	制造费用	合计
月初在产品成本	15 000	5 000	6 000	26 000
本月投入生产费用	80 000	25 000	30 000	135 000
本月生产费用合计	95 000	30 000	36 000	161 000

表B5.2　在产品数量及定额资料情况表

20×1年12月

工序	在产品数量（件）	材料消耗定额(千克)	工时定额（小时）
1	100	60	40
2	200	60	30
3	100	80	30
合计	400	200	100

（二）任务1

根据表B5.1和表B5.2的内容，采用约当产量法计算在产品约当产量、费用分配率、完工产品与月末在产品的成本，将结果填入表B5.3～表B5.5。

表 B5.3　在产品数量约当产量计算表

20×1 年 12 月

工　序	在产品数量（件）	材料消耗定额（千克）	工时定额（小时）	材料费用约当产量		加工费用约当产量	
				投料率	约当产量（件）	完工率	约当产量（件）
1							
2							
3							
合　计							

表 B5.4　产品成本计算单

产品名称：甲产品　　20×1 年 12 月

项　目	直接材料	直接人工	制造费用	合　计
月初在产品成本（元）				
本月投入生产费用（元）				
本月生产费用合计（元）				
月末在产品约当产量（件）				
完工产品（件）				
约当产量合计（件）				
费用分配率（元/件）				
完工产品成本（元）				
月末在产品成本（元）				

财务主管：　　复核：　　制表人：

表 B5.5　产成品成本汇总表

企业名称：××公司　　20×1 年 12 月　　（单位：元）

应借科目	产成品名称	产量（件）	成　本	直接材料	直接人工	制造费用	成本合计
库存商品			总成本				
			单位成本				

财务主管：　　复核：　　制表人：

注：原材料于每个工序一开始时投入。

（三）任务 2

根据表 B5.3～表 B5.5 的计算结果，编制记账凭证（单据 B5.1），并登记基本生产明细账（账簿 B5.1）和库存商品明细账（账簿 B5.2）。

单据 B5.1

记 账 凭 证

年　月　日　　　　　　　　　　　　　　　＿＿字第＿＿号

<table>
<tr><td rowspan="2">摘　要</td><td colspan="2">会计科目</td><td colspan="10">借方金额</td><td rowspan="2">记账符号</td><td colspan="10">贷方金额</td><td rowspan="2">记账符号</td></tr>
<tr><td>总账科目</td><td>明细科目</td><td>千</td><td>百</td><td>十</td><td>万</td><td>千</td><td>百</td><td>十</td><td>元</td><td>角</td><td>分</td><td>千</td><td>百</td><td>十</td><td>万</td><td>千</td><td>百</td><td>十</td><td>元</td><td>角</td><td>分</td></tr>
<tr><td></td><td></td><td></td><td></td><td></td><td></td><td></td><td></td><td></td><td></td><td></td><td></td><td></td><td></td><td></td><td></td><td></td><td></td><td></td><td></td><td></td><td></td><td></td><td></td><td></td></tr>
<tr><td></td><td></td><td></td><td></td><td></td><td></td><td></td><td></td><td></td><td></td><td></td><td></td><td></td><td></td><td></td><td></td><td></td><td></td><td></td><td></td><td></td><td></td><td></td><td></td><td></td></tr>
<tr><td></td><td></td><td></td><td></td><td></td><td></td><td></td><td></td><td></td><td></td><td></td><td></td><td></td><td></td><td></td><td></td><td></td><td></td><td></td><td></td><td></td><td></td><td></td><td></td><td></td></tr>
<tr><td></td><td></td><td></td><td></td><td></td><td></td><td></td><td></td><td></td><td></td><td></td><td></td><td></td><td></td><td></td><td></td><td></td><td></td><td></td><td></td><td></td><td></td><td></td><td></td><td></td></tr>
<tr><td></td><td></td><td></td><td></td><td></td><td></td><td></td><td></td><td></td><td></td><td></td><td></td><td></td><td></td><td></td><td></td><td></td><td></td><td></td><td></td><td></td><td></td><td></td><td></td><td></td></tr>
<tr><td></td><td></td><td></td><td></td><td></td><td></td><td></td><td></td><td></td><td></td><td></td><td></td><td></td><td></td><td></td><td></td><td></td><td></td><td></td><td></td><td></td><td></td><td></td><td></td><td></td></tr>
<tr><td></td><td></td><td></td><td></td><td></td><td></td><td></td><td></td><td></td><td></td><td></td><td></td><td></td><td></td><td></td><td></td><td></td><td></td><td></td><td></td><td></td><td></td><td></td><td></td><td></td></tr>
<tr><td>附单据　张</td><td colspan="2">合　计</td><td></td><td></td><td></td><td></td><td></td><td></td><td></td><td></td><td></td><td></td><td></td><td></td><td></td><td></td><td></td><td></td><td></td><td></td><td></td><td></td><td></td><td></td></tr>
</table>

会计主管　　记账　　稽核　　制单　　出纳　　交领款人

账簿 B5.1

基本生产成本明细账

产品名称：甲产品　　　　　　车间：基本生产车间

<table>
<tr><td rowspan="2">摘　要</td><td rowspan="2">产量（件）</td><td colspan="3">成本项目</td><td rowspan="2">成本合计</td></tr>
<tr><td>直接材料</td><td>直接人工</td><td>制造费用</td></tr>
<tr><td>月初在产品成本</td><td></td><td></td><td></td><td></td><td></td></tr>
<tr><td>分配材料费用</td><td></td><td></td><td></td><td></td><td></td></tr>
<tr><td>分配工资及福利费</td><td></td><td></td><td></td><td></td><td></td></tr>
<tr><td>分配制造费用</td><td></td><td></td><td></td><td></td><td></td></tr>
<tr><td>本月生产费用合计</td><td></td><td></td><td></td><td></td><td></td></tr>
<tr><td>结转完工产品成本</td><td></td><td></td><td></td><td></td><td></td></tr>
<tr><td>月末在产品成本</td><td></td><td></td><td></td><td></td><td></td></tr>
</table>

账簿 B5.2

库存商品明细账

产品名称：甲产品

<table>
<tr><td colspan="2">20×1 年</td><td colspan="2">期初余额</td><td colspan="2">本月增加</td><td colspan="2">本月减少</td><td colspan="3">期末余额</td></tr>
<tr><td>月</td><td>日</td><td>数量（件）</td><td>实际成本</td><td>数量（件）</td><td>实际成本</td><td>数量（件）</td><td>实际成本</td><td>数量（件）</td><td>实际成本</td><td>单位成本</td></tr>
<tr><td>12</td><td>1</td><td>略</td><td></td><td></td><td></td><td></td><td></td><td></td><td></td><td></td></tr>
<tr><td>12</td><td>31</td><td></td><td></td><td></td><td></td><td></td><td></td><td></td><td></td><td></td></tr>
<tr><td></td><td></td><td></td><td></td><td></td><td></td><td></td><td></td><td></td><td></td><td></td></tr>
</table>

项目二

（一）实训资料

某企业20×1年12月生产丙产品，本月完工产品2 000件，原材料费用定额5元，工时定额2小时。月末在产品500件，原材料费用定额4元，工时定额1小时。生产丙产品发生的费用资料如表B5.6所示。

表B5.6　生产费用情况表

20×1年12月　（单位：元）

项　目	直接材料	直接人工	制造费用	合计
月初在产品成本	2 000	800	1 500	4 300
本月投入生产费用	12 000	4 000	6 000	22 000
本月生产费用合计	14 000	4 800	7 500	26 300

（二）任务1

采用定额比例法计算费用分配率及完工产品与月末在产品成本，编制产品成本计算单（表B5.7）和产成品成本汇总表（表B5.8）。

根据表B5.7和表B5.8的计算结果，编制记账凭证（单据B5.2）。

表B5.7　产品成本计算单

产品名称：丙产品　20×1年12月　（金额单位：元）

项　目		直接材料	直接人工	制造费用	合　计
月初在产品成本					
本月投入生产费用					
本月生产费用合计					
定额材料费用	完工产品				
	月末在产品				
定额工时（小时）	完工产品				
	月末在产品				
费用分配率					
完工产品成本					
月末在产品成本					

财务主管：　复核：　制表人：

表B5.8　产成品成本汇总表

企业名称：××公司　20×1年12月　（金额单位：元）

应借科目	产成品名称	产量（件）	成　本	直接材料	直接人工	制造费用	成本合计
库存商品	丙产品		总成本				
			单位成本				

财务主管：　复核：　制表人：

（三）任务2

根据单据B5.2，编制登记基本生产成本明细账（账簿B5.3）和库存商品明细账（账簿B5.4）。

单据 B5.2

记 账 凭 证

年 月 日　　　　　　　　____字第___号

<table>
<tr><td rowspan="2">摘　　要</td><td colspan="2">会计科目</td><td colspan="10">借方金额</td><td rowspan="2">记账符号</td><td colspan="10">贷方金额</td><td rowspan="2">记账符号</td></tr>
<tr><td>总账科目</td><td>明细科目</td><td>千</td><td>百</td><td>十</td><td>万</td><td>千</td><td>百</td><td>十</td><td>元</td><td>角</td><td>分</td><td>千</td><td>百</td><td>十</td><td>万</td><td>千</td><td>百</td><td>十</td><td>元</td><td>角</td><td>分</td></tr>
<tr><td></td><td></td><td></td><td></td><td></td><td></td><td></td><td></td><td></td><td></td><td></td><td></td><td></td><td></td><td></td><td></td><td></td><td></td><td></td><td></td><td></td><td></td><td></td><td></td><td></td></tr>
<tr><td></td><td></td><td></td><td></td><td></td><td></td><td></td><td></td><td></td><td></td><td></td><td></td><td></td><td></td><td></td><td></td><td></td><td></td><td></td><td></td><td></td><td></td><td></td><td></td><td></td></tr>
<tr><td></td><td></td><td></td><td></td><td></td><td></td><td></td><td></td><td></td><td></td><td></td><td></td><td></td><td></td><td></td><td></td><td></td><td></td><td></td><td></td><td></td><td></td><td></td><td></td><td></td></tr>
<tr><td></td><td></td><td></td><td></td><td></td><td></td><td></td><td></td><td></td><td></td><td></td><td></td><td></td><td></td><td></td><td></td><td></td><td></td><td></td><td></td><td></td><td></td><td></td><td></td><td></td></tr>
<tr><td></td><td></td><td></td><td></td><td></td><td></td><td></td><td></td><td></td><td></td><td></td><td></td><td></td><td></td><td></td><td></td><td></td><td></td><td></td><td></td><td></td><td></td><td></td><td></td><td></td></tr>
<tr><td></td><td></td><td></td><td></td><td></td><td></td><td></td><td></td><td></td><td></td><td></td><td></td><td></td><td></td><td></td><td></td><td></td><td></td><td></td><td></td><td></td><td></td><td></td><td></td><td></td></tr>
<tr><td></td><td></td><td></td><td></td><td></td><td></td><td></td><td></td><td></td><td></td><td></td><td></td><td></td><td></td><td></td><td></td><td></td><td></td><td></td><td></td><td></td><td></td><td></td><td></td><td></td></tr>
<tr><td>附单据　　张</td><td colspan="2">合　　　　计</td><td></td><td></td><td></td><td></td><td></td><td></td><td></td><td></td><td></td><td></td><td></td><td></td><td></td><td></td><td></td><td></td><td></td><td></td><td></td><td></td><td></td><td></td></tr>
</table>

会计主管　　记账　　稽核　　制单　　出纳　　交领款人

账簿 B5.3

基本生产成本明细账

产品名称：丙产品　　　　车间：基本生产车间

摘　要	产量（件）	成本项目			成本合计
		直接材料	直接人工	制造费用	
月初在产品成本					
分配材料费用					
分配工资及福利费					
分配制造费用					
本月生产费用合计					
结转完工产品成本					
月末在产品成本					

账簿 B5.4

库存商品明细账

产品名称：丙产品

20×1年		期初余额		本月增加		本月减少		期末余额		
月	日	数量（件）	实际成本	数量（件）	实际成本	数量（件）	实际成本	数量（件）	实际成本	单位成本
12	1	略								
12	31									

单项实训六　品种法的计算程序和计算方法

实训目的和要求

实训目的：通过实践使学生熟悉品种法的计算程序，掌握品种法的计算方法。

实训要求：在本次实践中要求学生通过品种法单项实训，以产品品种作为成本计算对象，以会计期间作为产品成本计算期，了解品种法的使用范围，掌握品种法核算流程；通过品种法计算产品成本，编制产品成本计算单、产成品成本汇总表，编制记账凭证，登记有关成本费用的账簿；月末要在完工产品与月末在产品之间分配生产费用。

实训操作步骤

品种法的计算程序和方法步骤如下。

（1）根据产品的品种设置产品成本明细账或成本计算单。

有月初在产品成本的产品，还应在成本明细账中登记月初在产品的成本。

（2）编制各种费用分配表。

（3）根据“待摊费用”明细账和“预提费用”明细账，编制“待摊费用和预提费用”分配表，并按分配对象登记有关明细分类账。

（4）根据“辅助生产成本”明细账上所归集的费用，分配辅助生产费用，编制辅助生产费用分配表。

（5）将基本生产车间“制造费用”明细账归集的费用进行汇总，登记“生产成本”明细账。

（6）月末如没有在产品，则本月发生的生产费用就是完工产品的成本；如月末有在产品，而且数量较大，则应将产品成本明细账中归集的生产费用按照一定的方法在完工产品和月末在产品之间进行分配，计算出完工产品成本和月末在产品成本。

（7）根据各成本明细账中计算出的本月完工产品成本汇总编制“产品成本”汇总表，计算出完工产品总成本和单位成本，并据以结转“生产成本”明细账中的完工产品成本。

（一）实训资料

某企业设一个基本生产车间和一个辅助生产车间（机修车间）。基本生产车间生产甲、乙两种产品，采用品种法计算产品成本。辅助生产车间的制造费用不通过“制造费用”科目核算。制造费用按甲、乙产品生产工时比例进行分配。20×1 年 6 月车间发生的经济业务如下。

（1）基本生产车间领用材料 40 000 元，其中，直接用于甲产品生产的 A 材料 10 800 元，直接用于乙产品生产的 B 材料 18 000 元，甲、乙产品共同耗用的 C 材料 10 000 元（按甲、乙产品的定额消耗量比例进行分配，甲产品的定额消耗量为 440 千克，乙产品的定额消耗量为 560 千克），车间一般消耗 1 200 元。辅助生产车间领用材料 2 320 元，共计 42 320 元。

（2）结算本月应付职工工资，其中，基本生产车间的工人工资 16 000 元（按甲、乙产品耗用的生产工时比例分配，甲产品生产工时为 300 小时，乙产品生产工时为 500 小时），车间管理人员工资 2 500 元，辅助生产车间职工工资 1 500 元，共计 20 000 元。

（3）按照工资额的14%计提职工福利费。

（4）计提固定资产折旧费。基本生产车间月初应计折旧固定资产原值 100 000 元，辅助车间月初应计折旧固定资产原值 40 000 元；月折旧率为 1%。

（5）基本生产车间的制造费用按生产工时比例在甲、乙产品之间进行分配。

（6）辅助生产车间（供水车间）提供劳务 2 515 小时，其中，为基本生产车间提供劳务 2 000 小时，为管理部门提供劳务 515 小时。

（7）基本生产车间和辅助生产车间发生的其他支出分别为 1 200 元和 600 元，均通过银行办理转账结算。

（8）甲产品各月在产品数量变化不大，生产费用在完工产品与在产品之间的分配采用在产品按固定成本计价法。乙产品原材料在生产开始时一次性投入，原材料费用按完工产品数量和月末在产品数量的比例进行分配，工资及福利费和制造费用采用约当产量比例分配法进行分配。乙产品本月完工产品 100 件，月末在产品 50 件，完工率为 50%。甲产品月初在产品成本为 9 500 元，其中，原材料费用 4 000 元，工资及福利费 1 200 元，制造费用 4 300 元；乙产品月初在产品成本为 14 500 元，其中，原材料费用 6 000 元，工资及福利费 3 500 元，制造费用 5 000 元。

（二）任务 1

根据以上资料编制甲、乙产品共同耗用材料分配表（表 B6.1），并编制记账凭证（单据 B6.1）。

表 B6.1　甲、乙产品共同耗用材料分配表

20×1 年 6 月

<table>
<tr><th rowspan="2">产品名称</th><th colspan="2">直接耗用原材料</th><th rowspan="2">分配率</th><th rowspan="2">分配共同耗用
C 材料</th></tr>
<tr><th>A 材料</th><th>B 材料</th></tr>
<tr><td>甲产品</td><td></td><td></td><td></td><td></td></tr>
<tr><td>乙产品</td><td></td><td></td><td></td><td></td></tr>
<tr><td>合　计</td><td></td><td></td><td></td><td></td></tr>
</table>

单据 B6.1

记　账　凭　证

年　　月　　日　　　　　　____字第___号

<table>
<tr><th rowspan="2">摘　　要</th><th colspan="2">会计科目</th><th colspan="10">借方金额</th><th rowspan="2">记账符号</th><th colspan="10">贷方金额</th><th rowspan="2">记账符号</th></tr>
<tr><th>总账科目</th><th>明细科目</th><th>千</th><th>百</th><th>十</th><th>万</th><th>千</th><th>百</th><th>十</th><th>元</th><th>角</th><th>分</th><th>千</th><th>百</th><th>十</th><th>万</th><th>千</th><th>百</th><th>十</th><th>元</th><th>角</th><th>分</th></tr>
<tr><td></td><td></td><td></td><td></td><td></td><td></td><td></td><td></td><td></td><td></td><td></td><td></td><td></td><td></td><td></td><td></td><td></td><td></td><td></td><td></td><td></td><td></td><td></td><td></td></tr>
<tr><td></td><td></td><td></td><td></td><td></td><td></td><td></td><td></td><td></td><td></td><td></td><td></td><td></td><td></td><td></td><td></td><td></td><td></td><td></td><td></td><td></td><td></td><td></td><td></td></tr>
<tr><td></td><td></td><td></td><td></td><td></td><td></td><td></td><td></td><td></td><td></td><td></td><td></td><td></td><td></td><td></td><td></td><td></td><td></td><td></td><td></td><td></td><td></td><td></td><td></td></tr>
<tr><td></td><td></td><td></td><td></td><td></td><td></td><td></td><td></td><td></td><td></td><td></td><td></td><td></td><td></td><td></td><td></td><td></td><td></td><td></td><td></td><td></td><td></td><td></td><td></td></tr>
<tr><td></td><td></td><td></td><td></td><td></td><td></td><td></td><td></td><td></td><td></td><td></td><td></td><td></td><td></td><td></td><td></td><td></td><td></td><td></td><td></td><td></td><td></td><td></td><td></td></tr>
<tr><td></td><td></td><td></td><td></td><td></td><td></td><td></td><td></td><td></td><td></td><td></td><td></td><td></td><td></td><td></td><td></td><td></td><td></td><td></td><td></td><td></td><td></td><td></td><td></td></tr>
<tr><td></td><td></td><td></td><td></td><td></td><td></td><td></td><td></td><td></td><td></td><td></td><td></td><td></td><td></td><td></td><td></td><td></td><td></td><td></td><td></td><td></td><td></td><td></td><td></td></tr>
<tr><td>附单据　　张</td><td colspan="2">合　　　　计</td><td></td><td></td><td></td><td></td><td></td><td></td><td></td><td></td><td></td><td></td><td></td><td></td><td></td><td></td><td></td><td></td><td></td><td></td><td></td><td></td><td></td><td></td></tr>
</table>

会计主管　　　记账　　　稽核　　　制单　　　出纳　　　交领款人

（三）任务2

根据以上资料编制工资及福利费用分配表（表B6.2）和固定资产折旧费用分配表（表B6.3）。

表B6.2 工资及福利费用分配表

20×1年6月

应借账户		工资			福利费	
总账账户	明细账户	分配标准（小时）	分配率	分配额（元）	分配率	分配额（元）
基本生产成本	甲产品					
	乙产品					
	小计					
辅助生产成本	供水车间					
制造费用	基本生产车间					
合计						

表B6.3 固定资产折旧费用分配表

20×1年6月　　　　（单位：元）

应借账户		费用项目	分配金额
总账账户	明细账户		
制造费用	基本生产车间	折旧费	
辅助生产成本	供水车间	折旧费	
合计			

根据表B6.2工资及福利费用分配表和表B6.3固定资产折旧费用分配表，编制记账凭证（单据B6.2～单据B6.4）。

单据B6.2

记账凭证

年　月　日　　　　____字第___号

摘要	会计科目		借方金额									记账符号	贷方金额									记账符号
	总账科目	明细科目	千	百	十	万	千	百	十	元	角	分		千	百	十	万	千	百	十	元	角	分	
附单据　张	合计																						

会计主管　　记账　　稽核　　制单　　出纳　　交领款人

单据 B6.3

记 账 凭 证

年 月 日　　　　　　　　____字第__号

摘要	会计科目		借方金额										记账符号	贷方金额										记账符号
	总账科目	明细科目	千	百	十	万	千	百	十	元	角	分		千	百	十	万	千	百	十	元	角	分	
附单据 张	合计																							

会计主管　　记账　　稽核　　制单　　出纳　　交领款人

单据 B6.4

记 账 凭 证

年 月 日　　　　　　　　____字第__号

摘要	会计科目		借方金额										记账符号	贷方金额										记账符号
	总账科目	明细科目	千	百	十	万	千	百	十	元	角	分		千	百	十	万	千	百	十	元	角	分	
附单据 张	合计																							

会计主管　　记账　　稽核　　制单　　出纳　　交领款人

（四）任务 3

根据以上资料计算并编制辅助生产费用分配表（表 B6.4）和制造费用分配表（表 B6.5），登记辅助生产成本明细账（账簿 B6.1）。

根据表 B6.4 辅助生产费用分配表和表 B6.5 制造费用分配表，编制记账凭证（单据 B6.5）。

（五）任务 4

根据表 B6.1～表 B6.5，编制甲、乙产品成本计算单（表 B6.6 和表 B6.7）。

根据表 B6.6 和表 B6.7 计算结果，编制完工产品成本转出的记账凭证（单据 B6.6）。

表 B6.4　辅助生产费用分配表

20×1年6月

项　　目	供 水 车 间	合　　计
待分配费用（元）		
供应辅助生产以外单位劳务数量（小时）		
费用分配率（元/小时）		
基本生产车间耗用数量（小时）		
分配金额（元）		
行政管理部门耗用数量（小时）		
分配金额（元）		

账簿 B6.1

辅助生产成本明细账

车间名称：机修车间　　　　20×1年6月

年		凭证		摘　　要	直接材料	直接人工	制造费用	合　计
月	日	字	号					

表 B6.5　制造费用分配表

车间名称：　　　　20×1年9月

产　　品	生产工时（小时）	分配率（元/小时）	分配金额（元）
甲产品			
乙产品			
合计			

单据 B6.5

记　账　凭　证

年　月　日　　　　____字第___号

摘　　要	会计科目		借方金额										记账符号	贷方金额										记账符号
	总账科目	明细科目	千	百	十	万	千	百	十	元	角	分		千	百	十	万	千	百	十	元	角	分	
附单据　张	合　计																						

会计主管　　记账　　稽核　　制单　　出纳　　交领款人

表 B6.6 产品成本计算单

产品名称：甲　　　　产成品数量：　　　　在产品数量：

摘　　要	直接材料	直接人工	制造费用	合　　计
月初在产品成本（元）				
本月发生生产费用（元）				
生产费用合计（元）				
完工产品数量（件）				
在产品约当产量（件）				
总约当产量（件）				
分配率（单位成本）(元/件）				
完工产品总成本（元）				
月末在产品成本（元）				

表 B6.7 产品成本计算单

产品名称：乙　　　　产成品数量：　　　　在产品数量：

摘　　要	直接材料	直接人工	制造费用	合　　计
月初在产品成本（元）				
本月发生生产费用（元）				
生产费用合计（元）				
完工产品数量（件）				
在产品约当产量（件）				
总约当产量（件）				
分配率（单位成本）(元/件）				
完工产品总成本（元）				
月末在产品成本（元）				

单据 B6.6

记 账 凭 证

年　月　日　　　　　　　　____字第__号

摘　　要	会计科目		借方金额										记账符号	贷方金额										记账符号
	总账科目	明细科目	千	百	十	万	千	百	十	元	角	分		千	百	十	万	千	百	十	元	角	分	
附单据　张	合　　计																							

会计主管　　记账　　稽核　　制单　　出纳　　交领款人

（六）任务5

根据表B6.5～表B6.7，编制基本生产成本明细账（账簿B6.2和账簿B6.3）。

账簿B6.2

基本生产成本明细账

产品名称：甲　　　　　　20×1年6月　　　　产品产量：　　件

项　目	原材料	工资及福利费	制造费用	合　计
月初在产品成本				
本月生产费用				
生产费用合计				
完工产品成本				
月末在产品成本				

账簿B6.3

基本生产成本明细账

产品名称：乙　　　　　　　　　20×1年6月

产品产量：件　　　　　　　　在产品约当产量：件

项　目	原材料	工资及福利费	制造费用	合计
月初在产品成本				
本月生产费用				
生产费用合计				
分配率				
完工产品成本				
月末在产品成本				

单项实训七　分批法的计算程序和计算方法

实训目的和要求

实训目的：通过实践使学生熟悉分批法的计算程序，掌握分批法的计算方法。

实训要求：在本次实践中要求学生通过分批法单项实训，以产品批量作为成本计算对象，了解分批法的使用范围，掌握分批法核算流程；通过分批法计算产品成本，编制产品成本计算单、产成品成本汇总表，编制记账凭证，登记有关成本费用的账簿；月末要在完工产品与月末在产品之间分配生产费用。

实训操作步骤

分批法的计算程序和方法步骤如下。

（1）按产品的批别或订单设置生产成本明细账（或产品成本计算单）。

（2）按产品批别归集和分配本月发生的各种费用，编制各种费用要素分配表或汇总表。

（3）分配辅助生产费用，编制辅助生产成本分配表。

（4）分配基本车间制造费用，编制制造费用分配表。

（5）计算并结转完工产品成本，编制生产成本明细账（或产品成本计算单）。

（一）实训资料

海西集团下属的东南公司设有一个基本生产车间，按生产任务通知单（工作令号）分批组织生产，属于小批生产组织类型的企业。根据其生产特点和管理要求，采用一般分批法计算投产各批产品的生产成本。

海西集团下属的东南公司20×1年9月1日投产甲产品100件，批号为901#，在9月全部完工；9月10日投产乙产品150件，批号为902#，当月完工40件；9月15日投产丙产品200件，批号为903#，尚未完工。

本月发生的各项费用如下。

（1）901#产品耗用原材料125 000元；902#产品耗用原材料167 000元；903#产品耗用原材料226 000元；生产车间一般耗用原材料8 600元（计划成本）。

（2）生产工人工资19 600元；车间管理人员工资2 100元。

（3）车间耗用外购的水电费2 400元，以银行存款付讫。

（4）计提车间负担的固定资产折旧费3 800元。

（5）车间负担的其他费用250元，以银行存款付讫。

其他有关资料如下。

（1）该企业的职工福利费按工资总额的14%计提。

（2）原材料采用计划成本计价，差异率为+4%。

（3）生产工人工资按耗用工时比例分配，其中，901#产品工时为18 000小时，902#产品工时为20 000小时，903#产品工时为11 000小时。

（4）制造费用也按耗用工时比例进行分配。

（5）902#产品完工40件，按定额成本转出。902#产品定额单位成本为直接材料1 100元，直接人工75元，制造费用60元。

（二）任务1

根据以上资料编制原材料费用分配表（表B7.1）、职工薪酬分配表（表B7.2）和制造费用分配表（表B7.3）。

根据表B7.1的计算结果，编制记账凭证（单据B7.1和单据B7.2）。

根据表B7.2及表B7.3，编制记账凭证（单据B7.3～单据B7.5）。

（三）任务2

根据单据B7.1～单据B7.5，登记账簿B7.1～账簿B7.4。

表 B7.1　原材料费用分配表

20×1年9月　　　　　　　　　　　　　　　　　（单位：元）

应借账户		成本或费用项目	计划成本	材料差异额	材料实际成本
基本生产成本	901#产品	直接材料	125 000		
	902#产品	直接材料	167 000		
	903#产品	直接材料	226 000		
小　计					
制造费用	机物料消耗	材料费	8 600		
合　计					

单据 B7.1

记　账　凭　证

年　月　日　　　　　　　　　　____字第___号

摘　要	会计科目		借方金额										记账符号	贷方金额										记账符号
	总账科目	明细科目	千	百	十	万	千	百	十	元	角	分		千	百	十	万	千	百	十	元	角	分	
附单据　张	合　计																							

会计主管　　记账　　稽核　　制单　　出纳　　交领款人

单据 B7.2

记　账　凭　证

年　月　日　　　　　　　　　　____字第___号

摘　要	会计科目		借方金额										记账符号	贷方金额										记账符号
	总账科目	明细科目	千	百	十	万	千	百	十	元	角	分		千	百	十	万	千	百	十	元	角	分	
附单据　张	合　计																							

会计主管　　记账　　稽核　　制单　　出纳　　交领款人

表 B7.2　职工薪酬分配表

20×1 年 9 月

应借账户		工资		职工福利费（14%）（元）	合计（元）
		工时（小时）	分配金额（分配率：0.40）		
基本生产成本	901#产品	18 000			
	902#产品	20 000			
	903#产品	11 000			
	小　计	49 000			
制造费用					
合　计					

表 B7.3　制造费用分配表

20×1 年 9 月

应借账户		成本项目	实用工时（小时）	分配率（元/小时）	应分配金额（元）
基本生产成本	901#产品	制造费用	18 000		
	902#产品	制造费用	20 000		
	903#产品	制造费用	11 000		
合　计					

单据 B7.3

记 账 凭 证

年　月　日　　　　____字第__号

摘　要	会计科目		借方金额										记账符号	贷方金额										记账符号
	总账科目	明细科目	千	百	十	万	千	百	十	元	角	分		千	百	十	万	千	百	十	元	角	分	
附单据　张	合　计																							

会计主管　　记账　　稽核　　制单　　出纳　　交领款人

单据 B7.4

记 账 凭 证

年 月 日　　　　____字第___号

摘要	会计科目		借方金额										记账符号	贷方金额										记账符号
	总账科目	明细科目	千	百	十	万	千	百	十	元	角	分		千	百	十	万	千	百	十	元	角	分	
附单据 张	合 计																							

会计主管　　记账　　稽核　　制单　　出纳　　交领款人

单据 B7.5

记 账 凭 证

年 月 日　　　　____字第___号

摘要	会计科目		借方金额										记账符号	贷方金额										记账符号
	总账科目	明细科目	千	百	十	万	千	百	十	元	角	分		千	百	十	万	千	百	十	元	角	分	
附单据 张	合 计																							

会计主管　　记账　　稽核　　制单　　出纳　　交领款人

账簿 B7.1

制造费用明细账

20×1年		摘要	材料费	工资	福利费	水电费	折旧费	其他	合计
月	日								
9	30	消耗材料							
	30	结转成本差异							
	30	结算工资							
	30	计提福利费							
	30	支付水电费							
	30	计提折旧							
	30	其他费用							
	30	本月合计							
	30	分配转出							

账簿 B7.2

基本生产成本明细账

批号：901# 完工日期：9 月 30 日 开工日期：9 月 1 日

产品名称：甲产品 批量：100 件 完工：100 件

20×1 年		凭证		摘 要	直接材料	直接人工	制造费用	合 计
月	日	字	号					
9	30			材料分配表	130 000			130 000
	30			工资福利分配表				
	30		略	制造费用分配表				
	30			合计				
	30			结转完工产品成本				
	30			单位成本				

账簿 B7.3

基本生产成本明细账

批号：902# 完工日期： 开工日期：9 月 10 日

产品名称：乙产品 批量：150 件 完工：40 件

20×1 年		凭证		摘 要	直接材料	直接人工	制造费用	合 计
月	日	字	号					
9	30			材料分配表	173 680			173 680
	30			工资福利分配表				
	30		略	制造费用分配表				
	30			合计				
	30			结转完工产品成本				
	30			月末在产品成本				

注：完工产品成本采用定额成本法计算，其中，直接材料 40×1 100=44 000（元），直接人工 40×75=3 000（元），制造费用 40×60=2 400（元）。

账簿 B7.4

基本生产成本明细账

批号：903# 开工日期：9 月 15 日

产品名称：丙产品 批量：200 件 完工： 完工日期：

20×1 年		凭证		摘 要	直接材料	直接人工	制造费用	合 计
月	日	字	号					
9	30			材料分配表	235 040			235 040
	30			工资福利分配表				
	30			制造费用分配表				
	30			合 计				

单项实训八 分步法的计算程序和计算方法

实训目的和要求

实训目的：通过实践使学生熟悉分步法的计算程序，掌握分步法的计算方法。

实训要求：在本次实践中要求学生通过分步法单项实训，以产品步骤作为成本计算对象，以会计期间作为产品成本计算期，了解分步法的使用范围，掌握分步法核算流程；通过分步法计算产品成本，编制产品成本计算单、产成品成本汇总表，编制记账凭证，登记有关成本费用的账簿；月末要在完工产品与月末在产品之间分配生产费用。

实训操作步骤

通过分步法单项实训，了解分步法的使用范围，掌握分步法核算流程。分步法操作步骤如下。

（1）按产品的生产步骤设置生产成本明细账（或产品成本计算单）。

（2）按生产步骤归集和分配本月发生的各种费用，编制各种费用要素分配表或汇总表。

（3）分配辅助生产费用，编制辅助生产成本分配表。

（4）分配基本车间制造费用，编制制造费用分配表。

（5）计算并结转完工产品成本，编制生产成本明细账（或产品成本计算单）。

项目一

（一）实训资料

某企业生产甲产品，产品生产分两个步骤，由两个车间进行。第一车间生产甲产品的半成品，第二车间对甲产品的半成品进行再加工。半成品转移通过半成品仓库，半成品成本结转按加权平均单位成本计算，原材料一次性投入，生产费用在完工产品和在产品之间分配采用定额成本法分配。

该企业 20×1 年 7 月有关成本计算资料如表 B8.1、表 B8.2 所示。

表 B8.2 中相关数据来源如下：一车间月初在产品定额成本直接材料 1 600(元)=20×80；直接人工 400(元)=20×20；制造费用 1 200(元)=20×60；二车间月初在产品定额成本直接人工 600（元）=20×30；制造费用 900（元）=30×30；半成品 7 500（元）=250×30。甲半成品月初仓库结存 100 件，实际成本为 26 000 元。

表 B8.1 产量记录 （单位：件）

项 目	月初在产品	本月投入	本月完工	月末在产品
一车间	20	180	190	10
二车间	30	270	280	20

（二）任务 1

根据表 B8.1 和表 B8.2，登记明细账（账簿 B8.1～账簿 B8.3）。

表 B8.2　成本资料

项　　目		半成品	直接材料	直接人工	制造费用	合　　计
一车间	月末单位在产品定额成本		80	20	60	160
	月初在产品定额成本		1 600	400	1 200	3 200
	本月生产费用发生额		30 000	6 000	10 000	46 000
二车间	月末单位在产品定额成本	250		20	30	300
	月初在产品定额成本	7 500		600	900	9 000
	本月生产费用发生额			20 000	10 000	30 000

账簿 B8.1

基本生产成本明细账

一车间

20×1 年		摘　　要	数量（件）	实际成本			
月	日			直接材料	直接人工	制造费用	成本合计

账簿 B8.2

自制半成品明细账

产品名称：甲半成品

20×1 年		摘　　要	数量（件）	实际成本			
月	日			直接材料	直接人工	制造费用	成本合计

账簿 B8.3

基本生产成本明细账

产品名称：甲产成品

20×1年		摘　要	数量（件）	实际成本			
月	日			直接材料	直接人工	制造费用	成本合计

（三）任务2

根据账簿 B8.1～账簿 B8.3，编制记账凭证（单据 B8.1 和单据 B8.2）。

单据 B8.1

记　账　凭　证

年　月　日　　　　＿＿字第＿＿号

摘　要	会计科目		借方金额										记账符号	贷方金额										记账符号
	总账科目	明细科目	千	百	十	万	千	百	十	元	角	分		千	百	十	万	千	百	十	元	角	分	
附单据　张	合　计																							

会计主管　记账　稽核　制单　出纳　交领款人

单据 B8.2

记　账　凭　证

年　月　日　　　　＿＿字第＿＿号

摘　要	会计科目		借方金额										记账符号	贷方金额										记账符号
	总账科目	明细科目	千	百	十	万	千	百	十	元	角	分		千	百	十	万	千	百	十	元	角	分	
附单据　张	合　计																							

会计主管　记账　稽核　制单　出纳　交领款人

项目二

（一）实训资料

某企业采用平行结转分步法计算产品成本。该企业生产 A 产品顺序经过三个生产步骤（不经过半成品库），原材料在开始生产时一次性投入，在产品成本按约当产量法计算。各步骤月末在产品的完工程度为 50%。

A 产品资料如表 B8.3 和表 B8.4 所示。

表 B8.3 产量资料 （单位：件）

项 目	一步骤	二步骤	三步骤
月初在产品数量	80	40	120
本月投产数量	120	140	160
本月完工数量	140	160	200
月末在产品数量	60	20	80

表 B8.4 成本资料 （单位：元）

项 目	一步骤		二步骤	三步骤
	原材料	加工费		
月初在产品成本	6 240	1 000	980	120
本月生产费用	3 120	650	1 050	360
合 计	9 360	1 650	2 030	480

（二）任务 1

根据表 B8.3 及表 B8.4，计算各步骤应计入 A 产品成本的“份额”，将计算结果直接填入账簿 B8.4～账簿 B8.6。

账簿 B8.4

第一步骤产品成本明细账

项 目	直接材料	加工费	合 计
月初在产品成本			
本月本步生产费用			
合 计			
计入产成品成本份额			
月末在产品成本			

直接材料分配率=

月末广义在产品成本=

应计入产成品的份额=

应计入产成品的份额=

加工费分配率=

月末广义在产品成本=

账簿 B8.5

第二步骤产品成本明细账

项 目	直接材料	加工费	合 计
月初在产品成本			
本月本步生产费用			
合 计			
计入产成品成本份额			
月末在产品成本			

加工费分配率=

应计入产成品的份额=

月末广义在产品成本=

账簿 B8.6

第三步骤产品成本明细账

项　　目	直接材料	加工费	合　计
月初在产品成本			
本月本步生产费用			
合　计			
计入产成品成本份额			
月末在产品成本			

加工费分配率=　　　　　　　　　　　　　　　　应计入产成品的份额=

月末广义在产品成本=

（三）任务 2

根据账簿 B8.4～账簿 B8.6，将各步骤应计入 A 产品成本的“份额”平行结转、汇总，编制 A 产品成本汇总表（表 B8.5）。

表 B8.5　产成品成本汇总表

产品种类：A 产品　　　　　　　　　　　　　　　　（单位：元）

项　目	直接材料	加工费	合　计
第一步骤转入份额			
第二步骤转入份额			
第三步骤转入份额			
产成品总成本			

根据账簿 B8.4～账簿 B8.6 和表 B8.5 的计算结果，编制记账凭证（单据 B8.3）。

单据 B8.3

记　账　凭　证

年　月　日　　　　　　　　____字第___号

<table>
<tr><td rowspan="2">摘　要</td><td colspan="2">会计科目</td><td colspan="10">借方金额</td><td rowspan="2">记账符号</td><td colspan="10">贷方金额</td><td rowspan="2">记账符号</td></tr>
<tr><td>总账科目</td><td>明细科目</td><td>千</td><td>百</td><td>十</td><td>万</td><td>千</td><td>百</td><td>十</td><td>元</td><td>角</td><td>分</td><td>千</td><td>百</td><td>十</td><td>万</td><td>千</td><td>百</td><td>十</td><td>元</td><td>角</td><td>分</td></tr>
<tr><td></td><td></td><td></td><td></td><td></td><td></td><td></td><td></td><td></td><td></td><td></td><td></td><td></td><td></td><td></td><td></td><td></td><td></td><td></td><td></td><td></td><td></td><td></td><td></td><td></td></tr>
<tr><td></td><td></td><td></td><td></td><td></td><td></td><td></td><td></td><td></td><td></td><td></td><td></td><td></td><td></td><td></td><td></td><td></td><td></td><td></td><td></td><td></td><td></td><td></td><td></td><td></td></tr>
<tr><td></td><td></td><td></td><td></td><td></td><td></td><td></td><td></td><td></td><td></td><td></td><td></td><td></td><td></td><td></td><td></td><td></td><td></td><td></td><td></td><td></td><td></td><td></td><td></td><td></td></tr>
<tr><td></td><td></td><td></td><td></td><td></td><td></td><td></td><td></td><td></td><td></td><td></td><td></td><td></td><td></td><td></td><td></td><td></td><td></td><td></td><td></td><td></td><td></td><td></td><td></td><td></td></tr>
<tr><td></td><td></td><td></td><td></td><td></td><td></td><td></td><td></td><td></td><td></td><td></td><td></td><td></td><td></td><td></td><td></td><td></td><td></td><td></td><td></td><td></td><td></td><td></td><td></td><td></td></tr>
<tr><td></td><td></td><td></td><td></td><td></td><td></td><td></td><td></td><td></td><td></td><td></td><td></td><td></td><td></td><td></td><td></td><td></td><td></td><td></td><td></td><td></td><td></td><td></td><td></td><td></td></tr>
<tr><td></td><td></td><td></td><td></td><td></td><td></td><td></td><td></td><td></td><td></td><td></td><td></td><td></td><td></td><td></td><td></td><td></td><td></td><td></td><td></td><td></td><td></td><td></td><td></td><td></td></tr>
<tr><td>附单据　　张</td><td colspan="2">合　　计</td><td></td><td></td><td></td><td></td><td></td><td></td><td></td><td></td><td></td><td></td><td></td><td></td><td></td><td></td><td></td><td></td><td></td><td></td><td></td><td></td><td></td><td></td></tr>
</table>

会计主管　　　记账　　　稽核　　　制单　　　出纳　　　交领款人

项目三

（一）实训资料

某企业生产 A 产品，须经过第一车间和第二车间连续加工制成，采用逐步结转分步法计算成本。第一车间本月转入第二车间的半成品综合成本为 80 000 元，其中直接材料 50 000 元，直接人工 10 000 元，制造费用 20 000 元。第二车间本月发生直接人工 6 000 元，制造费用 12 500 元。第二车间期初在产品成本 12 000 元，其中半成品（原材料）10 000 元，直接人工 800 元，制造费用 1 200 元；第二车间期末在产品成本按定额成本计算，总额为 18 000 元，其中半成品（原材料）15 000 元，直接人工 1 100 元，制造费用 1 900 元。

（二）任务 1

根据以上资料分别采用综合结转分步法和分项结转分步法计算完工产品成本，计算结果填入账簿 B8.7 和账簿 B8.8。

账簿 B8.7

第二车间产品成本明细账（综合结转）

项　目	半 成 品	直 接 人 工	制 造 费 用	合　计
期初在产品成本				
本月生产费用				
合　计				
本月完工产品成本				
期末在产品成本				

账簿 B8.8

第二车间产品成本明细账（分项结转）

项　目		直接材料	直接人工	制造费用	合　计
期初在产品成本					
本月生产费用	所耗上一步骤半成品成本				
	本步骤生产费用				
合　计					
本月完工产品成本					
期末在产品成本					

（三）任务 2

根据账簿 B8.7 和账簿 B8.8，编制记账凭证（单据 B8.4 和单据 B8.5）。

单据 B8.4

记 账 凭 证

年　月　日　　　　　　　　　　　　　　　　　　　　＿＿字第＿＿号

摘要	会计科目		借方金额										记账符号	贷方金额										记账符号
	总账科目	明细科目	千	百	十	万	千	百	十	元	角	分		千	百	十	万	千	百	十	元	角	分	
附单据　张	合　计																							

会计主管　　记账　　稽核　　制单　　出纳　　交领款人

单据 B8.5

记 账 凭 证

年　月　日　　　　　　　　　　　　　　　　　　　　＿＿字第＿＿号

摘要	会计科目		借方金额										记账符号	贷方金额										记账符号
	总账科目	明细科目	千	百	十	万	千	百	十	元	角	分		千	百	十	万	千	百	十	元	角	分	
附单据　张	合　计																							

会计主管　　记账　　稽核　　制单　　出纳　　交领款人

项目四

（一）实训资料

某企业生产甲产品须经第一、第二车间连续加工完成。第一车间半成品完工通过“自制半成品”账户核算，第二车间领用半成品成本按全月一次加权平均单位成本计算，两个车间月末在产品均按定额成本计算。有关资料如表 B8.6 所示。

表 B8.6　成本资料　（单位：元）

项目		直接材料	直接人工	制造费用	合计
一车间	期初在产品成本	12 000	4 000	5 000	21 000
	本月费用	28 000	6 000	10 000	44 000
	期末在产品成本	6 000	2 000	3 000	11 000
二车间	期初在产品成本	20 000	5 000	10 000	35 000
	本月费用		14 000	15 000	29 000
	期末在产品成本	7 500	2 000	5 000	14 500

（二）任务 1

根据表 B8.6 的数据编制账簿 B8.9 和账簿 B8.10。

账簿 B8.9

基本生产成本明细账

第一车间

项　目	直接材料	直接人工	制造费用	合　计
月初在产品成本				
本月费用				
本月完工产品成本				
月末在产品成本				

账簿 B8.10

基本生产成本明细账

第二车间

项　目	半 成 品	直 接 人 工	制 造 费 用	合　计
月初在产品成本				
本月费用				
本月完工产品成本				
月末在产品成本				

（三）任务 2

第一车间本月完工半成品 900 件，半成品仓库期初结存 100 件，实际成本 11 000 元。第二车间本月领用半成品 800 件，完工产品 1 000 件，采用逐步综合结转分步法计算本月完工产成品实际成本，编制产品成本还原计算表（表 B8.7）和记账凭证（单据 B8.6）。

表 B8.7　产品成本还原计算表

项　目	还原分配率	半成品	直接材料	直接人工	制造费用	合　计
还原前产成品成本						
本月所产半成品成本						
成本还原						
还原后产成品成本						

单据 B8.6

记　账　凭　证

年　月　日　　　　____字第__号

<table>
<tr><td rowspan="2">摘　要</td><td colspan="2">会计科目</td><td colspan="10">借方金额</td><td rowspan="2">记账符号</td><td colspan="10">贷方金额</td><td rowspan="2">记账符号</td></tr>
<tr><td>总账科目</td><td>明细科目</td><td>千</td><td>百</td><td>十</td><td>万</td><td>千</td><td>百</td><td>十</td><td>元</td><td>角</td><td>分</td><td>千</td><td>百</td><td>十</td><td>万</td><td>千</td><td>百</td><td>十</td><td>元</td><td>角</td><td>分</td></tr>
<tr><td></td><td></td><td></td><td></td><td></td><td></td><td></td><td></td><td></td><td></td><td></td><td></td><td></td><td></td><td></td><td></td><td></td><td></td><td></td><td></td><td></td><td></td><td></td><td></td><td></td></tr>
<tr><td></td><td></td><td></td><td></td><td></td><td></td><td></td><td></td><td></td><td></td><td></td><td></td><td></td><td></td><td></td><td></td><td></td><td></td><td></td><td></td><td></td><td></td><td></td><td></td><td></td></tr>
<tr><td></td><td></td><td></td><td></td><td></td><td></td><td></td><td></td><td></td><td></td><td></td><td></td><td></td><td></td><td></td><td></td><td></td><td></td><td></td><td></td><td></td><td></td><td></td><td></td><td></td></tr>
<tr><td></td><td></td><td></td><td></td><td></td><td></td><td></td><td></td><td></td><td></td><td></td><td></td><td></td><td></td><td></td><td></td><td></td><td></td><td></td><td></td><td></td><td></td><td></td><td></td><td></td></tr>
<tr><td></td><td></td><td></td><td></td><td></td><td></td><td></td><td></td><td></td><td></td><td></td><td></td><td></td><td></td><td></td><td></td><td></td><td></td><td></td><td></td><td></td><td></td><td></td><td></td><td></td></tr>
<tr><td></td><td></td><td></td><td></td><td></td><td></td><td></td><td></td><td></td><td></td><td></td><td></td><td></td><td></td><td></td><td></td><td></td><td></td><td></td><td></td><td></td><td></td><td></td><td></td><td></td></tr>
<tr><td></td><td></td><td></td><td></td><td></td><td></td><td></td><td></td><td></td><td></td><td></td><td></td><td></td><td></td><td></td><td></td><td></td><td></td><td></td><td></td><td></td><td></td><td></td><td></td><td></td></tr>
<tr><td>附单据　张</td><td colspan="2">合　计</td><td></td><td></td><td></td><td></td><td></td><td></td><td></td><td></td><td></td><td></td><td></td><td></td><td></td><td></td><td></td><td></td><td></td><td></td><td></td><td></td><td></td><td></td></tr>
</table>

会计主管　　记账　　稽核　　制单　　出纳　　交领款人

项目五

（一）实训资料

某企业生产A产品经两个车间加工制成，采用平行结转分步法计算成本。生产费用在完工产品与在产品之间的分配采用定额比例法，其中原材料费用按定额原材料费用比例分配，其他各项费用均按定额工时比例分配。该企业本月A产品有关的定额资料如表B8.8所示。

表B8.8 A产品有关定额资料

车间份额	月初在产品		本月投入		本月产成品				
	定额原材料费用（元）	定额工时（小时）	定额原材料费用（元）	定额工时（小时）	单位定额		产量（件）	定额原材料费用（元）	定额工时（小时）
					原材料费用（元）	工时（小时）			
第一车间份额	10 200	4 800	6 200	2 000	45	20	300	13 500	6 000
第二车间份额		7 200		7 040		25	300		7 500
合　计	10 200	12 000	6 200	9 040	45	45	300	13 500	13 500

（二）任务

根据A产品的定额资料，登记账簿B8.11和账簿B8.12。

根据账簿B8.11和账簿B8.12的内容，将第一、第二车间产品成本明细账中应计入产成品成本的“份额”平行结转汇总计入A产品成本汇总表（表B8.9）内。

根据账簿B8.11、账簿B8.12和表B8.8的内容编制记账凭证（单据B8.7和单据B8.8）。

账簿B8.11

基本生产成本明细账

第一车间　A产品

摘　要	产成品产量（件）	直接材料		定额工时	直接人工	制造费用	成本合计
		定额	实际				
月初在产品成本			11 210	4 800	5 100	9 600	25 910
本月生产费用			7 440	2 000	4 200	6 580	18 220
合　计							
费用分配率							
产成品成本中本步骤份额	300						
月末在产品成本							

账簿B8.12

基本生产成本明细账

第二车间　A产品

摘　要	产成品产量（件）	直接材料		定额工时	直接人工	制造费用	成本合计
		定额	实际				
月初在产品成本				2 860	3100	4760	7 860
本月生产费用				7 040	6600	7220	13 820
合　计							
费用分配率							
产成品成本中本步骤份额	300						
月末在产品成本							

表 B8.9 A 产品成本汇总表

车间份额	产量（件）	直接材料	直接人工	制造费用	成本合计
第一车间份额	300				
第二车间份额	300				
合　计	300				
单位成本	300				

单据 B8.7

记 账 凭 证

年　月　日　　　　　　＿＿字第＿＿号

摘　要	会计科目		借方金额										记账符号	贷方金额										记账符号
	总账科目	明细科目	千	百	十	万	千	百	十	元	角	分		千	百	十	万	千	百	十	元	角	分	
附单据　张	合　计																							

会计主管　　记账　　稽核　　制单　　出纳　　交领款人

单据 B8.8

记 账 凭 证

年　月　日　　　　　　＿＿字第＿＿号

摘　要	会计科目		借方金额										记账符号	贷方金额										记账符号
	总账科目	明细科目	千	百	十	万	千	百	十	元	角	分		千	百	十	万	千	百	十	元	角	分	
附单据　张	合　计																							

会计主管　　记账　　稽核　　制单　　出纳　　交领款人

第二部分

综合实训

综合实训一　品种法

实训目的和要求

实训目的：通过实践使学生熟悉品种法的计算程序，掌握品种法的计算方法，理解品种法的特点和适用条件。

实训要求：在本次实践中要求学生通过品种法综合实训，以产品品种作为成本计算对象，以会计期间作为产品成本计算期，了解品种法的使用范围，掌握品种法核算流程；通过品种法计算产品成本，编制产品成本计算单、产成品成本汇总表，编制记账凭证，登记有关成本费用的账簿；月末要在完工产品与月末在产品之间分配生产费用。

实训操作步骤

品种法的操作步骤如下。

（1）根据材料领用的各种资料，计算产品耗用的材料费用。

（2）根据计算结果填制材料费用分配表。

（3）计算有关工资数据并分析数据。

（4）进行各种费用的分配。

（5）登记有关成本明细账。

（6）编制成本计算单。

（7）编制记账凭证。

项目一

（一）实训资料

本书中所举实例基本接近实际，为了便于学习，有些数字和生产情况是假设的，但都反映了实际中的工作经验。

大华公司设有一个基本生产车间，大量生产甲、乙两种产品，另有一个蒸气辅助生产车间，为基本生产车间和其他部门提供服务。基本生产车间生产工艺属于单步骤生产，企业依据生产特点和管理要求选用品种法计算产品成本，设置直接材料、直接人工和制造费用三个成本项目。

原材料于生产开始时一次性投入，甲、乙两种产品共同耗用的材料费用按甲、乙两种产品直接耗用原材料比例进行分配；基本生产车间生产工人工资、制造费用均按生产工时比例分配；辅助生产费用按直接分配法进行分配；甲、乙两种产品按约当产量法计算完工产品成本和月末在产品成本。根据辅助生产成本明细账归集的费用和工时数，采用直接分配法分配辅助生产费用。

该公司 20×1 年 9 月有关成本资料如下。

（1）月初在产品成本如表 C1.1 所示。

（2）产品产量记录如表 C1.2 所示。

（3）工时记录如表 C1.3 所示。

表 C1.1　甲、乙两种产品的月初在产品成本

20×1 年 9 月　　（单位：元）

产品品种	成本项目			合计
	直接材料	直接人工	制造费用	
甲产品	32 800	15 500	5 021	53 321
乙产品	14 000	7 000	3 554	24 554

注：甲、乙两种产品的月末在产品完工程度均为 50%。

表 C1.2　甲、乙两种产品的产量记录

20×1 年 9 月　　（单位：件）

项目	甲产品	乙产品
期初在产品	100	40
本月投产	700	400
本月完工	680	360
月末在产品	120	80

表 C1.3　工时记录

20×1 年 9 月　　（单位：小时）

受益产品或部门	基本生产车间生产工时	蒸气车间生产工时
甲产品	30 000	
乙产品	20 000	
基本生产车间		6 000
企业行政部门		400
合　计	50 000	6 400

（4）本月发生的生产费用如表 C1.4 所示。

表 C1.4　本月生产费用

20×1 年 9 月　　（单位：元）

项　目	基本生产车间				蒸气车间		合　计
	甲产品	乙产品	共同耗用	车间耗用	生产耗用	车间耗用	
A 材料	186 000			18 000		1 000	205 000
B 材料		104 800		6 000			110 800
C 材料			58 160				58 160
工资			140 000	8 500	12 000	2 000	162 500
福利费			19 600	1 190	1 680	280	22 750
折旧费				20 000		4 000	24 000
外购动力				4 800		800	5 600
办公费				1 600		400	2 000

（二）任务 1

根据表 C1.1～表 C1.4 的内容编制材料费用分配表（表 C1.5 和表 C1.6）。

表 C1.5　甲、乙产品共同耗用材料分配表

20×1 年 9 月

产品名称	直接耗用原材料		分配率	分配共同耗用 C 材料
	A 材料	B 材料		
甲产品				
乙产品				
合计				

表 C1.6　材料费用分配表

20×1年9月

总账账户	明细账户	A 材料	B 材料	C 材料	合 计
基本生产成本	甲产品				
	乙产品				
	小 计				
辅助生产成本	蒸气车间				
制造费用	基本生产车间				
合 计					

（三）任务 2

根据表 C1.5 和表 C1.6 的计算结果，编制记账凭证（单据 C1.1）。

单据 C1.1

记 账 凭 证

年 月 日

____字第___号

<table>
<tr><th rowspan="2">摘 要</th><th colspan="2">会计科目</th><th colspan="10">借方金额</th><th rowspan="2">记账符号</th><th colspan="10">贷方金额</th><th rowspan="2">记账符号</th></tr>
<tr><th>总账科目</th><th>明细科目</th><th>千</th><th>百</th><th>十</th><th>万</th><th>千</th><th>百</th><th>十</th><th>元</th><th>角</th><th>分</th><th>千</th><th>百</th><th>十</th><th>万</th><th>千</th><th>百</th><th>十</th><th>元</th><th>角</th><th>分</th></tr>
<tr><td></td><td></td><td></td><td></td><td></td><td></td><td></td><td></td><td></td><td></td><td></td><td></td><td></td><td></td><td></td><td></td><td></td><td></td><td></td><td></td><td></td><td></td><td></td><td></td><td></td></tr>
<tr><td></td><td></td><td></td><td></td><td></td><td></td><td></td><td></td><td></td><td></td><td></td><td></td><td></td><td></td><td></td><td></td><td></td><td></td><td></td><td></td><td></td><td></td><td></td><td></td><td></td></tr>
<tr><td></td><td></td><td></td><td></td><td></td><td></td><td></td><td></td><td></td><td></td><td></td><td></td><td></td><td></td><td></td><td></td><td></td><td></td><td></td><td></td><td></td><td></td><td></td><td></td><td></td></tr>
<tr><td></td><td></td><td></td><td></td><td></td><td></td><td></td><td></td><td></td><td></td><td></td><td></td><td></td><td></td><td></td><td></td><td></td><td></td><td></td><td></td><td></td><td></td><td></td><td></td><td></td></tr>
<tr><td></td><td></td><td></td><td></td><td></td><td></td><td></td><td></td><td></td><td></td><td></td><td></td><td></td><td></td><td></td><td></td><td></td><td></td><td></td><td></td><td></td><td></td><td></td><td></td><td></td></tr>
<tr><td></td><td></td><td></td><td></td><td></td><td></td><td></td><td></td><td></td><td></td><td></td><td></td><td></td><td></td><td></td><td></td><td></td><td></td><td></td><td></td><td></td><td></td><td></td><td></td><td></td></tr>
<tr><td></td><td></td><td></td><td></td><td></td><td></td><td></td><td></td><td></td><td></td><td></td><td></td><td></td><td></td><td></td><td></td><td></td><td></td><td></td><td></td><td></td><td></td><td></td><td></td><td></td></tr>
<tr><td>附单据 张</td><td colspan="2">合 计</td><td></td><td></td><td></td><td></td><td></td><td></td><td></td><td></td><td></td><td></td><td></td><td></td><td></td><td></td><td></td><td></td><td></td><td></td><td></td><td></td><td></td><td></td></tr>
</table>

会计主管　　记账　　稽核　　制单　　出纳　　交领款人

（四）任务 3

根据表 C1.1～表 C1.6 和单据 C1.1 的资料编制工资和福利费用分配表（表 C1.7）。

表 C1.7　工资及福利费用分配表

20×1年9月

应借账户		工 资			福 利 费	
总账账户	明细账户	分配标准	分配率	分配额	分配率	分配额
基本生产成本	甲产品					
	乙产品					
	小 计					
辅助生产成本	蒸气车间					
制造费用	基本生产车间					
合 计						

（五）任务 4

根据实训资料的有关内容编制表 C1.8～表 C1.10，并编制记账凭证（单据 C1.2 和单据 C1.3）。

表 C1.8　固定资产折旧费用分配表

20×1 年 9 月　　（单位：元）

应借账户		费用项目	分配金额
总账账户	明细账户		
制造费用	基本生产车间	折旧费	
辅助生产成本	蒸气车间	折旧费	
合　计			

表 C1.9　外购动力费用分配表

20×1 年 9 月　　（单位：元）

应借账户		应付账款 电费
总账账户	明细账户	
制造费用	基本生产车间	
辅助生产成本	蒸气车间	
合　计		

表 C1.10　其他费用分配表

20×1 年 9 月　　（单位：元）

应借账户		银行存款
总账账户	明细账户	
制造费用	基本生产车间	
辅助生产成本	蒸气车间	
合　计		

单据 C1.2

记　账　凭　证

年　　月　　日　　　　＿＿＿字第＿＿号

摘　要	会计科目		借方金额										记账符号	贷方金额										记账符号
	总账科目	明细科目	千	百	十	万	千	百	十	元	角	分		千	百	十	万	千	百	十	元	角	分	
附单据　张	合　计																							

会计主管　　记账　　稽核　　制单　　出纳　　交领款人

单据 C1.3

记 账 凭 证

年　月　日　　　　　　　　　　____字第__号

<table>
<tr><td rowspan="2">摘　要</td><td colspan="2">会计科目</td><td colspan="10">借方金额</td><td rowspan="2">记账符号</td><td colspan="10">贷方金额</td><td rowspan="2">记账符号</td></tr>
<tr><td>总账科目</td><td>明细科目</td><td>千</td><td>百</td><td>十</td><td>万</td><td>千</td><td>百</td><td>十</td><td>元</td><td>角</td><td>分</td><td>千</td><td>百</td><td>十</td><td>万</td><td>千</td><td>百</td><td>十</td><td>元</td><td>角</td><td>分</td></tr>
<tr><td></td><td></td><td></td><td></td><td></td><td></td><td></td><td></td><td></td><td></td><td></td><td></td><td></td><td></td><td></td><td></td><td></td><td></td><td></td><td></td><td></td><td></td><td></td><td></td><td></td></tr>
<tr><td></td><td></td><td></td><td></td><td></td><td></td><td></td><td></td><td></td><td></td><td></td><td></td><td></td><td></td><td></td><td></td><td></td><td></td><td></td><td></td><td></td><td></td><td></td><td></td><td></td></tr>
<tr><td></td><td></td><td></td><td></td><td></td><td></td><td></td><td></td><td></td><td></td><td></td><td></td><td></td><td></td><td></td><td></td><td></td><td></td><td></td><td></td><td></td><td></td><td></td><td></td><td></td></tr>
<tr><td></td><td></td><td></td><td></td><td></td><td></td><td></td><td></td><td></td><td></td><td></td><td></td><td></td><td></td><td></td><td></td><td></td><td></td><td></td><td></td><td></td><td></td><td></td><td></td><td></td></tr>
<tr><td></td><td></td><td></td><td></td><td></td><td></td><td></td><td></td><td></td><td></td><td></td><td></td><td></td><td></td><td></td><td></td><td></td><td></td><td></td><td></td><td></td><td></td><td></td><td></td><td></td></tr>
<tr><td></td><td></td><td></td><td></td><td></td><td></td><td></td><td></td><td></td><td></td><td></td><td></td><td></td><td></td><td></td><td></td><td></td><td></td><td></td><td></td><td></td><td></td><td></td><td></td><td></td></tr>
<tr><td></td><td></td><td></td><td></td><td></td><td></td><td></td><td></td><td></td><td></td><td></td><td></td><td></td><td></td><td></td><td></td><td></td><td></td><td></td><td></td><td></td><td></td><td></td><td></td><td></td></tr>
<tr><td>附单据　张</td><td colspan="2">合　计</td><td></td><td></td><td></td><td></td><td></td><td></td><td></td><td></td><td></td><td></td><td></td><td></td><td></td><td></td><td></td><td></td><td></td><td></td><td></td><td></td><td></td><td></td></tr>
</table>

会计主管　　记账　　稽核　　制单　　出纳　　交领款人

（六）任务 5

根据表 C1.8～表 C1.10 和单据 C1.2、单据 C1.3 登记有关辅助生产成本明细账（账簿 C1.1），并归集和分配辅助生产费用（表 C1.11），并编制记账凭证（单据 C1.4）。

账簿 C1.1

辅助生产成本明细账

车间名称：蒸气车间　　　　20×1 年 9 月

<table>
<tr><td colspan="2">年</td><td colspan="2">凭证</td><td rowspan="2">摘　要</td><td rowspan="2">直接材料</td><td rowspan="2">直接人工</td><td rowspan="2">制造费用</td><td rowspan="2">合　计</td></tr>
<tr><td>月</td><td>日</td><td>字</td><td>号</td></tr>
<tr><td></td><td></td><td></td><td></td><td></td><td></td><td></td><td></td><td></td></tr>
<tr><td></td><td></td><td></td><td></td><td></td><td></td><td></td><td></td><td></td></tr>
<tr><td></td><td></td><td></td><td></td><td></td><td></td><td></td><td></td><td></td></tr>
<tr><td></td><td></td><td></td><td></td><td></td><td></td><td></td><td></td><td></td></tr>
<tr><td></td><td></td><td></td><td></td><td></td><td></td><td></td><td></td><td></td></tr>
<tr><td></td><td></td><td></td><td></td><td></td><td></td><td></td><td></td><td></td></tr>
<tr><td></td><td></td><td></td><td></td><td></td><td></td><td></td><td></td><td></td></tr>
</table>

表 C1.11　辅助生产费用分配表

20×1 年 9 月

项　目	蒸气车间	合　计
待分配费用（元）		
供应辅助生产以外单位劳务数量（小时）		
费用分配率（元/小时）		
基本生产车间耗用数量（小时）		
分配金额（元）		
行政管理部门耗用数量（小时）		
分配金额（元）		

单据 C1.4

记 账 凭 证

年　月　日　　　　　　　　　　　　＿＿字第＿＿号

摘　要	会计科目		借方金额										记账符号	贷方金额										记账符号
	总账科目	明细科目	千	百	十	万	千	百	十	元	角	分		千	百	十	万	千	百	十	元	角	分	
附单据　张	合　计																							

会计主管　　记账　　稽核　　制单　　出纳　　交领款人

（七）任务 6

根据表 C1.8～表 C1.10 和单据 C1.2、单据 C1.3 登记制造费用明细账（账簿 C1.2），并编制制造费用分配表（表 C1.12）。

账簿 C1.2

制造费用明细账

车间名称：基本生产车间　　　　　　20×1 年 9 月

年		凭证		摘　要	材料费	人工费	折旧费	水电费	修理费	其他	合计
月	日	字	号								

（八）任务 7

根据各种费用分配表和其他有关资料，登记基本生产成本明细账（账簿 C1.3 和账簿 C1.4），分别归集甲和乙两种产品成本，并计算完工产品和月末在产品成本，将计算结果填入表 C1.13 和表 C1.14 内。

表 C1.12　制造费用分配表

车间名称：　　　　　　20×1 年 9 月

产　品	生产工时（小时）	分配率（元/小时）	分配金额（元）
甲产品			
乙产品			
合　计			

账簿 C1.3

基本生产成本明细账

产品名称：甲产品　　　　20×1年9月

年		凭证		摘　要	直接材料	直接人工	制造费用	合　计
月	日	字	号					

账簿 C1.4

基本生产成本明细账

产品名称：乙产品

年		凭证		摘　要	直接材料	直接人工	制造费用	合　计
月	日	字	号					

表 C1.13　在产品约当产量计算表

产品名称：甲产品　　20×1年9月　　（单位：件）

成本项目	在产品数量	投料（完工）程度（%）	约当产量
直接材料			
直接人工			
制造费用			

表 C1.14　在产品约当产量计算表

产品名称：乙产品　　20×1年9月　（单位：件）

成本项目	在产品数量	投料（完工）程度（%）	约当产量
直接材料			
直接人工			
制造费用			

（九）任务8

根据各种费用分配表和生产成本明细账，编制表 C1.15～表 C1.17，并编制记账凭证（单据 C1.5）。

表 C1.15　产品成本计算单

产品名称：甲　　　　　　　　产成品：　件　　　　　　　　在产品：　件

摘　　要	直接材料	直接人工	制造费用	合　　计
月初在产品成本（元）				
本月发生生产费用（元）				
生产费用合计（元）				
完工产品数量（件）				
在产品约当产量（件）				
总约当产量（件）				
分配率（单位成本）（元/件）				
完工产品总成本（元）				
月末在产品成本（元）				

表 C1.16　产品成本计算单

产品名称：乙　　　　　　　　产成品：　件　　　　　　　　在产品：　件

摘　　要	直接材料	直接人工	制造费用	合　　计
月初在产品成本（元）				
本月发生生产费用（元）				
生产费用合计（元）				
完工产品数量（件）				
在产品约当产量（件）				
总约当产量（件）				
分配率（单位成本）（元/件）				
完工产品总成本（元）				
月末在产品成本（元）				

表 C1.17　完工产品成本汇总表

20×1 年 9 月　　　　　　　　　　　　　　　　（单位：元）

成本项目	甲产品（680 件）		乙产品（360 件）	
	总　成　本	单位成本	总　成　本	单位成本
直接材料				
直接人工				
制造费用				
合　　计				

单据 C1.5

记　账　凭　证

年　　月　　日　　　　　　　　　　　　　　____字第___号

<table>
<tr><th rowspan="2">摘　　要</th><th colspan="2">会计科目</th><th colspan="10">借方金额</th><th rowspan="2">记账符号</th><th colspan="10">贷方金额</th><th rowspan="2">记账符号</th></tr>
<tr><th>总账科目</th><th>明细科目</th><th>千</th><th>百</th><th>十</th><th>万</th><th>千</th><th>百</th><th>十</th><th>元</th><th>角</th><th>分</th><th>千</th><th>百</th><th>十</th><th>万</th><th>千</th><th>百</th><th>十</th><th>元</th><th>角</th><th>分</th></tr>
<tr><td></td><td></td><td></td><td></td><td></td><td></td><td></td><td></td><td></td><td></td><td></td><td></td><td></td><td></td><td></td><td></td><td></td><td></td><td></td><td></td><td></td><td></td><td></td><td></td></tr>
<tr><td></td><td></td><td></td><td></td><td></td><td></td><td></td><td></td><td></td><td></td><td></td><td></td><td></td><td></td><td></td><td></td><td></td><td></td><td></td><td></td><td></td><td></td><td></td><td></td></tr>
<tr><td></td><td></td><td></td><td></td><td></td><td></td><td></td><td></td><td></td><td></td><td></td><td></td><td></td><td></td><td></td><td></td><td></td><td></td><td></td><td></td><td></td><td></td><td></td><td></td></tr>
<tr><td></td><td></td><td></td><td></td><td></td><td></td><td></td><td></td><td></td><td></td><td></td><td></td><td></td><td></td><td></td><td></td><td></td><td></td><td></td><td></td><td></td><td></td><td></td><td></td></tr>
<tr><td></td><td></td><td></td><td></td><td></td><td></td><td></td><td></td><td></td><td></td><td></td><td></td><td></td><td></td><td></td><td></td><td></td><td></td><td></td><td></td><td></td><td></td><td></td><td></td></tr>
<tr><td></td><td></td><td></td><td></td><td></td><td></td><td></td><td></td><td></td><td></td><td></td><td></td><td></td><td></td><td></td><td></td><td></td><td></td><td></td><td></td><td></td><td></td><td></td><td></td></tr>
<tr><td></td><td></td><td></td><td></td><td></td><td></td><td></td><td></td><td></td><td></td><td></td><td></td><td></td><td></td><td></td><td></td><td></td><td></td><td></td><td></td><td></td><td></td><td></td><td></td></tr>
<tr><td>附单据　　张</td><td colspan="2">合　　　计</td><td></td><td></td><td></td><td></td><td></td><td></td><td></td><td></td><td></td><td></td><td></td><td></td><td></td><td></td><td></td><td></td><td></td><td></td><td></td><td></td><td></td><td></td></tr>
</table>

会计主管　　　　记账　　　　稽核　　　　制单　　　　出纳　　　　交领款人

项目二

（一）实训资料

宏达有限责任公司设有一个基本生产车间，大量生产甲、乙两种产品，设有蒸气和供水两个辅助生产车间。该公司根据生产特点和成本管理的要求，对甲、乙两种产品采用品种法计算产品成本，开设“生产成本明细账”，并设置“直接材料”“直接人工”和“制造费用”三个成本项目。甲、乙产品所需原材料系开工时一次性投入，甲、乙产品共同耗用的材料费用按直接材料消耗比例分配。基本生产车间生产工人工资、制造费用均按生产工时比例分配。对辅助生产车间不单独核算制造费用，归集的辅助生产费用采用直接分配法进行分配。月末，甲、乙产品采用约当产量法计算月末在产品成本。该企业 20××年 7 月有关产品产量及成本资料如表 C1.18～表 C1.22 所示。

表 C1.18 月初在产品成本 （单位：元）

产品品种	直接材料	直接工资	制造费用	合 计
甲产品	50 000	5 000	9 000	64 000
乙产品	64 000	6 000	10 800	80 800

表 C1.19 产量资料 （单位：件）

项 目	甲 产 品	乙 产 品
期初在产品	100	80
本月投产	800	320
本月完工	700	340
月末在产品	200	60

注：甲、乙产品月末在产品完工程度均为 50%。

表 C1.20 工时记录 （单位：小时）

产品名称	生产工时	备 注
甲产品	17 000	
乙产品	12 300	
合 计	29 300	

表 C1.21 辅助生产车间劳务资料

受益部门	辅助生产车间		备 注
	蒸气车间（工时）	供水车间（吨）	
基本生产车间	1 800	15 000	
企业管理部门	150	500	
蒸气车间		300	
供水车间	50		
合 计	2 000	15 800	

表 C1.22 本月生产费用资料 （单位：元）

项 目	基本生产车间				辅助生产车间				合 计
	甲产品	乙产品	共同耗用	车间耗用	蒸气车间		供水车间		
					生产耗用	车间耗用	生产耗用	车间耗用	
原材料	280 000	179 200	196 800	24 000	8 000	1 000	3 000	500	692 500
工 资			140 000	8 200	12 000	1 600	4 800	1 100	167 700
社保费			50 400	2 952	4 320	576	1 728	396	60 372
折旧费				55 000		8 600		1 400	65 000
外购动力				48 000		10 300		6 700	65 000
摊销修理费				20 800					20 800
办公费用				26 948		989		1 146	29 083
合 计	280 000	179 200	387 200	185 900	24 320	23 065	9 528	11 242	1 100 455

（二）任务 1

根据表 C1.18～表 C1.22 资料，编制原材料费用分配表（表 C1.23），并编制记账凭证（单据 C1.6）。

表 C1.23 原材料费用分配表

年 月 日 （单位：元）

应借账户			成本或费用项目	间接计入费用			直接计入费用	合 计
总账账户	二级账户	明细账户		分配标准	分配率	分配额		
生产成本	基本生产成本	甲产品	直接材料					
		乙产品	直接材料					
	辅助生产成本	蒸气车间	直接材料					
		供水车间	直接材料					
制造费用	基本生产车间		物料消耗					
合 计								

单据 C1.6

记 账 凭 证

年 月 日 ____字第___号

摘 要	会计科目		借方金额										记账符号	贷方金额										记账符号
	总账科目	明细科目	千	百	十	万	千	百	十	元	角	分		千	百	十	万	千	百	十	元	角	分	
附单据 张	合 计																							

会计主管 记账 稽核 制单 出纳 交领款人

（三）任务 2

根据表 C1.18～表 C1.22 资料，编制工资及社保费用分配表（社会保险费用的提取比例假定为 36%）和记账凭证（表 C1.24、单据 C1.7 和单据 C1.8）。

表 C1.24 工资及社保费用分配表

年 月 日 （单位：元）

应借账户			成本或费用项目	应付工资			计提比例	应付社保费用
总账账户	二级账户	明细账户		工时	分配率	分配额		
生产成本	基本生产成本	甲产品	直接人工					
		乙产品	直接人工					
	辅助生产成本	蒸气车间	直接人工					
		供水车间	直接人工					
制造费用	基本生产车间		工资及社保					
合 计								

单据 C1.7

<table>
<tr><td colspan="25">记　账　凭　证</td></tr>
<tr><td colspan="25">年　月　日　　　　____字第__号</td></tr>
<tr><td rowspan="2">摘　要</td><td colspan="2">会计科目</td><td colspan="10">借方金额</td><td rowspan="2">记账符号</td><td colspan="10">贷方金额</td><td rowspan="2">记账符号</td></tr>
<tr><td>总账科目</td><td>明细科目</td><td>千</td><td>百</td><td>十</td><td>万</td><td>千</td><td>百</td><td>十</td><td>元</td><td>角</td><td>分</td><td>千</td><td>百</td><td>十</td><td>万</td><td>千</td><td>百</td><td>十</td><td>元</td><td>角</td><td>分</td></tr>
<tr><td></td><td></td><td></td><td></td><td></td><td></td><td></td><td></td><td></td><td></td><td></td><td></td><td></td><td></td><td></td><td></td><td></td><td></td><td></td><td></td><td></td><td></td><td></td><td></td><td></td></tr>
<tr><td></td><td></td><td></td><td></td><td></td><td></td><td></td><td></td><td></td><td></td><td></td><td></td><td></td><td></td><td></td><td></td><td></td><td></td><td></td><td></td><td></td><td></td><td></td><td></td><td></td></tr>
<tr><td></td><td></td><td></td><td></td><td></td><td></td><td></td><td></td><td></td><td></td><td></td><td></td><td></td><td></td><td></td><td></td><td></td><td></td><td></td><td></td><td></td><td></td><td></td><td></td><td></td></tr>
<tr><td></td><td></td><td></td><td></td><td></td><td></td><td></td><td></td><td></td><td></td><td></td><td></td><td></td><td></td><td></td><td></td><td></td><td></td><td></td><td></td><td></td><td></td><td></td><td></td><td></td></tr>
<tr><td></td><td></td><td></td><td></td><td></td><td></td><td></td><td></td><td></td><td></td><td></td><td></td><td></td><td></td><td></td><td></td><td></td><td></td><td></td><td></td><td></td><td></td><td></td><td></td><td></td></tr>
<tr><td></td><td></td><td></td><td></td><td></td><td></td><td></td><td></td><td></td><td></td><td></td><td></td><td></td><td></td><td></td><td></td><td></td><td></td><td></td><td></td><td></td><td></td><td></td><td></td><td></td></tr>
<tr><td></td><td></td><td></td><td></td><td></td><td></td><td></td><td></td><td></td><td></td><td></td><td></td><td></td><td></td><td></td><td></td><td></td><td></td><td></td><td></td><td></td><td></td><td></td><td></td><td></td></tr>
<tr><td>附单据　张</td><td colspan="2">合　计</td><td></td><td></td><td></td><td></td><td></td><td></td><td></td><td></td><td></td><td></td><td></td><td></td><td></td><td></td><td></td><td></td><td></td><td></td><td></td><td></td><td></td><td></td></tr>
</table>

会计主管　　记账　　稽核　　制单　　出纳　　交领款人

单据 C1.8

<table>
<tr><td colspan="25">记　账　凭　证</td></tr>
<tr><td colspan="25">年　月　日　　　　____字第__号</td></tr>
<tr><td rowspan="2">摘　要</td><td colspan="2">会计科目</td><td colspan="10">借方金额</td><td rowspan="2">记账符号</td><td colspan="10">贷方金额</td><td rowspan="2">记账符号</td></tr>
<tr><td>总账科目</td><td>明细科目</td><td>千</td><td>百</td><td>十</td><td>万</td><td>千</td><td>百</td><td>十</td><td>元</td><td>角</td><td>分</td><td>千</td><td>百</td><td>十</td><td>万</td><td>千</td><td>百</td><td>十</td><td>元</td><td>角</td><td>分</td></tr>
<tr><td></td><td></td><td></td><td></td><td></td><td></td><td></td><td></td><td></td><td></td><td></td><td></td><td></td><td></td><td></td><td></td><td></td><td></td><td></td><td></td><td></td><td></td><td></td><td></td><td></td></tr>
<tr><td></td><td></td><td></td><td></td><td></td><td></td><td></td><td></td><td></td><td></td><td></td><td></td><td></td><td></td><td></td><td></td><td></td><td></td><td></td><td></td><td></td><td></td><td></td><td></td><td></td></tr>
<tr><td></td><td></td><td></td><td></td><td></td><td></td><td></td><td></td><td></td><td></td><td></td><td></td><td></td><td></td><td></td><td></td><td></td><td></td><td></td><td></td><td></td><td></td><td></td><td></td><td></td></tr>
<tr><td></td><td></td><td></td><td></td><td></td><td></td><td></td><td></td><td></td><td></td><td></td><td></td><td></td><td></td><td></td><td></td><td></td><td></td><td></td><td></td><td></td><td></td><td></td><td></td><td></td></tr>
<tr><td></td><td></td><td></td><td></td><td></td><td></td><td></td><td></td><td></td><td></td><td></td><td></td><td></td><td></td><td></td><td></td><td></td><td></td><td></td><td></td><td></td><td></td><td></td><td></td><td></td></tr>
<tr><td></td><td></td><td></td><td></td><td></td><td></td><td></td><td></td><td></td><td></td><td></td><td></td><td></td><td></td><td></td><td></td><td></td><td></td><td></td><td></td><td></td><td></td><td></td><td></td><td></td></tr>
<tr><td></td><td></td><td></td><td></td><td></td><td></td><td></td><td></td><td></td><td></td><td></td><td></td><td></td><td></td><td></td><td></td><td></td><td></td><td></td><td></td><td></td><td></td><td></td><td></td><td></td></tr>
<tr><td>附单据　张</td><td colspan="2">合　计</td><td></td><td></td><td></td><td></td><td></td><td></td><td></td><td></td><td></td><td></td><td></td><td></td><td></td><td></td><td></td><td></td><td></td><td></td><td></td><td></td><td></td><td></td></tr>
</table>

会计主管　　记账　　稽核　　制单　　出纳　　交领款人

（四）任务 3

根据表 C1.18～表 C1.22 资料，编制外购动力费用分配表和记账凭证（表 C1.25 和单据 C1.9）。

表 C1.25　外购动力费分配表

年　月　日　　　　（单位：元）

<table>
<tr><th colspan="3">应借账户</th><th rowspan="2">成本或费用项目</th><th colspan="3">应付账款</th></tr>
<tr><th>总账账户</th><th>二级账户</th><th>明细账户</th><th>仪表记录</th><th>分配率</th><th>电费</th></tr>
<tr><td rowspan="2">生产成本</td><td rowspan="2">辅助生产成本</td><td>蒸气车间</td><td>动力费</td><td></td><td></td><td></td></tr>
<tr><td>供水车间</td><td>动力费</td><td></td><td></td><td></td></tr>
<tr><td>制造费用</td><td>基本生产车间</td><td></td><td>动力费</td><td></td><td></td><td></td></tr>
<tr><td colspan="3">合　计</td><td></td><td></td><td></td><td></td></tr>
</table>

单据 C1.9

记　账　凭　证

年　月　日　　　　　　　　　　____字第__号

摘　要	会计科目		借方金额										记账符号	贷方金额										记账符号
	总账科目	明细科目	千	百	十	万	千	百	十	元	角	分		千	百	十	万	千	百	十	元	角	分	
附单据　张	合　计																							

会计主管　记账　稽核　制单　出纳　交领款人

（五）任务 4

根据表 C1.18～表 C1.22 资料，编制辅助生产费用分配表和记账凭证（表 C1.26 和单据 C1.10）。

表 C1.26　辅助生产费用分配表（直接分配法）

年　月　日

项　目				蒸气车间	供水车间	金额合计
归集的辅助生产费用（元）						
提供给辅助车间以外的劳务量						
辅助费用分配率						
应借账户	制造费用	基本生产车间	接受劳务量（元）			
			应负担费用			
	管理费用		接受劳务量（元）			
			应负担费用			
分配费用额合计（元）						

单据 C1.10

记 账 凭 证

年　月　日　　　　　　　　　　字第　号

摘　要	总账科目	明细科目	借方金额	贷方金额	记账

财务主管　记账　出纳　审核

（六）任务5

根据单据 C1.6～单据 C1.10 资料，登记明细账及制造费用分配表（账簿 C1.5～账簿 C1.7 和表 C1.27）。

（七）任务6

根据表单据 C1.6～单据 C1.9 资料，登记基本生产成本明细账（账簿 C1.8 和账簿 C1.9）。

（八）任务7

根据账簿 C1.8 和账簿 C1.9，计算甲、乙完工产品的总成本与单位成本，编制产品成本计算单和记账凭证（表 C1.28、表 C1.29 和单据 C1.11）。

账簿 C1.5

辅助生产成本明细账

辅助生产车间：　　　　　　　　　　　　产品或劳务：

××年		凭证		摘　要	成本项目			合　计
月	日	字	号		直接材料	直接人工	制造费用	

账簿 C1.6

辅助生产成本明细账

辅助生产车间：　　　　　　　　　　　　产品或劳务：

××年		凭证		摘　要	成本项目			合　计
月	日	字	号		直接材料	直接人工	制造费用	

账簿 C1.7

制造费用明细账

车间名称：

××年		凭证		摘要	借方	贷方	借或贷	余额	（借）方项目						
月	日	字	号						物料消耗	工资	福利费	折旧费	水电费	蒸气费	其他费用

表 C1.27 制造费用分配表

年 月 日 （单位：元）

应借账户			成本项目	分配标准（工时）	分配率	分配金额
总账账户	二级账户	明细账户				
生产成本	基本生产成本	甲产品	制造费用			
		乙产品	制造费用			
合 计						

账簿 C1.8

基本生产成本明细账

产品： 生产车间： 投产时间：

××年		凭证		摘 要	产量（件）	成 本 项 目			合 计
月	日	字	号			直接材料	直接人工	制造费用	

账簿 C1.9

基本生产成本明细账

产品：　　　　　　　　　　生产车间：　　　　　　　　　　投产时间：

××年		凭证		摘　要	产量（件）	成本项目			合　计
月	日	字	号			直接材料	直接人工	制造费用	

表 C1.28　产品成本计算单

年　月　日　本月完工：

产品名称：　　　月末在产品：　　　（单位：元）

摘　要	直接材料	直接人工	制造费用	合计
月初在产品成本				
本月生产费用				
生产费用合计				
月末在产品成本				
完工产品总成本				
单位成本				

表 C1.29　产品成本计算单

年　月　日　　　　本月完工：

产品名称：　　　月末在产品：　　　（单位：元）

摘　要	直接材料	直接人工	制造费用	合计
月初在产品成本				
本月生产费用				
生产费用合计				
月末在产品成本				
完工产品总成本				
单位成本				

单据 C1.11

记　账　凭　证

年　月　日　　　　　　____字第__号

摘　要	会计科目		借方金额										记账符号	贷方金额										记账符号
	总账科目	明细科目	千	百	十	万	千	百	十	元	角	分		千	百	十	万	千	百	十	元	角	分	
附单据　张	合　计																							

会计主管　　　记账　　　稽核　　　制单　　　出纳　　　交领款人

综合实训二　分批法

实训目的和要求

实训目的：通过实践使学生熟悉分批法的计算程序，掌握分批法的计算方法，理解分批法的特点和适用条件。

实训要求：在本次实践中要求学生通过分批法综合实训，以产品批量作为成本计算对象，了解分批法的使用范围，掌握分批法核算流程；通过分批法计算产品成本，编制产品成本计算单、产成品成本汇总表，编制记账凭证，登记有关成本费用的账簿；月末要在完工产品与月末在产品之间分配生产费用。

实训操作步骤

分批法的操作步骤如下。

（1）根据生产领用的各种资料，计算产品耗用的材料费用。

（2）根据计算结果填制材料费用分配表。

（3）计算有关工资数据并分析数据。

（4）进行各种费用的分配。

（5）登记有关成本明细账。

（6）编制成本计算单。

（7）编制记账凭证。

项目一

（一）实训资料

阳光公司属于小批生产类型的小型企业，设有一个基本生产车间，按订单（生产任务通知单）组织生产甲、乙两种产品。该公司 20×1 年 3 月除继续生产 1120 号甲产品、1125 号乙产品外，新投产 1129 号丙产品。

（1）1120 号甲产品 50 台，3 月 5 日投产，本月全部完工；月初在产品费用分别为直接材料 110 000 元，直接人工 18 000 元，制造费用 14 000 元；本月生产费用为直接人工 18 240 元，制造费用 9 000 元。

（2）1125 号乙产品 40 台，3 月 10 日投产，本月完工 20 台；月初在产品费用分别为直接材料 60 000 元，直接人工 7 000 元，制造费用 5 000 元；本月生产费用为直接人工 7 980 元，制造费用 4 850 元。完工产品按定额成本结转，单位产品材料定额成本为 1 500 元，直接人工为 380 元，制造费用为 260 元。

（3）1129 号丙产品 20 台，3 月 1 日投产，尚未完工。本月生产费用为直接材料 35 000 元，直接人工 6 840 元，制造费用 4 320 元。

（4）按工资的14%提取福利费。

（二）任务1

根据上述资料，登记表C2.1、表C2.2和表C2.3，并编制记账凭证（单据C2.1）。

表C2.1　原材料费用分配表

20×1年3月　　（单位：元）

应借账户		成本或费用项目	计划成本	材料差异额	材料实际成本
基本生产成本	1120号甲产品	直接材料	125 000		
	1125号乙产品	直接材料	65 000		
	1129号丙产品	直接材料	38 000		
小　计					
制造费用	机物料消耗	材料费	9 200		
合　计					

表C2.2　工资及职工福利费分配表

20×1年3月　　（单位：元）

应借账户		工资	职工福利费（14%）	合计
		直接人工		
基本生产成本	1120号甲产品			
	1125号乙产品			
	1129号丙产品			
	小　计			
合　计				

表C2.3　制造费用分配表

20×1年3月

应借账户		成本项目	实用工时（小时）	分配率（元/小时）	应分配金额（元）
基本生产成本	1120号甲产品	制造费用	3 000		
	1125号乙产品	制造费用	2 000		
	1129号丙产品	制造费用	1 200		
合　计					

单据C2.1

记　账　凭　证

年　月　日　　　　____字第___号

摘　要	会计科目		借方金额										记账符号	贷方金额										记账符号
	总账科目	明细科目	千	百	十	万	千	百	十	元	角	分		千	百	十	万	千	百	十	元	角	分	
附单据　张	合　计																							

会计主管　　记账　　稽核　　制单　　出纳　　交领款人

（三）任务 2

根据单据 C2.1 记账凭证，登记基本生产成本明细账（账簿 C2.1 ~ 账簿 C2.3）。

账簿 C2.1

基本生产成本明细账

批号：　　　　　产品名称：　　　　　投产日期：3 月 5 日

购货单位：× ×　　批量：50 台　　　　完工日期：　月　　日

月	日	摘　要	直接材料	直接人工	制造费用	合计
3	1	月初在产品成本				
3	31	工资及福利费用分配表				
	31	制造费用分配表				
	31	生产费用累计				
	31	结转完工产品成本				
	31	产品单位成本				

账簿 C2.2

基本生产成本明细账

批号：　　　　　产品名称：　　　　　投产日期：3 月 10 日

购货单位：× ×　　批量：40 台　　完工：20 台　　完工日期：

月	日	摘　要	直接材料	直接人工	制造费用	合计
3	1	月初在产品成本				
3	31	工资及福利费用分配表				
	31	制造费用分配表				
	31	生产费用累计				
	31	产品单位成本（定额）				
	31	结转完工产品成本（20 台）				
	31	月末在产品成本				

账簿 C2.3

基本生产成本明细账

批号：　　　　　产品名称：　　　　　投产日期：3 月 1 日

购货单位：× ×　　批量：20 台　　　　完工日期：

月	日	摘　要	直接材料	直接人工	制造费用	合计
3	1	材料费用分配表				
3	31	工资及福利费用分配表				
	31	制造费用分配表				
	31	生产费用累计				

项目二

（一）实训资料

华兴机械制造有限责任公司根据购买单位的要求，小批生产 A、B、C 三种产品，采用分批法计算成本。该公司20×1年7月的生产情况和生产费用支出情况如下。

（1）本月份生产的产品批号及完工情况如表C2.4所示。

（2）月初在产品成本如表C2.5所示。

（3）本月份各批号产品发生的生产费用资料如表C2.6所示。

表C2.4 产品生产情况

产品批号	产品名称	投产情况	本月完工数量	月末在产品
7100	A产品	7月5日投产24件	16件	8件
7110	B产品	7月10日投产20件		20件
6120	C产品	6月20日投产32件	8件	24件

表C2.5 月初在产品成本 （单位：元）

产品批号	产品名称	成本项目			合计
		直接材料	直接人工	制造费用	
6120	C产品	5 920	2 640	2 880	11 440

表C2.6 产品生产费用 （单位：元）

批号	产品名称	原材料	直接人工	制造费用	合计
7100	A产品	9 024	5 520	6 200	20 744
7110	B产品	7 960	6 280	5 380	19 620
6120	C产品	4 400	4 280	5 000	13 680

注：（1）7100批号A产品本月完工数量较大，采用约当产量法确认期末在产品成本。该批产品所需原材料在生产开始时一次性投入，在产品完工程度为50%。

（2）7110批号B产品本月全部未完工，本月生产费用全部是在产品成本。

（3）6120批号C产品本月完工数量少，为简化核算，完工产品按计划成本结转。每台产品单位计划成本为原材料320元，直接人工210元，制造费用245元。

（二）任务1

根据表C2.4～表C2.6，登记账簿C2.4～账簿C2.6。

账簿C2.4

基本生产成本明细账

产品批号： 投产日期：

产品名称： 批量： 完工： 完工日期：

××年		凭证		摘要	成本项目			合计
月	日	字	号		直接材料	直接人工	制造费用	

将账簿 C2.4 计算结果填在空白处。

完工产品应负担的原材料费用=

月末在产品应负担的原材料费用=

完工产品应负担的直接人工费用=

月末在产品应负担的直接人工费用=

完工产品应负担的制造费用=

月末在产品应负担的制造费用=

账簿 C2.5

基本生产成本明细账

产品批号：　　　　　　　　　　　　　　　　投产日期：

产品名称：　　　　　　　　　　批量：　　　完工日期：

××年		凭证		摘　要	成本项目			合　计
月	日	字	号		直接材料	直接人工	制造费用	

将账簿 C2.5 计算结果填在空白处。

完工产品应负担的原材料费用=

月末在产品应负担的原材料费用=

完工产品应负担的直接人工费用=

月末在产品应负担的直接人工费用=

完工产品应负担的制造费用=

月末在产品应负担的制造费用=

账簿 C2.6

基本生产成本明细账

产品批号：　　　　　　　　　　　　　　投产日期：

产品名称：　　　　　　批量：　　　　　完工日期：

××年		凭证		摘　要	成本项目			合　计
月	日	字	号		直接材料	直接人工	制造费用	

将账簿 C2.6 计算结果填在空白处。

完工产品原材料费用＝

完工产品直接人工费用＝

完工产品制造费用＝

完工 C 产品总成本＝

在产品成本＝

（三）任务 2

根据账簿 C2.4～账簿 C2.6 对完工产品成本进行结转，并编制记账凭证（单据 C2.2）。

单据 C2.2

记　账　凭　证

年　月　日　　　　　　　　____字第__号

摘　要	会计科目		借方金额										记账符号	贷方金额										记账符号
	总账科目	明细科目	千	百	十	万	千	百	十	元	角	分		千	百	十	万	千	百	十	元	角	分	
附单据　张	合　计																							

会计主管　　记账　　稽核　　制单　　出纳　　交领款人

项目三

（一）实训资料

广发公司小批生产多种产品，由于产品批数多，生产周期长，月末经常有大量未完工的产品批数。为简化成本计算工作，采用简化的分批法。

广发公司6月的生产资料如下。

（1）该公司6月产品批号、投产产量及完工情况如表C2.7所示。

（2）各批号产品月初在产品成本及生产工时资料如表C2.8所示。

表C2.7　产品批号、投产产量及完工情况表

20×0年6月

产品批号及名称	投产产量（件）	投产日期	完工情况
1010号	10	5月3日	本月全部完工
1011号	8	5月12日	本月完工4件
1012号	12	5月17日	本月完工2件
1013号	5	6月8日	本月全部未完工

表C2.8　月初在产品成本及生产工时表

产品批号及名称	直接材料（元）	生产工时（小时）	直接人工（元）	制造费用（元）
1010号	12 000	18 000		
1011号	13 600	12 000		
1012号	15 000	24 000		
合　计	40 600	54 000	41 040	36 200

（3）各批号产品本月生产费用及生产工时资料如表C2.9所示。其中，1011号本月完工产品实际总工时为22 000小时；1012号本月完工产品单位工时定额为4 000小时。1011号、1012号直接材料费用按约当产量法在完工产品和在产品之间进行分配。

表C2.9　本月生产费用及生产工时表

产品批号及名称	直接材料（元）	生产工时（小时）	直接人工（元）	制造费用（元）
1010号	3 600	2 000		
1011号		15 000		
1012号		17 500		
1013号	22 000	40 000		
合　计	25 600	74 500	45 600	58 000

（二）任务1

根据表C2.7～表C2.9，登记基本生产成本二级账和各批产品成本明细账；计算和登记累计间接计入费用分配率；计算并结转各批完工产品成本（账簿C2.7～账簿C2.10）。

账簿C2.7

生产成本二级账

批号：　　　　　　产品名称：　　　　　　投产日期：

购货单位：××　　　　批量：　　　　　　完工日期：

月	日	摘　要	直接材料	生产工时（小时）	直接人工	制造费用	合　计
6	1	月初余额					
6	30	本月发生					
	30	本月累计					
	30	累计间接计入费用分配率					
	30	完工产品转出					
	30	月末在产品					

账簿 C2.8

生产成本明细账

批号：　　　　　　　　产品名称：　　　　　　　　投产日期：

购货单位：××　　　　　批量：　　　　　　　　　　完工日期：

月	日	摘　要	直接材料	生产工时（小时）	直接人工	制造费用	合　计
6	1	月初在产品成本					
6	30	本月发生					
	30	本月累计					
	30	分配率					
	30	完工产品转出					
	30	完工产品单位成本					

账簿 C2.9

生产成本明细账

批号：　　　　　　　　产品名称：　　　　　　　　投产日期：

购货单位：××　　　　　批量：　　　　　　　　　　完工日期：

月	日	摘　要	直接材料	生产工时（小时）	直接人工	制造费用	合　计
6	1	月初在产品成本					
6	30	本月发生					
	30	本月累计					
	30	分配率					
	30	完工产品转出（4件）					
	30	完工产品单位成本					
	30	月末在产品成本					

账簿 C2.10

生产成本明细账

批号：　　　　　　　　产品名称：　　　　　　　　投产日期：

购货单位：　　　　　　批量：　　　　　　　　　　完工日期：

月	日	摘　要	直接材料	生产工时（小时）	直接人工	制造费用	合计
6	1	月初在产品成本					
6	30	本月发生					
	30	本月累计					
	30	分配率					
	30	完工产品转出（2件）					
	30	完工产品单位成本					
	30	月末在产品成本					

（三）任务 2

根据账簿 C2.7～账簿 C2.10 确定的完工产品成本进行结转，并编制记账凭证（单据 C2.3）。

单据 C2.3

记　账　凭　证

年　月　日　　　　　　　　　　　　　　　____字第___号

摘　要	会计科目		借方金额										记账符号	贷方金额										记账符号
	总账科目	明细科目	千	百	十	万	千	百	十	元	角	分		千	百	十	万	千	百	十	元	角	分	
附单据　张	合　计																							

会计主管　　记账　　稽核　　制单　　出纳　　交领款人

综合实训三　分步法

实训目的和要求

实训目的：通过实践使学生熟悉分步法的计算程序，掌握分步法的计算方法，理解分步法的特点和适用条件。

实训要求：在本次实践中要求学生通过分步法综合实训，以产品步骤作为成本计算对象，了解分步法的使用范围，掌握分步法核算流程；通过分步法计算产品成本，编制产品成本计算单、产成品成本汇总表，编制记账凭证，登记有关成本费用的账簿，月末要在完工产品与月末在产品之间分配生产费用。

实训操作步骤

分步法的操作步骤如下。

（1）根据材料领用各种资料，计算产品耗用的材料费用。

（2）根据计算结果填制材料费用分配表。

（3）计算有关工资数据并分析数据。

（4）进行各种费用的分配。

（5）登记有关成本明细账。

（6）编制成本计算单。

（7）编制记账凭证。

项目一

（一）实训资料

某企业乙产品生产分两个步骤，分别由两个车间进行。第一车间为第二车间提供半成品，第二车间将半成品加工成产成品。第一、第二车间有关月初、月末在产品成本和本月费用的资料已列入第一、第二车间产品成本明细账，如表C3.1和表C3.2所示。

表C3.1　产品成本明细账

第一车间：乙半成品　（单位：元）

项　目	原材料	工资及福利费	制造费用	合计
月初在产品成本	3 800	2 200	4 600	
本月费用	12 600	6 000	12 200	
生产费用合计				
完工产品成本				
月末在产品成本	5 600	2 600	5 200	

表C3.2　产品成本明细账

第二车间：乙产成品　（单位：元）

项　目	半成品	工资及福利费	制造费用	合计
月初在产品成本	12 200	2 400	5 000	
本月费用	37 800	7 400	17 700	
生产费用合计				
完工产品成本				
月末在产品成本	5 200	1 000	2 800	

采用逐步综合结转分步法，计算乙产品第一、第二车间完工产品（第一车间为半成品，第二车间为产成品）成本，并进行成本还原。

（二）任务1

根据该企业乙半成品明细账表C3.1和乙产成品明细账表C3.2的内容，编制产品成本还原表（表C3.3）。

表C3.3　产品成本还原表　（单位：元）

项　目	还原分配率	半成品	原材料	工资及福利费	制造费用	成本合计
还原前产成品成本						
本月所产半成品成本						
成本还原						
还原后产成品成本						

（三）任务2

根据表C3.1～表C3.3，登记产品成本明细账（账簿C3.1和账簿C3.2），编制产品成本汇总表（表C3.4）。

账簿C3.1

第一车间产品成本明细账

项　目	直接材料	加工费	合　计
月初在产品成本			
本月本步生产费用			
合　计			
计入产成品成本份额			
月末在产品成本			

将账簿 C3.1 计算结果填在空白处。

直接材料分配率=

应计入产成品的份额=

月末广义在产品成本=

加工费分配率=

应计入产成品的份额=

月末广义在产品成本=

账簿 C3.2

第二车间产品成本明细账

项　　目	直接材料	加　工　费	合　　计
月初在产品成本			
本月本步生产费用			
合　　计			
计入产成品成本份额			
月末在产品成本			

将账簿 C3.2 计算结果填在空白处。

加工费分配率=

应计入产成品的份额=

月末广义在产品成本=

表 C3.4　产成品成本汇总表

产品种类：A 产品　　（单位：元）

项　　目	直接材料	加工费	合计
第一步骤转入份额			
第二步骤转入份额			
制造费用			

（四）任务 3

根据账簿 C3.1、账簿 C3.2 和表 C3.4 的计算结果，编制记账凭证（单据 C3.1）。

单据 C3.1

记 账 凭 证

年 月 日　　　　　　　　____字第___号

摘要	会计科目		借方金额										记账符号	贷方金额										记账符号
	总账科目	明细科目	千	百	十	万	千	百	十	元	角	分		千	百	十	万	千	百	十	元	角	分	
附单据 张	合 计																							

会计主管　　记账　　稽核　　制单　　出纳　　交领款人

项目二

（一）实训资料

平行结转分步法主要适用于产品生产过程中对各种原材料平行地进行连续加工，成为各种半成品——零件和部件，再装配成各种产成品的生产企业，因此该方法各生产步骤不计算半成品成本，只计算本步骤所发生的生产费用。各步骤之间不结转半成品成本，只计算各步骤发生费用中计入产成品的份额，然后平行结转汇总，计算出总成本和单位成本。

近江公司20××年8月生产N产品276件，须经过第一、第二、第三车间连续加工完成。第一车间完工的半成品全部转移给第二车间加工（半成品成本不转移，仍保留在第一车间生产成本明细账内，下同）；第二车间完工的半成品全部转移给第三生产车间生产出完工产品。采用平行结转分步法计算产品成本，原材料于生产开始时一次性投入，各车间采用约当产量法分配完工产品与期末在产品的费用，各步骤在产品完工程度均为50%。有关产量资料和费用资料如表C3.5和表C3.6所示。

表 C3.5　产量资料　　（单位：件）

项　　目	第一车间	第二车间	第三车间
期初在产品数量	12	36	60
本期投入产品数量	300	264	240
本期完工产品数量	264	240	276
期末在产品数量	48	60	24

表 C3.6　生产费用资料　　（单位：元）

项　　目	月初在产品成本			本期生产费用		
	第一车间	第二车间	第三车间	第一车间	第二车间	第三车间
直接材料	81 000			194 400		
直接人工	12 600	15 300	7 200	45 000	54 000	70 560
制造费用	18 000	19 800	10 800	51 120	54 450	75 600
合　　计	111 600	35 100	18 000	290 520	108 450	146 160

注：首先计算每一步骤所发生的各项生产费用，以及这些费用中应计入产成品的份额；然后将各步骤应计入同一产品成本的份额平行结转汇总；最后计算出该产品的产成品成本。

（二）任务 1

根据表 C3.5 和表 C3.6 产量资料及生产费用资料，登记“原材料——自制半成品”明细账（账簿 C3.3）。

账簿 C3.3

“原材料——自制半成品”明细账

类别：自制半成品

品名：N 半成品　　　　　　　　规格：　　　　　　　存放地点：

××年		凭证		摘　要	收入			发出			结存		
月	日	字	号		数量（件）	单位成本	总成本（元）	数量（件）	单位成本	总成本（元）	数量（件）	单位成本	总成本（元）
8	1			期初结存									
	31	（略）		本期入库									
				本期发出									
				期末结存									

（三）任务 2

根据表 C3.5、表 C3.6 和账簿 C3.3 填制产品成本计算单（表 C3.7～表 C3.9），并编制产品成本计算汇总表（表 C3.10）。

（四）任务 3

根据表 C3.7～表 C3.10 的计算内容，编制记账凭证（单据 C3.2）。

表 C3.7　第一车间产品成本计算单

20××年 8 月　　　　本月完工：264 件

产品名称：N 半成品　　　　月末在产品：48 件

摘　要	直接材料	直接人工	制造费用	合　计
月初在产品成本（元）				
本月生产费用（元）				
生产费用合计（元）				
月末在产品数量（件）				
在产品约当产量（件）				
完工产品产量（件）				
约当总产量（件）				
分配率（单位成本）（元/件）				
月末在产品成本（元）				
完工产品总成本（元）				

注：在产品成本计算单中，月初在产品成本应根据上月的月末在产品成本登记，本月发生费用应根据本月各种费用分配表登记，本月完工产品成本和月末在产品成本应根据约当产量法计算后登记。

表 C3.8　第二车间产品成本计算单

20××年 8 月　　　　本月完工：240 件

产品名称：N 半成品　　　　月末在产品：60　件

摘　　要	半成品成本	直接人工	制造费用	合　计
月初在产品成本（元）				
本月生产费用（元）				
生产费用合计（元）				
月末在产品数量（件）				
在产品约当产量（件）				
本月完工产品数量（件）				
约当总产量（件）				
分配率（单位成本）(元/件）				
月末在产品成本（元）				
完工产品总成本（元）				

注：月初在产品成本应根据上月的月末在产品成本登记；本月发生的生产费用中的“半成品”成本项目就是为了综合登记第一车间 A 半成品所耗的成本而设置的，该项目根据加权平均单位成本计算的领用自制半成品实际成本登记，其他费用根据相关费用分配表的分配结果登记；本月完工产品成本和月末在产品成本根据约当产量法计算登记。

表 C3.9　第三车间产品成本计算单

20××年 8 月 31 日　　本月完工：

产品名称：N 产品　月末在产品：　　（金额单位：元）

摘　　要	直接	直接	制造	合　计
月初在产品成本				
本月生产费用				
生产费用合计				
月末在产品数量				
完工产品产量				
分配率（单位成本）				
完工产品总成本				

表 C3.10　产品成本计算汇总表

产品名称：N 产品　20××年 8 月　产量：276 件

（单位：元）

摘　　要		直接	直接	制造	合　计
应计入产品成本的份额	一车间				
	二车间				
	三车间				
总成本					
单位成本					

单据 C3.2

记　账　凭　证

年　月　日　　　　_____字第___号

<table>
<tr><td rowspan="2">摘　　要</td><td colspan="2">会计科目</td><td colspan="10">借方金额</td><td rowspan="2">记账符号</td><td colspan="10">贷方金额</td><td rowspan="2">记账符号</td></tr>
<tr><td>总账科目</td><td>明细科目</td><td>千</td><td>百</td><td>十</td><td>万</td><td>千</td><td>百</td><td>十</td><td>元</td><td>角</td><td>分</td><td>千</td><td>百</td><td>十</td><td>万</td><td>千</td><td>百</td><td>十</td><td>元</td><td>角</td><td>分</td></tr>
<tr><td></td><td></td><td></td><td></td><td></td><td></td><td></td><td></td><td></td><td></td><td></td><td></td><td></td><td></td><td></td><td></td><td></td><td></td><td></td><td></td><td></td><td></td><td></td><td></td><td></td></tr>
<tr><td></td><td></td><td></td><td></td><td></td><td></td><td></td><td></td><td></td><td></td><td></td><td></td><td></td><td></td><td></td><td></td><td></td><td></td><td></td><td></td><td></td><td></td><td></td><td></td><td></td></tr>
<tr><td></td><td></td><td></td><td></td><td></td><td></td><td></td><td></td><td></td><td></td><td></td><td></td><td></td><td></td><td></td><td></td><td></td><td></td><td></td><td></td><td></td><td></td><td></td><td></td><td></td></tr>
<tr><td></td><td></td><td></td><td></td><td></td><td></td><td></td><td></td><td></td><td></td><td></td><td></td><td></td><td></td><td></td><td></td><td></td><td></td><td></td><td></td><td></td><td></td><td></td><td></td><td></td></tr>
<tr><td></td><td></td><td></td><td></td><td></td><td></td><td></td><td></td><td></td><td></td><td></td><td></td><td></td><td></td><td></td><td></td><td></td><td></td><td></td><td></td><td></td><td></td><td></td><td></td><td></td></tr>
<tr><td></td><td></td><td></td><td></td><td></td><td></td><td></td><td></td><td></td><td></td><td></td><td></td><td></td><td></td><td></td><td></td><td></td><td></td><td></td><td></td><td></td><td></td><td></td><td></td><td></td></tr>
<tr><td></td><td></td><td></td><td></td><td></td><td></td><td></td><td></td><td></td><td></td><td></td><td></td><td></td><td></td><td></td><td></td><td></td><td></td><td></td><td></td><td></td><td></td><td></td><td></td><td></td></tr>
<tr><td>附单据　　张</td><td colspan="2">合　　　计</td><td></td><td></td><td></td><td></td><td></td><td></td><td></td><td></td><td></td><td></td><td></td><td></td><td></td><td></td><td></td><td></td><td></td><td></td><td></td><td></td><td></td></tr>
</table>

会计主管　　记账　　稽核　　制单　　出纳　　交领款人

项目三

（一）实训资料

某企业采用平行结转分步法计算C产品成本，月初在产品成本和本月生产费用见产品成本明细账。原材料均在每个步骤生产开始时一次性投入，工资和制造费用随加工进度发生。上述费用在完工产品（应计入产品份额）和月末在产品之间的分配均采用约当产量比例法。6月有关的资料如表C3.11、账簿C3.4和账簿C3.5所示。

表C3.11　产量资料

（单位：件）

项　目	第一步骤	第二步骤
月初在产品结存	200	150
本月投入或转入	450	700
本月完工并转出	500	750
月末在产品结存	150	100
完工程度	60%	50%

账簿C3.4

产品成本明细账

第一生产步骤

项　目	原材料	工资及福利费	制造费用	合计
月初在产品成本	10 000	3 800	3 280	17 080
本月生产费用	35 000	15 000	8 000	58 000
合　计	45 000	18 800	11 280	75 080
应计入产品成本份额				
月末在产品成本				

账簿C3.5

产品成本明细账

第二生产步骤

项　目	原材料	工资及福利费	制造费用	合计
月初在产品成本	6 000	2 400	3 600	12 000
本月生产费用	45 000	12 000	6 000	63 000
合　计	51 000	14 400	9 600	75 000
应计入产品成本份额				
月末在产品成本				

（二）任务1

根据表C3.11、账簿C3.4和账簿C3.5，登记本月发生的各步骤产品成本明细账和完工产品成本计算表（账簿C3.6、账簿C3.7和表C3.12）。计算完工产品总成本和单位成本。

（三）任务2

根据账簿C3.6、账簿C3.7和表C3.12的计算结果，编制记账凭证（单据C3.3）。

账簿 C3.6

产品成本明细账

第一生产步骤

项　目	原材料	工资及福利费	制造费用	合计
月初在产品成本				
本月生产费用				
合　计				
应计入产品成本份额				
月末在产品成本				

账簿 C3.7

产品成本明细账

第二生产步骤

项　目	原材料	工资及福利费	制造费用	合计
月初在产品成本				
本月生产费用				
合　计				
应计入产品成本份额				
月末在产品成本				

表 C3.12　完工产品成本计算表

产品名称：　　　　　　　　　　　　（单位：元）

项　目	原材料	工资及福利费	制造费用	合计
第一步骤成本份额				
第二步骤成本份额				
产成品总成本				
单位成本（产量 750 件）				

单据 C3.3

记　账　凭　证

年　月　日　　　　　　＿＿字第＿＿号

摘　要	会计科目		借方金额										记账符号	贷方金额										记账符号
	总账科目	明细科目	千	百	十	万	千	百	十	元	角	分		千	百	十	万	千	百	十	元	角	分	
附单据　张	合　计																							

会计主管　　　　记账　　　　稽核　　　　制单　　　　出纳　　　　交领款人

综合实训四　分类法

实训目的和要求

实训目的：通过实践使学生熟悉分类法的计算程序，掌握分类法的计算方法，理解分类法的特点和适用条件。

实训要求：在本次实践中要求学生通过分类法综合实训，以产品类别作为成本计算对象，了解分类法的使用范围，掌握分类法核算流程，通过分类法计算产品成本，编制产品成本计算单、产成品成本汇总表，编制记账凭证，登记有关成本费用的账簿；月末要在完工产品与月末在产品之间分配生产费用。

实训操作步骤

分类法的操作步骤如下。

（1）根据材料领用各种资料，计算产品耗用的材料费用。

（2）根据计算结果填制材料费用分配表。

（3）计算有关工资数据并分析数据。

（4）进行各种费用的分配。

（5）登记有关成本明细账。

（6）编制成本计算单。

（7）编制记账凭证。

项目一

（一）实训资料

某企业生产的甲类产品，类内有 A、B、C、D 四种产品。甲类产品的原材料费用按照各种产品的原材料费用系数进行分配，原材料费用系数按原材料费用定额确定，C 种产品为标准产品；其他费用按定额工时的比例进行分配。甲类产品的产量和产品成本明细账等资料如表 C4.1 和账簿 C4.1 所示。

表 C4.1　甲类产品的产量、费用定额、工时定额资料

产品名称	材料费用定额（元）	单位产品工时定额（小时）	产量（件）
A	615	150	400
B	492	145	300
C	410	130	650
D	369	120	800

（二）任务 1

根据表 C4.1 和账簿 C4.1 的内容，计算甲类产品内 A、B、C、D 各种产成品成本，并将计算结果填入表 C4.2 内。

账簿 C4.1

甲类产品成本明细账

项　目	直接材料	燃料及动力	直接人工	制造费用	合 计
月初在产品成本	2 305	85	160	572	3 122
本月发生费用	835 067	230 115	270 000	235 819	1 571 001
合　计	837 372	230 200	270 160	236 391	1 574 123
完工产品成本	834 140	230 040	269 800	235 720	1 569 700
月末在产品成本	3 232	160	360	671	4 423

表 C4.2　各种产成品成本计算表

项 目	产量（件）	原材料费用系数	原材料费用总系数	单位产品定额工时（小时）	定额总工时（小时）	直接材料（元）	燃料及动力（元）	直接人工（元）	制造费用（元）	成本合计（元）
分配率										
A 产品										
B 产品										
C 产品										
D 产品										
合 计										

（三）任务 2

根据表 C4.2 的计算结果，编制记账凭证（单据 C4.1 和单据 C4.2）。

单据 C4.1

记　账　凭　证

年　月　日　　　　____字第___号

摘　要	会计科目		借方金额										记账符号	贷方金额										记账符号
	总账科目	明细科目	千	百	十	万	千	百	十	元	角	分		千	百	十	万	千	百	十	元	角	分	
附单据　张	合　计																							

会计主管　　记账　　稽核　　制单　　出纳　　交领款人

单据 C4.2

记 账 凭 证

年 月 日 ____字第__号

<table>
<tr><td rowspan="2">摘 要</td><td colspan="2">会计科目</td><td colspan="10">借方金额</td><td rowspan="2">记账符号</td><td colspan="10">贷方金额</td><td rowspan="2">记账符号</td></tr>
<tr><td>总账科目</td><td>明细科目</td><td>千</td><td>百</td><td>十</td><td>万</td><td>千</td><td>百</td><td>十</td><td>元</td><td>角</td><td>分</td><td>千</td><td>百</td><td>十</td><td>万</td><td>千</td><td>百</td><td>十</td><td>元</td><td>角</td><td>分</td></tr>
<tr><td></td><td></td><td></td><td></td><td></td><td></td><td></td><td></td><td></td><td></td><td></td><td></td><td></td><td></td><td></td><td></td><td></td><td></td><td></td><td></td><td></td><td></td><td></td><td></td><td></td></tr>
<tr><td></td><td></td><td></td><td></td><td></td><td></td><td></td><td></td><td></td><td></td><td></td><td></td><td></td><td></td><td></td><td></td><td></td><td></td><td></td><td></td><td></td><td></td><td></td><td></td><td></td></tr>
<tr><td></td><td></td><td></td><td></td><td></td><td></td><td></td><td></td><td></td><td></td><td></td><td></td><td></td><td></td><td></td><td></td><td></td><td></td><td></td><td></td><td></td><td></td><td></td><td></td><td></td></tr>
<tr><td></td><td></td><td></td><td></td><td></td><td></td><td></td><td></td><td></td><td></td><td></td><td></td><td></td><td></td><td></td><td></td><td></td><td></td><td></td><td></td><td></td><td></td><td></td><td></td><td></td></tr>
<tr><td></td><td></td><td></td><td></td><td></td><td></td><td></td><td></td><td></td><td></td><td></td><td></td><td></td><td></td><td></td><td></td><td></td><td></td><td></td><td></td><td></td><td></td><td></td><td></td><td></td></tr>
<tr><td></td><td></td><td></td><td></td><td></td><td></td><td></td><td></td><td></td><td></td><td></td><td></td><td></td><td></td><td></td><td></td><td></td><td></td><td></td><td></td><td></td><td></td><td></td><td></td><td></td></tr>
<tr><td></td><td></td><td></td><td></td><td></td><td></td><td></td><td></td><td></td><td></td><td></td><td></td><td></td><td></td><td></td><td></td><td></td><td></td><td></td><td></td><td></td><td></td><td></td><td></td><td></td></tr>
<tr><td>附单据 张</td><td colspan="2">合 计</td><td></td><td></td><td></td><td></td><td></td><td></td><td></td><td></td><td></td><td></td><td></td><td></td><td></td><td></td><td></td><td></td><td></td><td></td><td></td><td></td><td></td><td></td></tr>
</table>

会计主管 记账 稽核 制单 出纳 交领款人

项目二

（一）实训资料

新华印染厂大量生产印花布和漂染布两类产品。印花布有印花哔叽、印花细布等，漂染布有维棉色布和漂白涤纶等。该厂不分步计算成本。成本项目主要有原料（坯布）、染化料、其他材料（浆料、燃料、包装料等）、动力、直接人工、制造费用等。原料费用直接计入各种产品成本，染化料费用按照印花、漂染两类产品归集，然后按定额费用比例在类内各种产品之间分配；其他费用均全厂汇总计算，按定额费用比例在全厂各种产品之间分配。月末在产品按所耗原料的定额费用计价，其他费用均由产成品成本负担。原料（坯布）、染化料、其他材料均在“原材料”科目核算。

该厂 20×1 年 2 月的各种生产费用分配情况如表 C4.3～表 C4.6 所示。

（二）任务 1

根据表 C4.3～表 C4.6 编制月末在产品定额原料费用计算表、产成品原料费用计算表和产品成本计算单（表 C4.7、表 C4.8 和表 C4.9）。

表 C4.3 原材料领用汇总表

20×1 年 2 月

产品类别	产品名称	原料（坯布）		染化料费用（元）	其他材料（元）	原材料费用合计（元）
		数量（百米）	金额（元）			
印花布	印花哔叽	8 284	662 720			
	印花细布	7 770	561 760			
	小 计		1 224 480	209 328		
漂染布	维棉色布	5 406	540 650			
	漂白涤纶	6 614	1 388 960			
	小 计		1 929 610	177 840		
合 计			3 154 090	387 168	114 720	3 655 978

表 C4.4　直接人工、生产工艺用动力以及制造费用汇总表

（单位：元）

费用种类 \ 对应科目		累计折旧	银行存款	现金	应付职工薪酬	合　计
直接人工					37 284	37 284
生产工艺用动力			31 548			31 548
制造费用	办公费		1 358	467		1 825
	折旧费	41 200				41 200
	修理费			1 802		1 802
	取暖费		2 948			2 948
	试验检验费		12 426			12 426
	运输费		4 120			4 120
	劳动保护费		1 400	821		2 221
	设计制图费		5 060			5 060
	其他		2 966			2 966
	小　计	41 200	30 278	3 090		74 568
合　计		41 200	61 826	3 090	37 284	143 400

注：实际工作中，上表可以按照费用的种类分别汇编，本例是简化编制的汇总表。

表 C4.5　染化料费用分配表

20×1 年 2 月

产品类别	产品名称	产量（百米）	费用定额	定额费用（元）	分配率	实际费用（元）
印花布	印花哔叽	8 500	15			
	印花细布	8 200	10.5			
	小　计					
漂染布	维棉色布	5 600	14			
	漂白涤纶	6 400	17			
	小　计					
合　计						

表 C4.6　其他材料、直接人工、动力、制造费用分配表

20×1 年 2 月

（金额单位：元）

产品名称	产量（百米）	费用定额	定额费用	其他材料	直接人工	动力	制造费用	合计
分配率	—	—	—					—
印花哔叽	8 500	9						
印花细布	8 200	7.5						
维棉色布	5 600	8						
漂白涤纶	6 400	16.25						
合　计	—	—						

表 C4.7　月末在产品定额原料费用计算表

20×1 年 2 月

产品名称	月末在产品盘存数量（百米）				原料费用定额	月末在产品定额原料费用（元）
	漂染车间	印花车间	整装车间	合　计		
印花哔叽	680	556.5	1 240		80	
印花细布	412	520	1 150		70	
维棉色布	820	—	1 280		95	
漂白涤纶	1 020	—	1 400		208	
合　计	—	—	—	—	—	

表 C4.8　产成品原料费用计算表

20×1 年 2 月　　　　（单位：元）

产品名称	月初在产品原料费用	本月原料费用	合计	月末在产品定额原料费用	产成品原料费用
印花哔叽	184 800				
印花细布	159 620				
维棉色布	185 250				
漂白涤纶	443 040				
合　　计	972 710				

表 C4.9　产品成本计算单

20×1 年 2 月　　　　（单位：元）

产品名称及产量		原料	染化料	其他材料	直接人工	动力	制造费用	合计
印花哔叽 8 500（百米）	总成本							
	单位成本							
印花细布 8 200（百米）	总成本							
	单位成本							
维棉色布 5 600（百米）	总成本							
	单位成本							
漂白涤纶 6 400（百米）	总成本							
	单位成本							
总成本合计								

（三）任务 2

根据表 C4.7～表 C4.9 的计算结果，编制记账凭证（单据 C4.3）。

单据 C4.3

记　账　凭　证

年　月　日　　　　____字第__号

摘　要	会计科目		借方金额										记账符号	贷方金额										记账符号
	总账科目	明细科目	千	百	十	万	千	百	十	元	角	分		千	百	十	万	千	百	十	元	角	分	
附单据　张	合　　计																							

会计主管　　记账　　稽核　　制单　　出纳　　交领款人

综合实训五 定额法

实训目的和要求

实训目的：通过实践使学生熟悉定额法的计算程序，掌握定额法的计算方法，理解定额法的特点和适用条件。

实训要求：在本次实践中要求学生通过定额法综合实训，以产品定额标准作为成本计算对象，了解定额法的使用范围，掌握定额法核算流程；通过定额法计算产品成本，编制产品成本计算单、产成品成本汇总表，编制记账凭证，登记有关成本费用的账簿；月末要在完工产品与月末在产品之间分配生产费用。

实训操作步骤

定额法的操作步骤如下。

（1）根据材料领用各种资料，计算产品耗用的材料费用。

（2）根据计算结果填制材料费用分配表。

（3）计算有关工资数据并分析数据。

（4）进行各种费用的分配。

（5）登记有关成本明细账。

（6）编制成本计算单。

（7）编制记账凭证。

（一）实训资料

锦程有限责任公司设有一个生产车间，生产甲、乙、丙三种产品，该公司定额管理制度比较健全、稳定，采用定额法计算产品成本，设置直接材料、直接人工和制造费用三个成本项目，生产工人工资、制造费用均按计划生产工时计算。

三种产品8月投产量为甲产品100件，乙产品200件，丙产品200件，本月全部完工，期初期末无在产品。假设期初“材料采购”账户下的各项原材料本月全部验收入库，本月的材料采购未验收入库，材料成本差异率按各项材料单独计算，如表C5.1～表C5.4所示。

表C5.1 原材料期初数据

总账	明细账	计量单位	数量	计划单价	金额（元）
原材料	A材料	千克	6 000	2	12 000
	B材料	千克	3 000	3	9 000
	C材料	千克	2 000	5	10 000

表C5.2 材料采购期初数据

总账	明细账	计量单位	数量	计划单价	金额（元）
材料采购	A材料	千克	4 000	2.1	8 400
	B材料	千克	2 000	2.8	5 600
	C材料	千克	3 000	5.1	15 300

表 C5.3　材料成本差异期初数据　（单位：元）

总账	明细账	借　　方	贷　　方
材料成本差异	A 材料		800
	B 材料		500
	C 材料	400	

表 C5.4　单位产品定额工时

产　　品	定额工时（小时）
甲产品	80
乙产品	25
丙产品	30

（二）任务 1

（1）根据表 C5.1～表 C5.4 的内容，编制甲、乙、丙三种产品直接材料定额成本计算表（表 C5.5～表 C5.7）。

（2）根据表 C5.1～表 C5.4 的内容，编制甲、乙、丙三种产品直接人工费用定额成本计算表、制造费用定额成本计算表、产品定额成本汇总表（表 C5.8～表 C5.10）。

（3）根据表 C5.8～表 C5.10 的计算结果，编制记账凭证（单据 C5.1 和单据 C5.2）。

表 C5.5　甲产品直接材料定额成本计算表

20×1 年 8 月

材料名称	计量单位	计划单价	定 额 耗 用		
			单位定额消耗量	耗用量	金额（元）
A 材料	千克	2	20		
B 材料	千克	3	15		
C 材料	千克	5	20		
合　计					

表 C5.6　乙产品直接材料定额成本计算表

20×1 年 8 月

材料名称	计量单位	计划单价	定 额 耗 用		
			单位定额消耗量	耗用量	金额（元）
A 材料	千克	2	10		
B 材料	千克	3	10		
C 材料	千克	5	5		
合　计					

表 C5.7　丙产品直接材料定额成本计算表

20×1 年 8 月

材料名称	计量单位	计划单价	定额耗用		
			单位定额消耗量	耗用量	金额（元）
A 材料	千克	2	15		
B 材料	千克	3	5		
C 材料	千克	5	5		
合　计					

表 C5.8　直接人工费用定额成本计算表

20×1 年 8 月

产品名称	生产工时定额（小时	生产工资计划单价	金额（元）
甲产品		3	
乙产品		3	
丙产品		3	

表 C5.9　制造费用定额成本计算表

20×1 年 8 月

产品名称	生产工时定额（小时）	制造费用计划单价	金额（元）
甲产品		2	
乙产品		2	
丙产品		2	

表 C5.10 产品定额成本汇总表

20×1年8月　　　　（单位：元）

产品名称	直接材料费用定额成本	直接人工费用定额成本	制造费用定额成本	合计
甲产品				
乙产品				
丙产品				

单据 C5.1

记 账 凭 证

年　月　日　　　　____字第___号

摘要	会计科目		借方金额										记账符号	贷方金额										记账符号
	总账科目	明细科目	千	百	十	万	千	百	十	元	角	分		千	百	十	万	千	百	十	元	角	分	
附单据 张	合计																							

会计主管　　记账　　稽核　　制单　　出纳　　交领款人

单据 C5.2

记 账 凭 证

年　月　日　　　　____字第___号

摘要	会计科目		借方金额										记账符号	贷方金额										记账符号
	总账科目	明细科目	千	百	十	万	千	百	十	元	角	分		千	百	十	万	千	百	十	元	角	分	
附单据 张	合计																							

会计主管　　记账　　稽核　　制单　　出纳　　交领款人

（三）任务2

进行脱离定额差异的计算。

（1）根据表C5.5～表C5.7的内容，计算甲、乙、丙直接材料脱离定额差异（表C5.11～表C5.13）。根据表C5.11～表C5.13的计算结果，编制记账凭证（单据C5.3）。

表 C5.11 甲产品直接材料脱离定额差异计算表

20×1 年 8 月

材料名称	计量单位	计划单价	实际耗用		定额耗用		脱离定额差异（元）
			耗用量	金额（元）	耗用量	金额（元）	
A 材料	千克		1 800				
B 材料	千克		1 700				
C 材料	千克		2 000				
合 计							

表 C5.12 乙产品直接材料脱离定额差异计算表

20×1 年 8 月

材料名称	计量单位	计划单价	实际耗用		定额耗用		脱离定额差异（元）
			耗用量	金额（元）	耗用量	金额（元）	
A 材料	千克		2 000				
B 材料	千克		1 800				
C 材料	千克		1 100				
合 计							

表 C5.13 丙产品直接材料脱离定额差异计算表

20×1 年 8 月

材料名称	计量单位	计划单价	实际耗用		定额耗用		脱离定额差异（元）
			耗用量	金额（元）	耗用量	金额（元）	
A 材料	千克		3 200				
B 材料	千克		1 300				
C 材料	千克		900				
合 计							

单据 C5.3

记 账 凭 证

年 月 日

____字第__号

摘 要	会计科目		借方金额										记账符号	贷方金额										记账符号
	总账科目	明细科目	千	百	十	万	千	百	十	元	角	分		千	百	十	万	千	百	十	元	角	分	
附单据 张	合 计																							

会计主管　　记账　　稽核　　制单　　出纳　　交领款人

（2）根据表 C5.8 的内容计算直接人工费用脱离定额差异（表 C5.14），依该表编制记账凭证（单据 C5.4）。

表 C5.14　产品直接人工费用脱离定额差异计算表

20×1 年 8 月

<table>
<tr><th rowspan="2">产品名称</th><th colspan="3">实际人工费用</th><th colspan="3">定额人工费用</th><th rowspan="2">脱离定额差异（元）</th></tr>
<tr><th>实际工时（小时）</th><th>生产工资实际单价</th><th>实际工资（元）</th><th>定额工时（小时）</th><th>生产工资计划单价</th><th>定额工资（元）</th></tr>
<tr><td>甲产品</td><td>8 100</td><td>3.2</td><td></td><td></td><td></td><td></td><td></td></tr>
<tr><td>乙产品</td><td>5 200</td><td>3.2</td><td></td><td></td><td></td><td></td><td></td></tr>
<tr><td>丙产品</td><td>5 800</td><td>3.2</td><td></td><td></td><td></td><td></td><td></td></tr>
</table>

单据 C5.4

记　账　凭　证

年　月　日　　　　　　　　　　　　　　　　　　　____字第___号

<table>
<tr><th rowspan="2">摘　要</th><th colspan="2">会计科目</th><th colspan="10">借方金额</th><th rowspan="2">记账符号</th><th colspan="10">贷方金额</th><th rowspan="2">记账符号</th></tr>
<tr><th>总账科目</th><th>明细科目</th><th>千</th><th>百</th><th>十</th><th>万</th><th>千</th><th>百</th><th>十</th><th>元</th><th>角</th><th>分</th><th>千</th><th>百</th><th>十</th><th>万</th><th>千</th><th>百</th><th>十</th><th>元</th><th>角</th><th>分</th></tr>
<tr><td></td><td></td><td></td><td></td><td></td><td></td><td></td><td></td><td></td><td></td><td></td><td></td><td></td><td></td><td></td><td></td><td></td><td></td><td></td><td></td><td></td><td></td><td></td><td></td><td></td></tr>
<tr><td></td><td></td><td></td><td></td><td></td><td></td><td></td><td></td><td></td><td></td><td></td><td></td><td></td><td></td><td></td><td></td><td></td><td></td><td></td><td></td><td></td><td></td><td></td><td></td><td></td></tr>
<tr><td></td><td></td><td></td><td></td><td></td><td></td><td></td><td></td><td></td><td></td><td></td><td></td><td></td><td></td><td></td><td></td><td></td><td></td><td></td><td></td><td></td><td></td><td></td><td></td><td></td></tr>
<tr><td></td><td></td><td></td><td></td><td></td><td></td><td></td><td></td><td></td><td></td><td></td><td></td><td></td><td></td><td></td><td></td><td></td><td></td><td></td><td></td><td></td><td></td><td></td><td></td><td></td></tr>
<tr><td></td><td></td><td></td><td></td><td></td><td></td><td></td><td></td><td></td><td></td><td></td><td></td><td></td><td></td><td></td><td></td><td></td><td></td><td></td><td></td><td></td><td></td><td></td><td></td><td></td></tr>
<tr><td></td><td></td><td></td><td></td><td></td><td></td><td></td><td></td><td></td><td></td><td></td><td></td><td></td><td></td><td></td><td></td><td></td><td></td><td></td><td></td><td></td><td></td><td></td><td></td><td></td></tr>
<tr><td></td><td></td><td></td><td></td><td></td><td></td><td></td><td></td><td></td><td></td><td></td><td></td><td></td><td></td><td></td><td></td><td></td><td></td><td></td><td></td><td></td><td></td><td></td><td></td><td></td></tr>
<tr><td>附单据　张</td><td colspan="2">合　计</td><td></td><td></td><td></td><td></td><td></td><td></td><td></td><td></td><td></td><td></td><td></td><td></td><td></td><td></td><td></td><td></td><td></td><td></td><td></td><td></td><td></td><td></td></tr>
</table>

会计主管　　　记账　　　稽核　　　制单　　　出纳　　　交领款人

（3）根据表 C5.9 的内容，在表 C5.15 内计算制造费用脱离定额差异，据此编制记账凭证（单据 C5.5）。

（4）根据表 C5.11～表 C5.15 的内容，在表 C5.16 内计算产品脱离定额差异，据此编制记账凭证（单据 C5.6）。

（5）根据表 C5.11～表 C5.13 和表 C5.16 计算材料成本差异和甲、乙、丙分别负担的材料差异，填入表 C5.17～表 C5.20。根据表 C5.17～表 C5.20 的计算结果编制记账凭证（单据 C5.7）。

表 C5.15　产品制造费用脱离定额差异计算表

20×1 年 8 月

<table>
<tr><th rowspan="2">产品名称</th><th colspan="3">实际制造费用</th><th colspan="3">定额制造费用</th><th rowspan="2">脱离定额差异（元）</th></tr>
<tr><th>实际工时（小时）</th><th>生产制造费用单价</th><th>实际费用（元）</th><th>定额工时（小时）</th><th>制造费用计划单价</th><th>定额费用（元）</th></tr>
<tr><td>甲产品</td><td>8 100</td><td>2.1</td><td></td><td></td><td></td><td></td><td></td></tr>
<tr><td>乙产品</td><td>5 200</td><td>2.1</td><td></td><td></td><td></td><td></td><td></td></tr>
<tr><td>丙产品</td><td>5 800</td><td>2.1</td><td></td><td></td><td></td><td></td><td></td></tr>
</table>

单据 C5.5

记 账 凭 证

年 月 日　　　　　　　　　　　　　　　　　　　　　　＿＿＿＿字第＿＿号

摘 要	会计科目		借方金额										记账符号	贷方金额										记账符号
	总账科目	明细科目	千	百	十	万	千	百	十	元	角	分		千	百	十	万	千	百	十	元	角	分	
附单据 张	合 计																							

会计主管　　　　记账　　　　稽核　　　　制单　　　　出纳　　　　交领款人

表 C5.16　产品脱离定额差异计算表

20×1 年 8 月　　　　　　　　　　　　　　　　（单位：元）

产品名称	直接材料费用脱离定额差异	直接人工费用脱离定额差异	制造费用脱离定额差异	合 计
甲产品				
乙产品				
丙产品				

单据 C5.6

记 账 凭 证

年 月 日　　　　　　　　　　　　　　　　　　　　　　＿＿＿＿字第＿＿号

摘 要	会计科目		借方金额										记账符号	贷方金额										记账符号
	总账科目	明细科目	千	百	十	万	千	百	十	元	角	分		千	百	十	万	千	百	十	元	角	分	
附单据 张	合 计																							

会计主管　　　　记账　　　　稽核　　　　制单　　　　出纳　　　　交领款人

表 C5.17　材料成本差异率计算表

20×1 年 8 月　　　　　　　　　　　　　　　　（金额单位：元）

材料名称	期初结存			本期收入			合计			材料成本差异率
	实际成本	计划成本	成本差异	实际成本	计划成本	成本差异	实际成本	计划成本	成本差异	
A 材料										
B 材料										
C 材料										

材料成本差异率的计算如下。

A材料成本差异率=

B材料成本差异率=

C材料成本差异率=

表C5.18　甲产品应负担的材料成本差异计算表

20×1年8月　（金额单位：元）

材料名称	直接材料定额成本	直接材料脱离定额差异	材料成本差异率（%）	材料成本差异
A材料				
B材料				
C材料				
合　计				

表C5.19　乙产品应负担的材料成本差异计算表

20×1年8月　（金额单位：元）

材料名称	直接材料定额成本	直接材料脱离定额差异	材料成本差异率（%）	材料成本差异
A材料				
B材料				
C材料				
合　计				

表C5.20　丙产品应负担的材料成本差异计算表

20×1年8月　（金额单位：元）

材料名称	直接材料定额成本	直接材料脱离定额差异	材料成本差异率	材料成本差异
A材料				
B材料				
C材料				
合　计				

材料成本差异的计算如下。

甲产品应负担的材料成本差异=

乙产品应负担的材料成本差异=

丙产品应负担的材料成本差异=

单据C5.7

记　账　凭　证

年　月　日　　　　____字第___号

摘　要	会计科目		借方金额										记账符号	贷方金额										记账符号
	总账科目	明细科目	千	百	十	万	千	百	十	元	角	分		千	百	十	万	千	百	十	元	角	分	
附单据　张	合　计																							

会计主管　　记账　　稽核　　制单　　出纳　　交领款人

（6）根据表 C5.17～表 C5.20，在表 C5.21 内计算产品的实际成本，根据计算结果编制记账凭证（单据 C5.8）。

表 C5.21　产品成本计算表

20×1 年 8 月　　（单位：元）

产品名称	产品定额成本	脱离定额差异	材料成本差异	产品实际成本
甲产品				
乙产品				
丙产品				

单据 C5.8

记　账　凭　证

年　月　日　　　　____字第__号

<table>
<tr><td rowspan="2">摘　　要</td><td colspan="2">会计科目</td><td colspan="10">借方金额</td><td rowspan="2">记账符号</td><td colspan="10">贷方金额</td><td rowspan="2">记账符号</td></tr>
<tr><td>总账科目</td><td>明细科目</td><td>千</td><td>百</td><td>十</td><td>万</td><td>千</td><td>百</td><td>十</td><td>元</td><td>角</td><td>分</td><td>千</td><td>百</td><td>十</td><td>万</td><td>千</td><td>百</td><td>十</td><td>元</td><td>角</td><td>分</td></tr>
<tr><td></td><td></td><td></td><td></td><td></td><td></td><td></td><td></td><td></td><td></td><td></td><td></td><td></td><td></td><td></td><td></td><td></td><td></td><td></td><td></td><td></td><td></td><td></td><td></td><td></td></tr>
<tr><td></td><td></td><td></td><td></td><td></td><td></td><td></td><td></td><td></td><td></td><td></td><td></td><td></td><td></td><td></td><td></td><td></td><td></td><td></td><td></td><td></td><td></td><td></td><td></td><td></td></tr>
<tr><td></td><td></td><td></td><td></td><td></td><td></td><td></td><td></td><td></td><td></td><td></td><td></td><td></td><td></td><td></td><td></td><td></td><td></td><td></td><td></td><td></td><td></td><td></td><td></td><td></td></tr>
<tr><td></td><td></td><td></td><td></td><td></td><td></td><td></td><td></td><td></td><td></td><td></td><td></td><td></td><td></td><td></td><td></td><td></td><td></td><td></td><td></td><td></td><td></td><td></td><td></td><td></td></tr>
<tr><td></td><td></td><td></td><td></td><td></td><td></td><td></td><td></td><td></td><td></td><td></td><td></td><td></td><td></td><td></td><td></td><td></td><td></td><td></td><td></td><td></td><td></td><td></td><td></td><td></td></tr>
<tr><td></td><td></td><td></td><td></td><td></td><td></td><td></td><td></td><td></td><td></td><td></td><td></td><td></td><td></td><td></td><td></td><td></td><td></td><td></td><td></td><td></td><td></td><td></td><td></td><td></td></tr>
<tr><td></td><td></td><td></td><td></td><td></td><td></td><td></td><td></td><td></td><td></td><td></td><td></td><td></td><td></td><td></td><td></td><td></td><td></td><td></td><td></td><td></td><td></td><td></td><td></td><td></td></tr>
<tr><td>附单据　　张</td><td colspan="2">合　　计</td><td></td><td></td><td></td><td></td><td></td><td></td><td></td><td></td><td></td><td></td><td></td><td></td><td></td><td></td><td></td><td></td><td></td><td></td><td></td><td></td><td></td><td></td></tr>
</table>

会计主管　　记账　　稽核　　制单　　出纳　　交领款人

综合实训六　成本报表与成本分析

实训目的和要求

实训目的：通过实训，使学生掌握成本报表的编制方法，提高运用专门方法进行成本分析的实务操作能力和分析、判断能力。

实训要求：本期实际成本、费用根据有关产品成本或费用明细账的本期实际发生额填列。本期累计实际成本、费用根据本期报表中的本期实际成本、费用加上上期报表中的累计实际成本、费用计算填列。计划成本、费用根据有关计划资料填列，其他资料按报表编制的有关规定填列。

实训操作步骤

成本报表与成本分析的操作步骤如下。

（1）成本报表概念、作用和编制要求。
（2）成本报表的分析方法。
（3）商品产品成本表的编制与分析。
（4）主要产品单位成本报表的编制与分析。
（5）制造费用明细表的编制与分析。

（一）实训资料

北方工具厂设有两个基本生产车间。一车间生产甲产品，二车间生产乙、丙两种产品。其中甲、乙产品为可比产品，丙产品为不可比产品。该厂20××年12月有关生产资料如表C6.1所示。

表C6.1　商品产品生产资料

20××年12月

	可比产品（甲）	可比产品（乙）	不可比产品（丙）
单位生产成本（元）			
上年实际成本	600	420	
本月实际	555	414	276
本年累计实际平均	573	417	273
本年计划	580	400	270
生产量（件）			
本月实际	90	105	60
本年累计实际	765	960	630
本年计划	720	890	650
销售量（件）			
本月实际	75	105	60
本年累计实际	780	870	48
年初结存数量（件）	120	90	135

注：（1）可比产品本年计划降低额为32 200元；
（2）可比产品本年计划降低率为4%；
（3）按现行价格计算的商品产值为1 698 450元；
（4）本年计划的产值率为56元/百元。

（二）任务1

根据表C6.1，编制北方工具厂20××年12月商品产品成本表（表C6.2）。
补充资料如下（参照表C6.3～表C6.8的资料）。
（1）可比产品成本降低额为　　　　（本年计划降低额）
（2）可比产品成本降低率为　　　　（本年计划降低率）
（3）按现行价格计算的商品值为

（4）产值成本率为

（三）任务 2

北方工具厂甲产品 20××年 12 月有关资料如表 C6.3 和表 C6.4 所示。根据表 C6.3 和表 C6.4 和实训任务 1 的有关资料，编制该厂甲产品的主要产品单位成本表（表 C6.5）。

（四）任务 3

北方工具厂 20××年 12 月生产车间制造费用有关资料如表 C6.6 所示。根据表 C6.6，编制北方工具厂 20××年 12 月制造费用明细表（表 C6.7）。

表 C6.2　商品产品成本表

编制单位：北方工具厂　　　　20××年 12 月

产品名称	计量单位	实际产量（件）		单位成本（元/件）				本月总成本（元）			本年累计总成本（元）		
		本月	本年累计	上年实际平均	本年计划	本月实际	本年累计实际平均	按上年实际平均单位成本计算	按本年计划单位成本计算	本月实际	按上年实际平均单位成本计算	按本年计划单位成本计算	本年实际
		（1）	（2）	（3）	（4）	（5）=（9）÷（1）	（6）=（12）÷（2）	（7）=（1）×（3）	（8）=（1）×（4）	（9）	（10）=（2）×（3）	（11）=（2）×（4）	（12）
可比产品合计													
1. 甲产品	件												
2. 乙产品	件												
不可比产品合计													
丙产品	件												
全部商品													
产品成本													

表 C6.3　甲产品单位成本资料

20××年 12 月　　　　（单位：元/件）

单位生产成本	直接材料	直接工资	制造费用	合计
历史先进水平	279	135	114	528
上年实际平均	315	156	129	600
本年计划	300	150	130	580
本月实际	285	147	123	555
本年累计实际平均	294	153	126	573

表 C6.4　甲产品其他资料

20××年度

项　目	单位	上年实际	本年实际
单位产品售价	元	900	930
单位产品税金	元	120	123
产品计划销售量	件	765	770
产品实际销售量	件	750	780

表 C6.5　主要产品单位成本表

编制单位：北方工具厂　　20××年12月　　（单位：元/件）

产品名称			本月实际产量			
规格			本年累计实际产量			
计量单位			销售单价			
成本项目	行次	历史先进水平19××年	上年实际平均	本年计划	本月实际	本年累计实际平均
		（1）	（2）	（3）	（4）	（5）
直接材料						
直接工资						
制造费用						
产品生产成本						

表 C6.6　制造费用明细资料

20××年12月　　（单位：元）

项　　目	12月份资料			1～11月实际累计
	上年同期实际	本月计划	本月实际	
职工薪酬	2 655	2 712	2 769	30 280
办公费	700	800	800	9 200
折旧费	3 000	3 300	3 350	36 860
报刊费	1 040	1 160	1 180	12 440
运输费	1 380	1 500	1 300	15 700
租赁费	450	600	650	7 400
保险费	700	800	820	9 120
水电费	400	500	500	5 460
劳动保护费	300	400	430	4 880
机物料消耗	180	210	220	2 470
其他	127	153	170	1 400
合　计	10 932	12 135	12 189	135 210

表 C6.7　制造费用明细表

编制单位：北方工具厂　　20××年12月　　（单位：元）

费用项目	行次	本月计划	上年同期实际	本月实际	本年累计实际
职工薪酬	1				
办公费	2				
折旧费	3				
报刊费	4				
运输费	5				
租赁费	6				
保险费	7				
水电费	8				
劳动保护费	9				
机物料消耗	10				
其他	11				
合　计	12				

（五）任务4

商品产品成本表的分析如下。

全部商品产品成本项目构成资料如表 C6.8 所示。

（1）根据表C6.8的内容，编制该厂全部商品产品生产成本计划完成情况分析表（表C6.9 和表 C6.10），并对全部商品产品生产成本计划完成情况进行分析。

表 C6.8　全部商品产品成本项目构成资料

20××年度　　（单位：元）

成 本 项 目	全部商品产品成本	
	计　划	实　际
直接材料	598 680	655 885
直接人工	249 450	219 560
制造费用	149 670	135 210
生产成本	997 800	1 010 655

表 C6.9　全部商品产品成本计划完成情况表（按产品类别）

编制单位：　　　　　　　　　　20××年度

产品名称	单位	产量（件）		单位成本（元/件）			总成本（元）			降低指标	
		计划	实际	上年	计划	实际	按上年计算	按计划计算	实际	成本降低额（元）	成本降低率（%）
可比产品											
甲	件										
乙	件										
不可比产品											
丙	件										
全部商品产品											

表 C6.10　全部商品成本计划完成情况表（按成本项目类别）

编制单位：　　　　　　　　　　20××年度　　　　　　　　　　（单位：元）

成本项目	全部商品产品成本		降低指标	
	计划	实际	成本降低额	成本降低率
直接材料				
直接人工				
制造费用				
生产成本				

（2）分析可比产品成本降低任务完成情况（表 C6.11 和表 C6.12）。

表 C6.11　可比产品成本降低任务完成分析表（一）

编制单位：　　　　　　　　　　20××年度　　　　　　　　　　（单位：元）

可比产品名称	计划产量（件）	单位成本		总成本		计划成本降低任务	
		上年	计划	上年	计划	成本降低额	成本降低率
甲							
乙							
合　计							

表 C6.12　可比产品成本降低任务完成情况分析表（二）

编制单位：　　　　　　　　　　20××年度　　　　　　　　　　（单位：元）

可比产品名称	实际产量（件）	单位成本			总成本			降低情况	
		上年	计划	实际	上年	计划	实际	降低额	降低率
甲									
乙									
合　计									

（六）任务5

主要产品单位成本表的分析如下。

该厂甲产品单耗资料如表C6.13所示。根据表C6.13内容，对北方工具厂甲产品的单位成本计划完成情况和单位成本项目变动情况进行分析，编制表C6.14～表C6.17，并做出简要的评价。

表C6.13　北方工具厂甲产品单耗资料

20××年度

成本项目	本年实际	本年计划
直接材料		
消耗量（千克）	12.50	12.50
单价（元/千克）	23.52	24.00
直接工资		
生产工时（小时）	50	50
小时薪酬（元/小时）	3.06	3.00
制造费用		
生产工时（小时）	50	50
小时费用（元/小时）	2.52	2.60

表C6.14　甲产品单位成本分析表

编制单位：　　20××年度　　（金额单位：元）

项目	计划成本	实际成本	升降情况		各项目升降对单位成本影响的程度（%）
			降低额	降低率（%）	
直接材料					
直接人工					
制造费用					
合　计					

表C6.15　甲产品单位材料成本对比表

编制单位：　　20××年度　　（金额单位：元）

计划			实际		
单耗（千克）	材料单价	材料成本	单耗（千克）	材料单价	材料成本

表C6.16　甲产品单位人工费用对比表

编制单位：　　20××年度　　（金额单位：元）

项　目	计划	实际	差异
单位产品工时（小时）			
小时薪酬率			
单位产品工资成本			

表C6.17　甲产品单位制造费用对比表

编制单位：　　20××年度　　（金额单位：元）

项　目	计划	实际	差异
单位产品工时（小时）			
小时制造费用			
单位制造费用			

主要参考文献

[1] 陈东领，张新美. 2007. 成本会计[M]. 北京：北京交通大学出版社.

[2] 李炳先，吴希惠. 2009. 成本会计[M]. 北京：机械工业出版社.

[3] 刘顺喜. 2004. 成本会计[M]. 北京：中国金融出版社.

[4] 刘晓峰. 2003. 成本会计学[M]. 北京：机械工业出版社.

[5] 刘中爱，谢梅花. 2014. 成本会计[M]. 北京：中国经济出版社.

[6] 刘中爱，谢梅花. 2014. 成本会计实训[M]. 北京：中国经济出版社.

[7] 王俊生. 2015. 成本会计[M]. 3 版. 北京：中国财经出版社.

[8] 王辛平. 2004. 成本会计学[M]. 北京：清华大学出版社.

[9] 吴丽新，于北方. 2009. 新编成本会计[M]. 大连：大连理工大学出版社.

[10] 辛旭. 2011. 成本会计学[M]. 3 版. 北京：中国人民大学出版社.

[11] 于富生. 2015. 成本会计学[M]. 7 版. 北京：中国人民大学出版社.

[12] 张华. 2003. 成本会计[M]. 北京：中国工商出版社.

[13] 张艳. 2011. 成本会计[M]. 北京：机械工业出版社.

更新勘误表和配套资料索取示意图

说明：扫描本书封底左下角二维码可直接打开本书页面，配套学习资料注册后可直接下载；**教学用资料**仅供教师下载，**教师身份、用书教师身份**需网站后台审批（咨询邮箱 13051901888@163.com）。

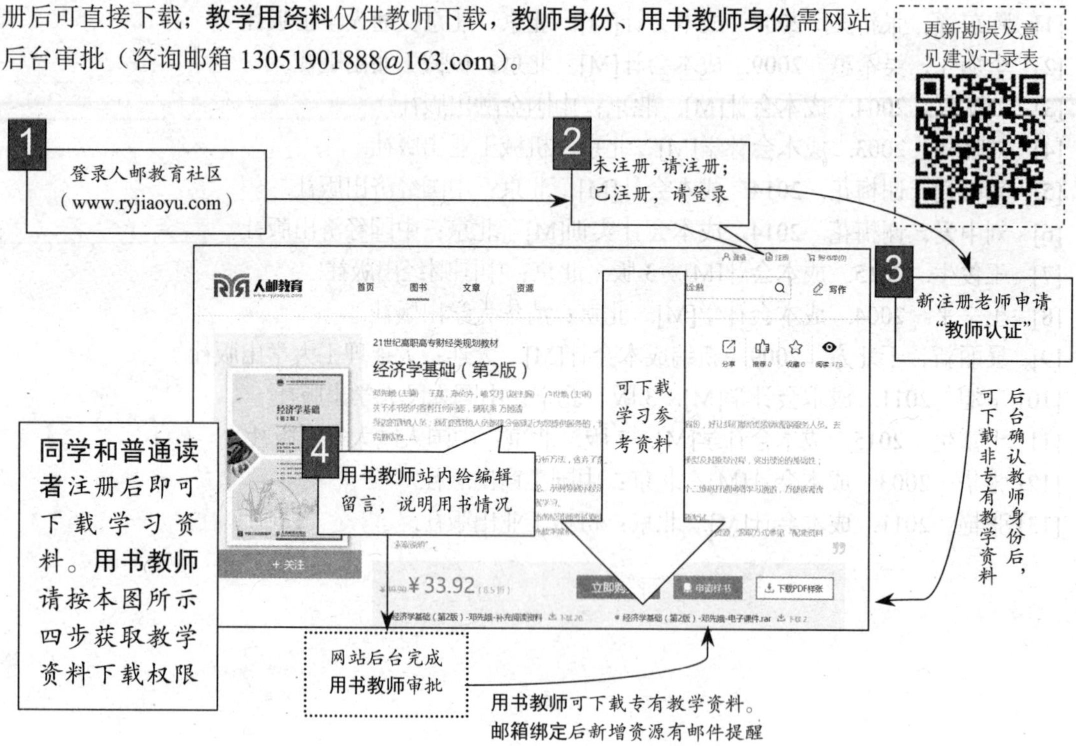

部分财会类教材推荐

（更多教材请登录人邮教育社区搜索）

书名/主编	书　号	适用层次	编 辑 推 荐
中级财务会计（第 4 版），吴学斌	978-7-115-50155-0	本科	四川省"十二五"本科规划教材；二维码链接网络学习资源；章后习题+电子版习题集；提供课件、教案、案例库、试卷等
财务会计实训教程（第 2 版），裴永浩	978-7-115-40690-3	本专科	原始凭证和记账凭证单独成册；按营改增调整相关业务；利用二维码提供相关网络资源；融基本功训练、岗位技能训练和综合技能训练为一体；提供答案、课件、习题集、阅读资料等
会计基础与实务（第 4 版），杨桂洁	978-7-115-51448-6	高职高专	潍坊市社会科学优秀成果二等奖；原始凭证单独成册，方便裁剪；二维码展示视频等；提供课件、教案、答案、试卷等
财务会计（第 2 版），贾永海	978-7-115-39292-3	高职高专	提供课件、教案、各类题目参考答案；学练结合，重点突出课堂练习及课后实训环节，配有"教学做一体化训练"
成本会计（第 3 版），徐晓敏	978-7-115-48967-8	高职高专	提供课件、教案、习题及实训答案、试卷；实训部分单独成册，方便使用
会计综合实训（第 3 版），甄立敏	2018 年 11 月出版	高职高专	原始凭证单独成册；涵盖手工、会电、纳税内容；提供课程标准、课件、账套及相关资料、会电操作视频、参考答案等
会计综合实训，杨荐	978-7-115-49067-4	本专科	含手工实训和电算化实训，涵盖商业企业会计操作全部基本步骤；彩印原始凭证；提供答案、账套、课件、实训用素材